WARE:
WOHNEN!

jovis

WARE: WOHNEN!

POLITIK.
ÖKONOMIE.
STÄDTEBAU.

Christopher Dell

INTRO	6
ARCHIV 1:	
RÜCKKEHR DER WOHNUNGSFRAGE?	14
ARCHIV 2:	
SOZIAL WOHNEN. KLEINE GESCHICHTE	
DES WOHN- UND STÄDTEBAUS	56
OUTRO	
BILANZ	178
AUSBLICK	189
ANMERKUNGEN	198

INTRO

Ökonomie, Politik und Städtebau

Damit hatte niemand gerechnet. Die Wohnungsfrage, die hierzulande über Jahrzehnte als geklärt schien, wird zunehmend wieder als das Gegenwärtige, Unabgegoltene entdeckt. Das Wohnen – und dessen Krise – geraten zum Gegenstand einer breiten öffentlichen Debatte. Selbst der Bundestagswahlkampf des Jahres 2013 wird von der Diskussion eingeholt. Angesichts immer knapperen Wohnraums und deutlich steigender Mieten in den Städten kommt die Bundesregierung unter Druck, Mieter und Wohnungssuchende irgendwie zu entlasten. Ohne dass recht geklärt ist, was das sei, geistert das Wort „Mietpreisbremse" durch den Blätterwald, beschäftigt die Politik links wie rechts.
Auch wenn sich in ihr ökonomische Fragestellungen artikulieren – die Zahl der Haushalte steigt, ausgelöst durch Zuwanderung, in den Städten deutlich, ebenso der Pro-Kopf-Verbrauch an Quadratmetern, die Ausdifferenzierung (und Überhitzung) der Teilmärkte nimmt zu, Realeinkommen sinken –, lässt sich die Wohnungsfrage nicht aufs rein Ökonomische reduzieren. Vielmehr spielen Handlungsformen der Politik und des Städtebaus in den Diskurs um die Ökonomie des Wohnens mit hinein. In ihnen konvergieren Felder von Raumordnungspolitiken, die auf Wachstum und Konkurrenz und die räumliche Konzentration von Investition und Arbeitsplätzen setzen, während sie gleichzeitig mit Pendlerpauschale und Eigenheimzulage die Zersiedelung vorantreiben, Stadtentwicklungspolitiken, die gezielt die Stärkung der Metropolen und der Innenstädte forcieren, oder schließlich Wohnungspolitiken, die den Rückzug aus dem staatlich geförderten Sozialwohnungsbau vollziehen. Daher griffe es zu kurz, täte man das Phänomen als temporäre „Blase" lokaler Immobilienmärkte ab, der bald von selbst die Luft wieder ausgeht. Die Wohnungsfrage erscheint erst seit kurzem virulent. Dennoch reicht sie tiefer und berührt differenzierte und differenzierende Punkte unseres Zusammenlebens: Die Verhandlung über

die und die Auseinandersetzung mit der Wohnungsfrage konstituiert das, was wir heute unter zeitgenössischer Urbanität verstehen.

Das Phänomen der funktionalen Trennung von Wohnen und Arbeiten, wie wir sie aus dem 20. Jahrhundert als Wohnform der Kleinfamilie kennen, entstammt einer bestimmten geschichtlich situierten Gesellschaftsform. Ausgliederung der Erwerbsarbeit bedeutete einst, dass die arbeitenden Männer den Großteil des Tages nicht „zu Hause" verbringen, im Haus verbleiben Mutter und Kind. Bereits das frühe 19. Jahrhundert barg solche Tendenzen. Sozialreformer fanden im Ideal der Familie den Ausweg aus den hygienisch und sittlich nicht mehr tragbaren Mischwohnformen des traditionellen Handwerks und der Landwirtschaft, in denen Untermieter und Schlafgänger an der Tagesordnung waren, während bessergestellte Handwerksmeister neue Wohnbedürfnisse ausbildeten und zum bürgerlichen Leitbild aufschließen wollten.[1] Solches an der Form der Familie orientiertes Wohnen ist heute weitgehend obsolet, auch wenn es als Leitbild noch immer das Bauen und Planen bestimmt. Unterdessen scheinen, je mehr Arbeiten und Wohnen wieder miteinander verschmelzen, Leben und Wohnen selbst sich zu wandeln, das „ganze Haus", wie es das mittelalterliche Handwerk ausgebildet hatte, kehrt in neuer Form zurück.

Ferner gründet das dem bürgerlichen Zeitalter entsprungene Wohnen auf jener spezifischen Raumordnung, welche bis heute das Spannungsverhältnis zwischen Leben und Wohnen durchzieht: dem Phänomen der Parzellierung städtischen Raums. Ihren Ausgang im 17. Jahrhundert nehmend, kulminiert die Aufteilung der Stadt in handelbare Grundstücke im 19. Jahrhundert in der Produktwerdung des Wohnens. Einhergehend mit der Parzellierung entsteht ein neuer Typus des Stadtregierens. Er zeigt sich zunächst in Form der Stadterweiterung, um später zu jenem Projekt zu avancieren, das wir heute Städtebau oder Stadtentwicklung nennen. In ihm bildet die Erfindung des urbanen Blocks, als *Vertikalisierung* des vormals *horizontal* gegliederten Parzellierungsmechanismus, den hervorstechendsten Aspekt. Mit der aktuell zu verzeichnenden Verschränkung von Wohnen, Leben und Arbeiten diffundiert indessen solche Parzellierung externen Raums gewissermaßen in die urbanen Subjekte hinein und provoziert schließlich die Renaissance der Wohnungsfrage unter neuen gesellschaftspolitischen Bedingungen.

Obige Perspektive lässt die These zu, dass die Heraufkunft des Städtebaus als Inkunabel moderner Machttechnik untrennbar mit der Geschichte politischer Ökonomie und damit der Industrialisierung verbunden ist. Akkumulation der Menschen in Städten und Akkumulation des Kapitals in Banken bilden die gesellschaftspolitische Klammer, in deren Horizont sich die Praktik des Wohnens als Schnittstelle zwischen den Menschen und der von ihnen selbst geschaffenen Warenförmigkeit des Stadtraums erweist. Der hierin enthaltene Übertritt markiert jenen epochalen Sprung, der Wohnen nicht mehr als biologische Tatsache, sondern als eine Variable in einer Matrix von Nutzen und Wert ans Licht kommen lässt. Das Wirkungsgefüge, das wir gemeinhin mit dem *Kollektiv*singular „Kapitalismus" zu fassen suchen, agiert in dem Prozess als massive Raumproduktionsmaschine. Sein *kollektivierendes* Pendant – die Stadt – bettet menschliche Praktiken ebenso räumlich ein, wie sie sie verstärkt, auflädt und erschöpft. Aus der industriellen Dynamik einer produktiven Nutzbarmachung der Menschen geht die Auseinandersetzung um Leben, Wohnen und Arbeiten als politisches Agens der Stadtentwicklung hervor, die nun tendenziell den gesamten gesellschaftlichen Raum umfasst. Unter dem Motto maximaler Produktivität tritt Verstädterung als Gesellschaftswerdung in die Geschichte ein, während sie die „traditionelle Stadt" torpediert und auseinandernimmt. Gleichwohl kann es bei rein negativen Vorstellungen von Macht und Konflikt nicht bleiben: Aus den widersprüchlichen Bewegungen zwischen Politik, Ökonomie und Stadtbau resultiert erst das, was wir heute das Urbane nennen können. Innerhalb dessen gerät nicht nur räumliche Verdichtung zur Bedingung neuen Regierens. Wenn das Wohnen zum Produkt wird, stellt sich darüber hinaus die Frage, welche Auswirkungen die Behausungspraktiken auf die Subjektivierungsweisen der Stadtwohnenden haben. Das gilt besonders im Hinblick auf die Frage nach der guten Selbstführung, mithin nach neuen urbanen Lebensformen.

Wohnen als ökologisches Weltverhältnis?

Mit dem Topos Wohnen rückt die grundlegende etymologische Beziehung zwischen Wohnen, Ökonomie und Ökologie ins Zentrum des Interesses. Haus, Behausung heißt auf griechisch *oikos*. In dem Begriff versammeln sich Beschreibungen des Be-Wohnens einer gemeinsamen Welt ebenso wie die in ihnen enthaltenen Tausch- und Gebrauchsbeziehungen. Während Ökologie im Griechischen der *oikos*-logie entstammt und auf eine Verknüpfung zwischen Behausung und *logos* rekurriert, hebt *oiko*-nomie auf *nomos*, auf das Gesetz ab und bestimmt, via Verortung in der *polis*, das Recht.[2] Ökologie ließe sich demnach gewissermaßen als die poetischmateriale Seite von *oikos* bestimmen, während Ökonomie die politisch-praxisorientierte Seite darstellt. Konkret: Ein Obdach befriedigt nicht nur das Bedürfnis nach einem Behälter, in welchem übernachtet oder die private Grenze zum Öffentlichen definiert wird. Im Wohnen laufen unterschiedliche Aspekte wie Symbolisierungsqualität, nachbarschaftliche Einbindung, alltägliche Funktionen wie Essen, Schlafen, soziale Kontakte usw. zusammen. Das gilt bis heute. Die Neuerung indes besteht darin, dass Wohnen nicht mehr an einen Ort gebunden ist: „Soziale Einbindung, gar nachbarschaftliches Engagement oder kulturelle Inwertsetzung"[3] müssen nicht am „Meistwohnort" – zeitlich gesehen – realisiert werden, sondern können sich auch am Ort des zeitlich weniger genutzten Hauptwohnsitzes entfalten. Im Wohnen konvergieren das Ökonomische und das Ökologische dergestalt, dass sich mit Bruno Latour heute sagen lässt: „Ja, die Modernen sind vielleicht endlich nach Hause gekommen. (…) Und daher ist vielleicht die von mir vorgeschlagene Alternative zwischen Modernisierung und Ökologisierung kein schlechter Begriff, um den nächsten Schritt zu definieren. Wir haben zwischen Moderne und Ökologie zu wählen. Ökologie ist nicht die Wissenschaft von der Natur, sondern das Nachdenken, der *logos*, darüber, wie man an erträglichen Orten zusammenleben kann."[4]

Das Rekurrieren auf die Verhandlung über das Zusammenleben erinnert daran, dass, wie Heidegger sagt, das Wohnen in ein Weltverhältnis eingelassen ist. Wohnen konstituiert die Weise, in der Menschen auf der Erde existieren. Das heißt, Wohnen ist im Sinne des Habitus, als Gewohnheit des Wohnens zu verstehen, die sich in die alltägliche Lebensweise bettet. Wohnen stellt keine Aktivität dar, wie beispielsweise das Fahrrad reparieren oder die Wäsche waschen, sondern bildet ein fundamentales Konzept, das gewissermaßen das Ensemble menschlicher Handlungen umhüllt. Dem Wohnen wohnt auf besondere Art eine ontologische Fragestellung inne: Ihm kommen wir nicht durch das Postulat absoluter Seinsweisen auf die Spur, sondern nur durch ein der Weise des Wohnens adäquates Wissen. Derlei am Wohnen vollzogene Daseinsanalyse inspiriert zahlreiche Phänomenologen wie etwa Bollnow, für den sich Wohnen als „authentisch" zeigt. Aus der Beschreibung des Wohnens als „echte, dem Menschen angemessene Befindlichkeit im Raum"[5] entwickelt Bollnow jene Denkfigur des „gelebten Raums", die später sowohl Merleau-Ponty als auch Lefèbvre aufgreifen und erweitern werden.

Indes ist solche Vorstellung von Wohnen in ein fundamental anderes Raumverständnis eingelassen, als wir es traditionell kennen. Raum, so beschreibt es Heidegger in seinem Text *Bauen, Wohnen, Denken*, „ist kein Gegenüber für den Menschen."[6] Nach seiner Definition kann Raum nicht mehr als externalisierbares Objekt gelten: „Es gibt nicht die Menschen und außerdem Raum."[7] Mit heutigem Begriffsinventar könnte man sagen: Raum ist vielmehr als performativ Produziertes[8] zu begreifen, er entsteht aus in sozio-materiale Konstellationen eingelagerte Handlung. Und umgekehrt wäre innerhalb der Kategorie solchen Handelns jene Form herauszuheben, die zu einer ontologischen Bestimmung des Seins der Menschen führt: das Wohnen. Denn „Räume öffnen sich dadurch, dass sie in das Wohnen des Menschen eingelassen sind."[9]

Besonders Lefèbvre hat die Rede vom „gelebten Raum" und das damit beschriebene Raumverständnis für das Lesen aktueller städtischer Situationen fruchtbar gemacht. Aus dem Begriff destilliert Lefèbvre eine Qualität des wohnenden Lebens, die er in eine Form des „Wohnens als urbane Praxis" moduliert. Wohnen als urbane Praxis ist eine transformierende Tätigkeit, sie macht sozusagen das *Gegenwärtige*, das Städtische aus. Hieraus resultiert für Stadtforschung die Erfordernis, innerhalb der Untersuchung dem Wohnen eine vorgeordnete Rolle zuzuweisen. Darüberhinaus wird die Frage virulent, *wie* heute Wohnen als urbane Praxis zu beschreiben wäre. Die Klärung dieser Frage ist nicht Gegenstand unserer Abhandlung.[10] Gleichwohl bildet sie den Resonanzraum der Archäologie der Wohnungsfrage. Denn von der im 19. Jahrhundert sich vollziehenden Produktwerdung des Wohnens rührt das ungeklärte Verhältnis her, das wir zu unserer Weise des Wohnens unterhalten. Ist Wohnen ein Geschäft? Ist es ein Teil der Daseinsfürsorge? Ist es ein *common*, ein Gut der Allgemeinheit? Ist es Lifestyle? Ist es Schutzraum? Ist es Schauraum? Was ist mit dem Wohnen los?

Das Erscheinen der Wohnungsfrage

Im Jahr 1845 veröffentlicht der gerade 25-jährige Ökonom Friedrich Engels ein Werk, welches er bereits in mehreren Artikeln vorbereitet hat. Eigene Reiseerfahrungen aufgreifend und verarbeitend, entfaltet Engels hier die Phänomenologie einer neu sich abzeichnenden städtischen Wirklichkeit. Der inzwischen berühmte Text *Die Lage der arbeitenden Klasse in England* erweist sich als in mehrerlei Perspektive wichtig. Nicht nur spricht hier jemand zum ersten Mal in der Geschichte von der „industriellen Revolution." Auch entdeckt Engels die Stadt und mit ihr die Wohnungsfrage als Gegenstände ökonomischer Analyse. Bereits zu Beginn des Texts stellt Engels die These von der „Parallelbewegung der Akkumulation" vor. Sie besagt: Dort, wo Menschen sich konzentrieren, konzentriert sich auch Kapital. (Eine These, die wenig später Reinhard Baumeister als erster universitärer Städtebauer Deutschlands wiederaufnehmen sollte, ebenso wie wenige Zeit danach der Soziologe Werner Sombart.)[11] Engels konstatiert: Die neuen Fabriken ziehen Menschen an, sie siedeln um die Fabrik, es entsteht ein Reservoir an Arbeitern, dass wiederum neue Fabriken entstehen lässt, die auf die Arbeiter zugreifen, und: „Je größer die Stadt, desto größer die Vorteile der Ansiedlung." Die Ansiedlung verbindet und konzentriert Technik, Material, Infrastruktur, Markt und steigt so zum Katalysator der Industrialisierung auf. Solche Zentralisierung wirkt radikal auf das alltägliche Leben ein, wie Engels aus eigener Anschauung zu berichten weiß: „Da in diesen großen Städten die Industrie und der Handel am vollständigsten zu ihrer Entwicklung kommen, so treten also auch hier ihre Konsequenzen in Bezug auf das Proletariat am deutlichsten und offensten hervor. Hier ist die Zentralisation des Besitzes auf den höchsten Punkt gekommen; hier sind die Sitten und Verhältnisse der guten alten Zeit am gründlichsten vernichtet." Somit bildet Engels' Analyse und Darstellung städtischer Wirklichkeit den Ausgangspunkt für alle weiteren Arbeiten des Paars Marx und Engels. Dass Marx später den Fokus auf die politische Ökonomie legt, ist ohne Engels' Vorarbeit nicht denkbar. Und umgekehrt erhellt sich heute aus Engels' Untersuchung, wie die von Marx vorgenommene Analyse der produktiven Arbeit nicht hinreicht und dass einbezogen werden muss, wie Arbeit eingebettet ist in eine Gesellschaftsform, die sie selbst mit hervorbringt und die ihr Leben verschlingt. Engels konzis-konkrete Beschreibung der Wohnungsnot ebenso wie deren Einordnung unter der Wohnungsfrage erklärt, wie im 19. Jahrhundert das Bürgertum als neue Ordnungsmacht in den Städten auftritt. Die durch die Industrialisierung hervorgerufene und sich in dem Phänomen Wohnungsnot artikulierende Krise der Stadt befördert geradezu den Eintritt des Wohnens in die Warenwelt. Dabei ist es das Bürgertum, dass die Eingliederung des Wohnraums in die Politik der industriellen Ökonomie vorantreibt. Nicht allein unterliegt Wohnungsversorgung ab nun einer rigiden Ökonomisierung. Auch das Wohnen selbst wandelt sich grundlegend – es geht in den Status des Produkts über, welches auf einem speziellen Markt feilgeboten und gehandelt wird.

Heute tritt uns der Wohnungsmarkt wie ein unverrückbares Naturgesetz gegenüber, das besagt, dass, wer wohnen will, den Immobilienteil der Zeitung aufzuschlagen oder die Immobiliensegmente der digitalen Medien aufzusuchen hat, um entweder im Miet- oder im Eigentumssektor die Angebote zu sondieren. Sich vorzustellen, dass es je anders gewesen sein könnte, scheint ein Ding der Unmöglichkeit.

Zum Verfahren des Buches

Ausgehend von den 2000er Jahren konzentriere ich mich in Archiv 1 darauf, die gegenwärtige Situation anhand der jüngeren Geschichte bis 2012 zu umreißen und zu untersuchen. Als leitend gilt mir der Tatbestand, dass, auch wenn bezahlbarer Wohnraum in stark nachgefragten Teilmärkten schon seit Jahren knapp ist, das Thema unter anderem aufgrund öffentlicher Protestaktionen gegen Wohnungsmangel und hohe Mieten unter dem Banner „Wem gehört die Stadt?" besonders im Jahr 2012 ins Zentrum der bundesweiten Öffentlichkeit rückte. In Archiv 1 bleibt demnach die Behandlung des Phänomens „Wohnungsfrage" auf den zeitlichen Umkreis beschränkt, in dem sie zuletzt am vehementesten ans Licht trat.

Wer sich mit dem Wohnraum und dessen Bedeutung für die Entwicklung der Stadt auseinandersetzt, hat Geschichte ausgehend vom 18. und vor allem 19. Jahrhundert in den Blick zu nehmen. Vor diesem Hintergrund untersucht Archiv 2 die Geschichte der Wohnungsfrage, um von dort aus Fragestellungen der aktuellen Situation zu erhellen. Es liegt der hier vorgenommenen Studie zur Geschichte des Wohn- und Städtebaus indes fern, einen vollständigen Abriss zur Sachlage geben zu wollen. Die materiale Totalität, das Insgesamt eines historischen Begreifens ist hier nicht nur unerreichbar, sondern, im Hinblick auf die Sichtbarmachung geschichtlicher Wirkungszusammenhänge, wenig zielführend. Der Prozess der Verschiebung geschichtlichen Sinns erweist sich als nie abgeschlossen, weil, wie Karl Löwith einmal treffend bemerkte, „im geschichtlichen Leben niemals von vornherein feststeht, was am Ende herauskommt."[12]

Die Bezeichnung „Archiv" soll auf Foucaults Konzeption der Archäologie anspielen. Das meint hier eine fragmentarische Form der Geschichtsschreibung, die versucht aufzuzeigen, in welcher Weise sich Phänomene innerhalb eines bestimmten gesellschaftspolitischen Spannungsfeldes *entfalten und wirken* und woraus überhaupt erst resultiert, dass „etwas" (zum Beispiel die Wohnungsfrage) zum Problem wird. Mir geht es mit der Archäologie der Wohnungsfrage darum, auf relationale Weise distinkte Figuren des Themas und ihre vielfältigen Beziehungen miteinander herauszuarbeiten. Ich suche vom Inneren der strukturellen Bewegung von Geschichte her zu schöpfen, in Form einer „Praxis, die ihre eigenen Formen der Verkettung und Abfolge besitzt."[13] Damit vollziehe ich eine Absetzbewegung zu solcher Wissenschaftlichkeit, die „die ganze Dichte der Aneinanderhakungen (…) auf den monotonen Akt einer stetig zu wiederholenden Gründung reduziert."[14] Demgegenüber möchte ich mit dem Verfahren archäologischer Tiefenbohrungen die Wohnungsfrage dergestalt verfolgen, dass Schwellen, Brüche und Paradigmenwechsel ihrer Motivik erkennbar werden. Auf diesem Wege soll die Studie historische wie aktuelle Markierungen aufzeigen, um so relevante Aspekte des Komplexes Wohnungsfrage zu explizieren. Ziel der Arbeit ist es erstens, aktuelle Debatten zu stützen, und zweitens, die von mir in dem Folgeband *Das Urbane* vorgenommenen Erörterungen zur Stadt empirisch zu fundieren.

Das Outro schließlich gibt eine vorläufige Bilanz zum Thema, um in einen Ausblick aufs Mögliche zu münden. Von der Wohnungsfrage aus erscheint die Gestaltung von Stadt in neuer Sicht. Sie beendet nicht, sondern universalisiert den Konflikt um das Zusammenleben als Stadt, der nicht nur im Wohnkonsum, sondern auch in der Gestaltung urbaner Lebensformen triumphiert. Dass der Kampf ums Wohnen aus gegenwärtiger Stadt nicht wegzudenken ist, erklärt sich auch aus der – in Vergessenheit geratenen – Bedeutung, welche die Wohnungsfrage in Politik, Ökonomie und Städtebau seit dem 19. Jahrhundert einnimmt.

RÜCKKEHR DER WOHNUNGS- FRAGE?

Vor allem die Diskussionen um Wohnraum und dessen Verteilung befeuern aktuell eine erneute Debatte nicht nur darüber, wie die Form der Normativität des Wohnens, sondern auch wie Raumaneignung und -produktion – in und als Stadt – heute aussehen könnten. Zur Disposition steht, wie wir in Zusammenhang damit das „Politische" des sozialen Raums verstehen und wem die Stadt „gehört". Unter dem Slogan „Recht auf Stadt" kehrt die Frage des Wohnraums, die eigentlich in den Nachkriegsjahren ihre Hochzeit hatte und nach umfangreichem, staatsinterventionistischem Massenwohnungsbau von der Agenda verschwand, mit Nachdruck in die Arena gesellschaftspolitischer Auseinandersetzungen zurück. Laura Weißmüller berichtet in der *Süddeutschen Zeitung* unter dem Titel „Endlich wird gestritten": „Mieten explodieren, die Spekulation boomt. Nun steht die Liegenschaftspolitik Berlins an einem Wendepunkt – der Ausverkauf muss aufhören. Denn die Hauptstadt ist zu arm für Geschäfte um jeden Preis."[1] Exemplarisch für das immer vehementer sich zeigende Phänomen stehen spezifisch stadtbezogene Proteste wie diejenigen gegen Mietpreiserhöhungen am Kottbusser Tor oder gegen die Bebauungspläne der „Mediaspree" in Berlin, im Hamburger Gängeviertel, das Ringen um den Abriss von Stuttgarts Bahnhof ebenso wie um die Nutzung des stillgelegten Flughafens Tempelhof in Berlin. Die Frage aber, in welcher Form ein Recht auf Stadt fundiert werden könnte – und die Krise der Repräsentation beendet –, ist noch nicht gelöst. Die Organisationsformen der städtischen Proteste sind mannigfaltig und gehen von Gewerkschaften, Stadtplanern, Aktivisten über Bürgerrechtsbewegungen bis hin zu Künstlervereinigungen. Auch ihre Motive sind unterschiedlich. Die Proteste entzünden sich an Häuserräumungen von sozialen Zentren oder selbstorganisierten Kultureinrichtungen wie beim Ungdomshuset in Kopenhagen oder den Hausprojekten Köpi oder Tacheles in Berlin und Frappant in Hamburg ebenso wie an neuen Verkehrsprojekten oder Stadtumbauten wie Stuttgart 21.[2]

Was bedeutet das? Lange Jahre war die Wohnungsfrage aus dem Bewusstsein der Stadt verschwunden – jetzt kehrt sie mit aller Wucht zurück. Die Frage, wie und wo man wohnt, war im rezenten Sozialstaat, der sich nach und nach aus der Wohnungspolitik zurückgezogen hatte, nur noch Gegenstand der Designgazetten, stadtpolitisch galt sie als erledigt. Jetzt aber taucht sie umso drängender wieder auf. Bürgerproteste (im November 2012 gehen in mehreren deutschen Städten bundesweit Tausende Menschen auf die Straße, um für bezahlbaren Wohnraum zu demonstrieren),

Lobbymeldungen, Studien und Fachmeinungen zum Thema sind nicht mehr zu übersehen. Und wer sich 2012 in der Medienlandschaft umschaut, bemerkt die virulente Dichte an dringlich formulierten Berichten bezüglich des Wohnens: „Mieten und Kaufpreise klettern im Gleichschritt", heißt es im *Stern*, „Immobilienpreise in Großstädten steigen drastisch", titelt der *Spiegel*, das *Hamburger Abendblatt* klagt: „Wohnen in der Stadt: Für Normalverdiener unbezahlbar." *Die Frankfurter Rundschau* beobachtet einen dramatischen „Engpass bei Sozialwohnungen", die *FAZ* nimmt es mit dem neuen Wohnen biblisch: „Vor dem Gewinn sind alle gleich", die *Süddeutsche* erliegt dem Fatalismus: „Wer wohnen will, muss leiden", und der *Tagesspiegel* sieht in der „Mietexplosion" gar einen „Neuen Häuserkampf" aufkeimen, während die *taz* resümiert: „Günstiges Wohnen ist Geschichte." Selbst den *Tagesthemen* ist die Fragestellung einen Sonderbericht wert, der am 9. Januar 2013 unter dem Titel „Wohnungsnot in München" ausgestrahlt wird.

Gewiss: Derlei Krisennarrative neigen zu Übertreibung oder oberflächlicher Kritik. Dass es teuer sein kann, zu wohnen, ist ein Allgemeinplatz, und wer nicht genug Geld hat, zieht einfach an den Rand der Stadt, fertig. Doch hinter dem Medienhype über den Wohnungsmarkt steht eine ernstzunehmende Entwicklung. Das erkennt, wer einen Blick auf die belastbaren Zahlen des Immobilienwirtschaftsberichts aus dem Bundesbauministerium vom Oktober 2012 wirft. Die Daten belegen die Tatsache, dass Mietsteigerungen im Jahr 2011 bundesweit durchschnittlich bei rund 3 Prozent liegen, also über der Inflation von durchschnittlich 2,3 Prozent. Die höchsten Zuwächse im Vergleich zum Vorjahr verzeichnen Greifswald mit 10,4 Prozent, Bremen mit 8,8 Prozent und Freiburg im Breisgau mit 8,1 Prozent. Das heißt auch: Nicht nur in den deutschen Großstädten steigen die Wohnungsmieten 2011 kräftig, auch in kleineren Städten sinkt die Zahl bezahlbarer Wohnungen. „Aktuell zeichnen sich in einer zunehmenden Zahl von Städten und Regionen lange Zeit nicht mehr bekannte Wohnungsmarktengpässe ab", so der Bericht. Seit 2006 steigt die Zahl der Landkreise mit Mietsteigerung an, während die Kreise mit sinkenden Mieten weniger werden. Des Weiteren demonstriert die Analyse der Neu- und Wiedervermietungsmieten, dass sich die Entwicklung seit 2010 stark beschleunigt hat. Ferner differenziert sich der Wohnungsmarkt in Deutschland sowohl insgesamt als auch in Regionen bzw. Städten in Teilmärkte aus.

Statistiken sind eine feine, aber auch ferne Sache und natürlich lässt sich Wohnen nicht auf Zahlen reduzieren. Wie man wohnt, ist auch und im Besonderen eine emotionale Angelegenheit. Aber solche Emotionalität verband man bis vor kurzem eher mit dem kulturindustriellen Feld der Einrichtungsgegenstände, Designersofas, der Bildersprache des „Schöner Wohnen" und weniger mit der aktuell aufflammenden Frage: „Darf Wohnen Luxus werden?" Inzwischen aber kennt jeder Erfahrungen des Phänomens, entweder von sich selbst oder aus dem Freundes- oder Bekanntenkreis. Menschen, die zu Wohnungsbesichtigungen kommen, wo sich bereits eine Schlange von Interessenten um den Block zieht; Arbeitnehmer, die nicht in die Stadt ihres neuen Arbeitgebers ziehen können und pendeln müssen; Studierende oder Rentner, die im Bauwagen kampieren, oder Mieter, die noch in einem in Sanierung begriffenen Haus ausharren, aber dauernd Termine beim Anwalt wahrnehmen, weil der Wohnungseigentümer mal Wasser, mal Strom abstellt – plötzlich rückt uns das Thema nahe. Fragte der Möbelhersteller IKEA noch vor einigen Jahren „Wohnst du noch oder lebst du schon?", so dreht sich die Frage aktuell zu „Lebst du noch oder wohnst du schon?" um.

Indes produziert der Immobilienmarkt vermehrt Luxusapartments und Townhouses. Solche Wohnungen kosten durchschnittlich 12 Euro pro Quadratmeter, in zentralen Lagen deutlich darüber. Die deutschen Metropolen plagen sich mit Wohnraummangel und explodierenden Mietpreisen, statt auf bezahlbare (Miet-)Wohnungen konzentriert sich das Baugeschehen auf extrem teure Eigentumswohnungen. Das birgt auch ganz konkrete städtebauliche Konsequenzen, welche sich zunehmend im Bild der Stadt abzeichnen. Unter dem Leitbild der „Nachverdichtung" zieht eine Kampagne der Verteuerung des Wohnraums über die Städte hinweg, mit einem wahren Wohnhöfe- und Townhouses-Wahn im Gefolge. In Frankfurt reißen Investoren das letzte verbliebene klassizistische Kutscherhaus der Mainmetropole ab, um dort einen Apartmentblock in „Toplage" zu installieren, im gründerzeitlichen Westend pumpen sie astronomisch teure „Wohnhöfe" in den Bestand, einem Nobelhotel an der Alten Oper müssen uralte Bäume der geschützten Wallanlagen und Reste der Stadtmauer weichen. Den Frankfurter Preisrekord 2011 hält, mit 2,5 Millionen Euro, eine Eigentumswohnung an der Alten Oper, der Durchschnittspreis in Frankfurts City beträgt inzwischen 3300 Euro pro Quadratmeter. München will in der Nachverdichtungseuphorie nicht nachstehen. Dort kulminiert solche Auffassung in der Totalsanierung des „Palais an der Oper", 1820 von Leo von Klenze als Stadtpostamt errichtet. Die ehemalige Post fungiert jetzt als Turbocluster mit Restaurants, Büros sowie Luxuswohnungen im fünften und sechsten OG. Russische Investoren sollen rund 300 Millionen Euro für den Gebäudekomplex bezahlt haben, zur Zeit verlangt der Besitzer 4604 Euro Miete für eine Drei-Zimmer-Wohnung mit 87 Quadratmetern. Beworben mit Inhalten wie „Schönheit, Eleganz, Luxus und Understatement", harmonisiert „im Sinne von Feng Shui", lässt die Immobilie selbst Tiefgaragenplatzmieten für 375 Euro zu, knapp sieben Euro unter dem Monatsgeld eines Hartz-IV-Empfängers. In München wie anderswo zeigt sich solches Understatement mit französischen Fenstern, gläsernen Schwingtüren mit Edelholzrahmen usw. als Trend; die Namen der Projekte gleichen sich in ihrem fast schon pathologischen Bedürfnis, sich mit historisch gewachsenen Einheiten zu legitimieren: so zum Beispiel die „Lenbachgärten" am Alten Botanischen Garten mit 100 Eigentumswohnungen sowie Büros und Luxushotel. Wuchtige Klötze, deren Baukörper aus jeder Pore kleinbürgerliches Kalkül ausdünsten, heißen „Max Palais" und „Klenze Palazzo" und versprechen „Wohnen im Geist der Könige". Am Gärtnertor ragt der ehemalige Büroturm „The Seven" empor, die Wohnungen mit Alpenblick zu 22.000 Euro den Quadratmeter. Solche Wohngettos, die aus Tugend und nicht aus Not entstehen, nennt das Fachjournal *Bauwelt* nicht ohne Grund „Trutzburgen der Wohlhabenden". Das trifft auch auf die 2011 von einem Projektentwickler gebauten „Altstadt-Höfe" in Lübeck zu, ein Cluster, das Betonfertigteile zu Flachdachkuben zusammenfügt, die mit einigen „rasanten Einschnitten im Lochfassadeneinerlei sowie französischen oder Kastenfenstern das Bedürfnis nach zeitgemäß schnittiger Gediegenheit"[3] befriedigen.

Für Menschen mit wenig Geld wird es indessen immer schwieriger zu wohnen. Als Hauptproblem erweisen sich in diesem Zusammenhang die Neuvermietungen. Bei Bestandsmieten gibt das Gesetz klare Regelungen zu Mietsteigerungen vor, im Falle des Mieterwechsels fallen diese weg. Neuverträge lassen die Mieten in den Großstädten innerhalb von fünf Jahren regelrecht explodieren. Nach dem Ergebnis des „Wohnindex Deutschland" der Analysefirma F + B liegt der Anstieg in Köln bei durchschnittlich 6,3 Prozent, in Frankfurt am Main bei 12,6 Prozent und in Berlin bei 16,4 Prozent. Den deutlichsten Mietanstieg hat Hamburg zu verzeichnen, dort

↑ Townhouse-Quartier „Prenzlauer Gärten" in Berlin
← „Die Stadt gehört allen!"
↓ Demonstration gegen Zwangsräumung in Berlin, 2011

stiegen die Mieten für Neuverträge um 21,6 Prozent. Gerade seit Mitte 2010 schieben die Preise bei Neumieten besonders stark, bei gering bleibender Neubauquote, was wiederum den Druck auf den Wohnungsmarkt erhöht. Schätzungsweise 30.000 bis 50.000 Wohnungen fehlen allein in Hamburg. Wohnungssuchende haben das Nachsehen, müssen mehr Kompromisse eingehen, Ansprüche zurückschrauben, Zugeständnisse bei der Qualität machen. Weil sich Wohnraum auch bei großer Nachfrage nicht künstlich vermehren lässt, zeichnet sich ein neuer Trend zum Teilen ab. Wohnten einst nur Studenten in WGs, nutzen heute häufiger Menschen Wohnraum gemeinsam. Eine Wohnung zu finden, gestaltet sich zunehmend wie eine Arbeitssuche, zur Wohnungsbesichtigung ist die Forderung nach Bewerbungsunterlagen wie Lebenslauf mit Foto, Gehaltsnachweis, Schufa-Auskunft und Motivationsschreiben keine Seltenheit. Kleinere Wohneinheiten in beliebten Quartieren verursachen bereits Massenbesichtigungen, Mietsteigerungen in den In-Vierteln der Großstädte verzeichnen Zuwachsraten von bis zu 30 Prozent, im Münchener Westend mitunter sogar mehr als 50 Prozent. Die Preise demonstrieren keine Wohnungsnot, sondern zeigen nur an, dass in den Ballungszentren bezahlbarer Wohnraum rar und angestammte Bevölkerung zur Wohnmigration gezwungen wird. In Berlin-Kreuzberg zieht es bereits über 20 Prozent der türkischstämmigen Bewohner hinaus nach Spandau, Lichtenberg oder Wedding, im Hamburger In-Bezirk Ottensen hat sich der Ausländeranteil in den vergangenen 20 Jahren mehr als halbiert. Um Wohnraum für alle in Ottensen zu ermöglichen, wären dort zehn bis 20 neue Hochhäuser nötig – in denen aber keiner mehr wohnen möchte.
Schließlich hat, wer – ob aus familiären oder beruflichen Gründen – die Wohnung wechseln will, den Nachteil. Es ist absurd: Während aktuell Arbeitsmarkt und Lebensform höchste Mobilität verlangen, macht der Wohnungsmarkt das Umziehen zum Hindernis.

Wohnen und Bauen

Mit ca. 65.000 bis 70.000 Mietwohnungen im Jahr bewegt sich die Zahl der Fertigstellungen auf niedrigstem Niveau. Vor diesem Hintergrund erzeugt der Immobilienmarkt eine zunehmende Wohnproduktzirkulation bzw. -akkumulation. In den Ballungsräumen führen steigende Mieten und der Verlust preiswerten Wohnraums zu der Verdrängung sozial schwacher

Bewohner aus gefragten Quartieren. Selbst Normalverdiener haben es immer schwerer, Wohnungen in Innenstadtlagen anzumieten. Nach Angaben des Mieterbunds zahlen Mieter bereits mehr als ein Drittel ihres Haushaltsnettoeinkommens (34,1 Prozent) für Miete und Nebenkosten – so viel wie noch nie. In diesem Kontext fällt auf, dass der für die Miete aufzubringende Einkommensanteil steigt, wenn das Einkommen sinkt. Die Kurve gestaltet sich je nach Haushalt unterschiedlich. 1965 brachten Zweipersonenhaushalte 16,5 Prozent des Einkommens für die Miete auf, 1990 liegt der Wert schon bei 27 Prozent. Geringer hingegen steigt die Kurve bei Vierpersonenhaushalten mit höherem Einkommen. Für Vierpersonenhaushalte von Erwerbstätigen mit mittlerem Einkommen erhöhen sich die aufzubringenden Wohnungsmieten von 1965 bis 1991 um fast 700 Prozent und markieren damit den Spitzenwert aller Ausgabengruppen des privaten Verbrauchs. Dass die Steigerungen auch auf zunehmende Wohnnebenkosten zurückzuführen sind, liegt nur zum Teil an den gestiegenen Energiekosten: Zunehmend sehen sich die Gemeinden mit steigenden Entsorgungskosten konfrontiert. Zur Haushaltskonsolidierung werden die Gebühren erhöht und die Preissteigerungen damit den Privathaushalten angelastet. Heute wenden Mieter mit einem Nettoeinkommen von weniger als 1300 Euro im Monat für das Wohnen – Warmmiete und Strom – bereits 45,8 Prozent ihres Einkommens auf. Mieter, die weniger als 1700 Euro netto im Monat verdienen, benötigen 41,3 Prozent, die durchschnittliche Belastung liegt bei 34 Prozent. Vor dieser Statistik erweist sich die neoliberale Erzählung eines konfliktfreien, ausgeglichenen Mietmarkts als Phantasmagorie.

Auch die Rechtsprechung blickt hilflos auf die Situation. Laut Wirtschaftsstrafgesetzbuch gelten Neuverträge von mehr als 20 Prozent über der Vergleichsmiete bereits als Mietwucher, indes, die rechtlichen Folgen bleiben aus. Wer sein Recht einklagen will, steht in der Nachweispflicht, dass keine günstigere Wohnung zur Verfügung steht. Dabei bleiben Bedingungen wie Lage, Weg zum Arbeitsplatz und ähnliches unbeachtet; der Paragraf stellt sich damit als kaum erfüllbar und gegen drastisch höhere Neumieten als so gut wie wirkungslos heraus. Ebenso gelten Bestandsschutzgesetze, die in bestimmten Stadtteilen Luxussanierungen untersagen, höchstens als Zwischenlösung, weil damit die Marktbewegung nur temporär aufgehalten wird – um später umso heftigere Preisexplosionen auszulösen. So wirkten Bestandsschutzprogramme meist als Katalysator für Investorenzuzug, auch wenn Städte wie beispielsweise München die Durchmischung von Vierteln mittels einer Quote für Sozialwohnungen zu sichern suchen.

Das könnte der öffentlichen Hand Grund genug sein, Wohnungsbestände, gleichgültig, ob bundeseigene, landeseigene Wohnungen oder kommunale Bestände, nicht zu veräußern. Aber die Kassen sind leer und die Kommunen klamm. Noch weniger verfügen die Städte und Kommunen über die Mittel für den Bau neuer Wohnungen für Geringverdiener. So sank die Zahl der Sozialwohnungen in Deutschland seit 2002 um rund ein Drittel. Die Dortmunder *Ruhr Nachrichten* berichten, dass die genaue Zahl Ende 2010 exakt 1.662.147 Sozialwohnungen in Deutschland beträgt, das bedeutet rund 800.000 weniger als noch 2002. Eine erstaunliche Zahl, deren Beleg aus den Daten des Bundesbauministeriums stammt, die es allerdings erst auf eine parlamentarische Anfrage der Abgeordneten Caren Lay im Juli 2012 hin veröffentlicht. Seit der Föderalismusreform von 2007 geht die Förderung von Sozialwohnungen vom Bund auf die Länder über. Deren Statistiken belegen den drastischen Rückgang. Als besonders von der Entwicklung betroffen zeigt sich Nordrhein-Westfalen. Dort sinkt die Zahl der öffentlich geförderten Wohnungen mit Mietpreis- und Belegungsbindung von gut 840.000 auf nur noch rund 540.000. Aber auch in anderen Bundesländern geht das Volumen des sozialen Wohnraums deutlich zurück. Bayern verfügt nur noch über 160.000 von ehemals 270.000 Wohnungen. Mecklenburg-Vorpommern, das ohnehin wenig Sozialwohnungen im Bestand hat, sieht sich einer Senkung von 9200 auf 7300 gegenüber, Rheinland-Pfalz vermeldet einen Rückgang von 62.500 auf 61.700 und Hessen von 158.000 auf 128.000. Baden-Württemberg reduziert die Zahl der Wohnungen mit Mietpreisbindung in den acht Jahren von 2002 bis 2010 um rund 50 Prozent von 137.000 auf rund 65.000. Auslaufende Bindungen werden nur in geringem Umfang durch den Bau neuer Sozialwohnungen aufgefangen. Das Statistische Bundesamt gibt Auskunft, dass sich die Zahl geförderter Wohnungen des sozialen Wohnungsbaus von knapp unter 40.000 im Jahr 2002 auf zunächst fast 45.000 im Jahr 2003 erhöhen, um dann 2004 auf 38.800 zu fallen, 2006 sind es noch 35.307 Wohnungen. Das Investitionsvolumen fällt kontinuierlich, von 6745 Millionen Euro im Jahr 2003 auf 4521 Millionen Euro im Jahr 2006.[4]

Eine Studie des Pestel-Instituts geht von insgesamt vier Millionen fehlenden Sozialwohnungen aus. 1,6 Millionen günstigen Wohnungen – insbesondere für Geringverdiener, Alleinerziehende und Rentner – steht ein

Bedarf an 5,6 Millionen Einheiten gegenüber. Danach hat nur jeder dritte Haushalt mit geringem Einkommen die Chance, eine günstige Sozialwohnung zu erhalten. Der Studie zufolge geht der Schwund an Wohnraum für sozial Schwache vor allem auf auslaufende Mietpreisbindungen zurück, die mit der zunehmenden Privatisierung des Wohnraums einhergehen. Vor diesem Hintergrund drängt der Auftraggeber der Studie, „Die Wohnungsbau-Initiative" (ein Bündnis aus Gewerkschaften und Verbänden)[5], den Bund dazu, stärker zu kontrollieren, ob die Länder das Geld, das sie für den sozialen Wohnungsbau erhalten, auch für diesen Zweck ausgeben und nicht beispielsweise zur Schuldentilgung. Zur Zeit stellt der Bund den Ländern 518 Millionen Euro jährlich für den sozialen Wohnungsbau zur Verfügung, das Programm soll im Jahr 2013 auslaufen.

Die Situation weist Widersprüche auf. Hessen beispielsweise verfügt 2012 noch über rund 271.000 Sozialwohnungen. Im Stadtgebiet Frankfurt stehen 77.570 Menschen mit Anrecht auf geförderten Wohnraum einem Angebot von rund 30.000 Sozialwohnungen im Stadtgebiet gegenüber. Das Pestel-Institut, das bereits 1999 Frankfurt eine zunehmende Wohnungsnot ab 2010 vorausgesagt hatte, empfiehlt eine Stärkung des sozialen Wohnungsbaus. Dagegen wehrt sich das Planungs- und Wohnungsbau-Dezernat in Frankfurt. Die Untersuchung sei „deutschlandweit angelegt", die Aussagen der Studie analysierten nicht eingehend genug die konkrete Situation in Frankfurt, außerdem liege der Fokus „eindimensional auf Sozialwohnungen." Frankfurt habe aber bei der Fertigstellung der Wohnungen pro 1000 Einwohner „die höchsten Zahlen unter den deutschen Großstädten."[6] Das „außergewöhnlich breite Förderspektrum", von der Sozialwohnung über das Mittelstandsprogramm bis zur Förderung studentischen Wohnens, das mit jährlich rund 45 Millionen Euro dotiert sei, werde ebenso nicht gewürdigt wie die Tatsache, dass die großen Wohnungsgesellschaften wie die ABG Frankfurt Holding oder die Nassauische Heimstätte auch außerhalb des Sozialwohnungssektors viele Tausend bezahlbare Wohnungen anbieten.

Albtraumhaus

Nicht nur das territoriale Preisniveau von Regionen und Städten differenziert sich aus, auch die Objekte selbst erfahren einen Wertewandel. Vor allem Einfamilienhäuser in der Provinz verlieren durch den demografischen Wandel an Wert, ihnen drohen Leerstand und Verfall. In den 60ern gebaute und später sanierte Siedlungsgebiete haben es schwer, den Generationenwechsel zu vollziehen, Investitionen in die Immobilie, für die Zukunft gedacht, stellen sich als Kostenfalle heraus.

Die einst attraktiven Vor- und Kleinstadtlagen mit günstigem Bauland und Wirtschaftswunder verzeichnen bereits heute Probleme in der Nahversorgung. Lange Wege und hohe Fahrtkosten machen die Vorstadt zunehmend unattraktiv. Hinzu kommt, dass die Bauten nicht mehr dem aktuellen Bedarf entsprechen. Enge Grundrisse wollen weder junge Familien noch Singles, auch energetisch gibt es Sanierungsbedarf. All dies Indizien dafür, dass eine großflächige Entwertung der klassischen Einfamilienhausgebiete bevorsteht. Für Nordrhein-Westfalen gehen Untersuchungen beispielsweise davon aus, dass dort, besonders im Ruhrgebiet, jedoch auch in den Kreisen Lippe, Höxter und im Sauerland, im Jahr 2025 rund 71.000 Wohnungen existieren, die keiner mehr braucht. Was aber tun mit dem drohenden Leerstand? „Es ist ein sehr großes Thema, das da gerade beginnt", so Gregor Jekel vom Deutschen Institut für Urbanistik. „In schrumpfenden Regionen gibt es schon heute Leerstände in Einfamilienhausgebieten, der Rückbau solcher Gebäude wird diskutiert."[7] Wer aber die Fragen von gestern nicht angeht und stattdessen unbekümmert neu baut, kreiert die Probleme von morgen, weiß Hildegard Schröteler-von Brandt von der Universität Siegen: „Auch in strukturschwachen Regionen gilt: Jene Menschen, die noch Arbeit und Geld haben, wollen keine alten Häuser. Die bauen neu – was wiederum den Druck auf die Altbaugebiete verstärkt."[8] Es zeigt sich jetzt, wie belastend die Kolonien auf der grünen Wiese für die Kommunen sind. Für eine geringe Zahl an Wohnenden muss großflächig Infrastruktur angelegt werden: Straßen, Wasserleitungen, Schulen und soziale Einrichtungen. Das erzeugt in der Vorstadt pro Bewohner deutlich mehr Kosten als in dicht besiedelten, urbanen Quartieren. Die Überalterung der Gesellschaft, die Abwanderungsbewegungen, die Schrumpfung bestimmter Städte lässt die Kosten pro Kopf weiter steigen, schon allein deshalb, weil der Erhalt aufwendiger ist: Wenn beispielsweise die Kanalisation in einem Areal zu wenig Nutzung aufweist, muss sie regelmäßig künstlich gespült werden, um Verstopfung zu verhindern.

Überspitzt formuliert: Symptome des äußeren und inneren Leerstands – leere Fenster, heruntergelassene Rollläden, verödete Carports, verwilderte

Gärten – arrangieren das bauliche Feld dergestalt, dass unklar bleibt, wie zwischen Wohnanspruch und städtischer Wirklichkeit überhaupt noch Vermittlung besteht, oder nicht vielmehr ein Bruch; ob nicht die Wohnenden sich in den Gehäusen urbaner Deutungsmuster bewegen, die es längst nicht mehr gibt, ob nicht das Erzählen von Stadt angesichts des Entgleitens der Wirklichkeit selbst nur noch ein gewissermaßen metadiskursives Gehäuse darstellt, in welchem die Frage nach dem Wert unerlöst hin und her bewegt wird; ob nicht das Wohnen im Einfamilienhäuschen (das sich laut Umfrage immer noch 80 Prozent der Deutschen wünschen und bereit wären, trotz ökonomischer Fragwürdigkeit, Unsummen zu investieren, wenn die Bank sie nur ließe) ein Warten auf den Sprung, das Splittern des vermeintlichen Idylls der Vorstädte ist, in welchem die Eingeschlossenheit in die imaginäre Welt referenzlosen Wohnens sich aufsprengt; und ob nicht dann vielleicht der demografische Wandel sprachlos leise zu fragen beginnt, ob das eigene Haus noch für die Finanzierung eines Zimmers im Seniorenheim reicht, ob der Erhalt eines Hauses und eines Grundstücks nicht eine maßlose Überforderung bedeutet, ob nicht bereits ein Darlehen aufgenommen werden muss, um das Heizöl für den Winter zu kaufen. So gesehen, befände sich das einstige Lieblingskind der Deutschen (neben dem Auto) – das Häuschen im Grünen – bereits in der Bewegung vom Traum zum Alptraum.

Dialektik des Wohnraums

Während die ökonomisch starken Metropolen einen enormen Zuzug an Arbeitskräften verzeichnen, vornehmlich aus Sachsen-Anhalt, Brandenburg und dem Ruhrgebiet, nimmt die Bautätigkeit auch in den Metropolen ab (Im Jahr 2011 reduziert der Bund die Förderung des Städtebaus von 600 Millionen Euro auf 455 Millionen Euro.).
Indes nimmt die Zahl der Haushalte in Deutschland, vor allem in den Städten, weiter zu. Die Jahre zwischen 2002 und 2010 verzeichnen eine Zuwachsrate von 38,7 Millionen auf 40,3 Millionen. Das Bauministerium geht davon aus, dass die Zahl der Haushalte bis zum Jahr 2025 auf rund 41,1 Millionen steigen wird. Dabei sind allerdings alle Trends und Prognosen regional zu differenzieren: Zwischen den neuen Bundesländern (vor allem in ländlichen Regionen) und den Ballungszentren der alten Bundesländer etwa bestehen starke Unterschiede. Das heißt, auch wenn der de-

mografische Faktor ein Schrumpfen der Bevölkerung induziert, lässt sich daraus in der Perspektive der Investoren in den kommenden 20 Jahren kein Trend zum Sinken des Wohnraumbedarfs ableiten. Weil immer mehr Leute in immer kleineren Haushalten wohnen werden, so die Prognose, tendiert der Markt zu einer verstärkten Nachfrage bei Mietwohnungen, die das Angebot weit überschreitet. Solche Aussichten führen derzeit nicht zu einer höheren Bautätigkeit, die Investitionen zielen vor allem auf den Bestand. München vergab 2011 6800 Baugenehmigungen für mehrgeschossige Häuser, Hamburg 3350, Berlin 3500. Ein Neubau kostet bei einer „durchschnittlichen Qualität inklusive Grundstück pro Quadratmeter 1500 bis 1800 Euro", sagt Jörg Schwagenscheidt, Vorstandsmitglied bei der Berliner GSW Immobilien AG. „Will man eine angemessene Rendite erzielen, muss man dafür mindestens 7 Euro Miete nehmen."[9] So viel Miete aber lässt sich in Berlin selten erzielen. Das Risiko des Leerstands ist beim Kauf günstiger Bestandsobjekte geringer. Dazu beeinflussen steigende Materialkosten und Reglements wie die geplante Energieeinsparverordnung das Erlangen kostendeckender Mieten bei Neubauten negativ. So findet 2011, bei einem Finanzvolumen von 5,5 Milliarden Euro, bundesweit ein Besitztransfer von fast 150.000 Wohnungen statt. Nach jahrelanger Immobilität hält das Wohnen den Finanzmarkt nun dermaßen in Bewegung, dass der vergleichbare Liquiditätswert des Mietshauses nahezu den einer Aktie erreicht.

Die Dialektik des Wohnraums erweist sich als einfach: Des einen drückende Mietsteigerung ist des anderen lohnende Investition in einen sanierten Altbau. So gibt der Immobilien-Kompass der Zeitschrift *Capital* Auskunft über aussichtsreiche Kaufgelegenheiten ebenso wie über die Steigerung der aktuellen Mietpreise bei Neuvermietung. Die Analysten gehen hier davon aus, dass Deutschland im Vergleich zu anderen europäischen Märkten erheblichen Nachholbedarf aufweist. Weil die Preise, so das Marktforschungsunternehmen Bulwien Gesa, seit 1990 „nur" um 0,7 Prozent pro Jahr gestiegen sind, gelten den internationalen Investoren selbst Kaufpreise am oberen Ende der Skala im internationalen Vergleich als günstig. Während Wohnungen in Paris im Schnitt 8000 Euro, in der Wiener Innenstadt rund 6000 Euro pro Quadratmeter kosten, kommt Hamburg auf 2100 Euro, Berlin auf 1800 Euro. Angesichts solcher makroökonomischer Vergleichszahlen und auch, weil der Finanzkapitalmarkt unterkühlt läuft, lenken Investoren aus dem In- und Ausland, darunter Pensionskassen,

Versicherer, Finanzinvestoren, ihr Kapital nach Deutschland um, zumal dessen Ökonomie als stabiler Motor und Hort der Verlässlichkeit in der Eurozone gilt. Nirgends wirkt das Interesse des Immobilienmarkts so nach wie in Berlin. Mit 2,3 Milliarden Euro floss 2011 ein beinahe fünfzigprozentiger Anteil der größeren Transaktionen in die Hauptstadt. Weit abgeschlagen folgte München, das auf 340 Millionen Euro kam. Private Käufer trugen nur mit rund 13 Prozent zum Investitionsvolumen bei.

Da aber Immobilien, wie der Name sagt, immobil sind, Kapital sich jedoch bewegen muss, hängt die Kapitalzirkulation von denen ab, die in den Immobilien wohnen (also Miete zahlen) oder eine Wohnung kaufen (also Kredite tilgen). Der Kaufpreisfaktor gibt in diesem Zusammenhang an, das Wievielfache der zu erzielenden Jahresmiete beim Kauf bezahlt wird. Daher liegt das Augenmerk der Investoren auch darauf, ob die Mieten mit den Preisen steigen. Dies sei, so das arbeitgebernahe Institut der deutschen Wirtschaft (IW), der Fall. Gründe hierfür liegen in den guten Konjunkturdaten. In den fünf vom IW untersuchten Städten zeigt sich die Zahl der Arbeitnehmer höher als der Bundesdurchschnitt – von März 2006 bis September 2011 erhöht sich die bundesweite Beschäftigtenzahl um 11,7 Prozent, während sie in München um 12,2 Prozent, in Hamburg um 16,1 Prozent und in Berlin um 16,6 Prozent wächst. Höhere Beschäftigtenzahl verspricht erhöhtes Einkommen, das wiederum ein Mehr an Kosten für das Wohnen abdecken kann. Die Entwicklung der Mieten hält also Schritt, nur in München und Hamburg überholen die Kaufpreise die Mieten um 21 bzw. 9 Prozent und auch in Berlin, wo sich Eigentumswohnungen seit 2007 jährlich um durchschnittlich zehn Prozent verteuern, legen die Mieten im gleichen Zeitraum nur um durchschnittlich 4,3 Prozent pro Jahr zu. Der Kaufpreisfaktor liegt in München bei 22, in Hamburg bei 21, eine Rate, die sich für Investoren meist nicht lohnt.

Zoom in: Widersprüche in Hamburg

Am Beispiel Hamburg lässt sich die Verknappung bezahlbaren Wohnraums konkret nachzeichnen. Die alte Formel des Mietervereins, die einst maximal einen Wochenlohn für das Wohnen rechnete, gilt hier schon lange nicht mehr. Eine Vergleichsstudie des Immobilienverbands Deutschland (IVD) von 2012 zeigt auf, dass die durchschnittliche Miet-

belastung in Hamburg bei mittlerweile mehr als 40 Prozent des Einkommens liegt. Für Senioren mit niedrigem Rentenaufkommen und Arbeitnehmer mit niedrigen Einkommen beträgt der Kostenanteil für das Wohnen die Hälfte ihres Einkommens. Kaltmieten steigen in Hamburg seit 2010 pro Jahr um 5,8 Prozent und liegen aktuell bei einem Durchschnitt von 7,15 Euro pro Quadratmeter, im Süden und Südosten der Stadt allerdings auch darunter. Das ist für viele noch vertretbar. Im Falle der Neuvermietung ist die durchschnittliche Quadratmetermiete in Hamburg jedoch schon auf einem Niveau von 10,55 Euro. Selbst teure Wohnungen mit Mieten jenseits von 15 Euro Kaltmiete pro Quadratmeter für eine neue Wohnung gehen problemlos weg, die innenstadtnahen Viertel wie Altona, Eimsbüttel oder Eppendorf pegeln sich bereits auf diesen Standard ein. Hinzu kommt, dass die Heiz- und Energiekosten seit dem Jahr 2000 um 112 Prozent nach oben geklettert sind. In diesem Prozess differenziert sich die Stadt preislich zunehmend aus, das Auseinanderdriften der Stadtteile in Arm und Reich nimmt zu. Solches offenbart auch die Zahl der Baugenehmigungen, welche die Bezirke im Zuge der Hamburger „Wohnungsbauoffensive" an den Senat meldeten. Während Harburg seine Vorgabe nicht erreicht, genehmigt Altona doppelt so viele Wohnungen, wie es der Bezirk müsste. Laut Grundeigentümer-Verband erzielen Innenstadtlagen weit höhere Preise als die Randlagen Harburg, Hamm, Öjendorf oder Farmsen. Hohe Preise bei Neuvermietung in den Innenstadtbezirken treffen vor allem die Migrations- bzw. Transformationssegmente der Wohnbevölkerung. Wohnmobilität wandelt sich zum teuren Gut. Während junge Paare in zwei Wohnungen mit alten Mietverträgen verharren, weil die prinzipiell ökonomisch sinnvolle Variante, das Zusammenziehen, nicht spart, sondern kostet, treibt es junge Familien trotz hoher Mobilitätskosten aus Hamburg ins Umland. Günstige Randlagen wie etwa Harburg fangen diese Verdrängung offenbar nicht auf und die bisher funktionierende Mischung in Innenstadtlagen wie Altona sieht sich zunehmender Homogenisierung ausgesetzt.
Um der akuten Problemlage zu begegnen, schlagen Politiker wie Hamburgs Stadtentwicklungssenatorin Jutta Blankau (SPD) vor, künftig die Preise für Neuvermietungen auf 20 Prozent der ortsüblichen Miete zu deckeln. Auch erfinden die Stadtoberen ein neues Finanzierungsmodell für die Wohnungsbauförderung. Sie federn die Subvention des Baus von 2000 Wohnungen über eine landeseigene Förderbank ab. Weil jene Bank

die Kosten von 100 bis 120 Millionen Euro bereitstellt, verlagert sich die haushalterische Wirkung auf deren Bilanz und entlastet die Stadt. Hamburg fördert aber nicht nur, sondern versucht auch, Druck auf Investoren auszuüben. Eine Möglichkeit für die Stadt, ein Auseinanderdriften in arme und reiche Viertel zu stoppen, besteht darin, die Vergabe von Flächen mit der Verpflichtung zum Bau von Sozialwohnungen zu verknüpfen. Wollen Investoren bauen, haben sie bei 30 Prozent aller Wohnungen die Kriterien des sozialen Wohnungsbaus einzuhalten. Das ist jedoch eine Strategie, an die sich die Planungsämter erst noch gewöhnen müssen. Dass solches aber selbst auf nichtstädtischen Grundstücken möglich ist, zeigt die Neue Mitte Altona, wo die Stadtregierung bereits über Verträge mit Zusatzmaßnahmen und Preisdämpfer mit den Eigentümern verhandelt. Auch im Bereich der Subventionspolitik probiert die Stadt neue Mechanismen aus. Fördert sie Sanierungsmaßnahmen, haben Eigentümer der Stadt das Recht einzuräumen, die sanierten Wohnungen an Haushalte mit geringeren Einkünften zu vergeben. Zusätzlich schafft Hamburg die Stelle des Wohnungsbaukoordinators, der zwischen Bauherren, Planern und Mietern vermittelt und schlichtet. Auf den Prüfstand der Politik gerät ferner der Tatbestand, dass die Städte Baulandgrundstücke per Höchstpreisverfahren verkaufen und so die Preise treiben.

Für die Finanzierung von Mietwohnungsbau liegt die Kalkulation der Bauherren derzeit bei der Untergrenze von elf Euro, die Sozialmiete liegt aber bei 5,80 Euro. Die Differenz muss die Kommune aufbringen. Um hier für Entlastung zu sorgen, entdeckt die Stadt nun verstärkt die Förderung von Genossenschaften und Baugemeinschaften für sich. Die Stadtentwicklungsbehörde Hamburg spricht von 20 Prozent aller für den Geschosswohnungsbau geplanten Flächen, die jetzt für solche Gemeinschaften aus mehreren Eigennutzern reserviert seien. Das klingt gut; allein, die Umsetzung geht schleppend voran. Beispielsweise wartet die 2009 gegründete genossenschaftliche Baugemeinschaft „Tor zur Welt" noch im Jahr 2012 auf das von der Stadt versprochene Grundstück, sie hofft darauf, 2016 in der HafenCity bauen zu können.

Indes sieht sich die Immobilienwirtschaft von der Politik in Bedrängnis gebracht. Der Grundeigentümerverband lehnt staatliche Eingriffe kategorisch ab, derlei Maßnahmen wirkten verunsichernd auf die Investoren. Dagegen aber spricht, dass zu einer Zeit, als eine Mietregulierung noch galt (von 1990 bis 2001), im Schnitt 6355 Wohnungen pro Jahr fertiggestellt wurden, die Jahre von 2001 bis 2012 weisen hingegen nur einen Schnitt von 3675 Wohnungen pro Jahr auf. Auch klagt die Immobilienbranche über zu hohe Klimaschutzziele beim Bauen sowie Heiz- und Energiekosten, bei einem Preisanstieg bei Wärmedämmkosten von bis zu 40 Prozent in den vergangenen zwei Jahren. Der IVD rechnet vor, dass Baunebenkosten wie Klimaschutzauflagen enorm gestiegen seien und daher im frei finanzierten Mietwohnungsbau Kaltmieten unter elf Euro pro Quadratmeter nicht mehr rentabel funktionierten. Hohe Baulandpreise und Baukosten, so der Bundesverband der Immobilienwirtschaft (BVFI), seien darüber hinaus der Grund dafür, dass Bauträger neue Wohnungen fast nur noch im „oberen Preissegment" erstellen. „Wenn Sie neu bauen, können Sie derzeit keinen Wohnraum unter sechs Euro anbieten", so Sven Vogel vom Bundesverband Freier Immobilien- und Wohnungsunternehmen. Zu hoch seien Auflagen, Grundstückspreise und andere Kosten. „Den Unternehmen laufen die Kosten aus dem Ruder."[10]

Ästhetik des Widerstands.
Von der späten Sichtbarkeit

1. GÄNGEVIERTEL HAMBURG

Für die Städte erlangen die Folgen der Verkäufe aus ihrem Wohnungsbestand oft erst nach Jahren Sichtbarkeit. So zum Beispiel im historischen Gängeviertel Hamburgs, einem traditionellen Viertel der Hafenarbeiter, direkt in der Hamburger Innenstadt gelegen, nahe dem Gänsemarkt mit seinen Drogeriemärkten und Fast-Food-Palästen. Der Name leitet sich aus der Baustruktur ab: dicht aneinander gebaute Häuser mit verwinkelten Hinterhöfen, die oft nur über schmale Gänge erschlossen sind. In den 90er Jahren verkauft die Stadt Hamburg dort ein Dutzend sanierungsbedürftige Häuser an die Hamburger Investoren Fuchs & Werner. Nach längerer Untätigkeit präsentieren die Investoren schließlich im Jahr 2003 Pläne für das Quartier. Sie sehen in den Erdgeschossen Künstlerateliers und in den Obergeschossen teure Lofts vor. Als Vorbild gelten die Hackeschen Höfe in Berlin. Der Firmenchef Hans-Peter Werner beteuert: „Ich bin hier ansässig, mir liegt die Neustadt am Herzen." Wenig später geraten Fuchs & Werner in finanzielle Schieflage und stoßen die Häuser an den niederländischen Investor Hanzevast ab. Der will entkernen, abreißen, eine Tiefgarage bauen. Die Stadt hat nun keine Kontrolle mehr. Das ruft Bürgerprotest „von unten" auf den Plan. Es gründet sich die Initiative „Lebendiges und kreatives Gängeviertel", die für sozial gerechte Mieten und den Erhalt der Gebäudestruktur kämpft und Besetzungsaktionen durchführt. Mit Erfolg. Die Stadt kauft die Gebäude vom Investor Hanzevast für 2,8 Millionen Euro zurück – ein neues Nutzungskonzept muss jedoch erst gefunden werden.

Das Gängeviertel ist ein Präzedenzfall, der zeigt, wie sich die Vertretung des öffentlichen Interesses in der Stadtentwicklung stadtpolitisch verschiebt und die Bürger mehr Mitbestimmung reklamieren. Der Häuserkampf wirkt in diesem Zusammenhang weder als rein lokale Besetzung noch als globale Kritik des Kapitalismus, sondern als konkrete Auseinandersetzungsform um die Bedingungen des Wohnens. Während es in dem Künstler-Manifest *Not in our name, Marke Hamburg* heißt: „Eine Stadt ist keine Marke und kein Unternehmen, sondern ein Gemeinwesen", zeigt sich die Gängeviertel-Bewegung mittlerweile sowohl als Hamburger Marke mit Wiedererkennungswert, als ein Unternehmen mit Infrastruktur wie auch als ein Gemeinwesen. Mit dem Logo und dem Slogan „Komm in die Gänge" verfügt die Initiative über ein Corporate Design, das sich in Hamburg schnell über Revers, Kaugummiautomaten, Koffer, U-Bahnen, Kabelrollen ausbreitet. Der Protest inszeniert sich selbst als Brand und führt Merchandisingartikel wie Unterhosen, Hemden und T-Shirts im Programm, die in dialektischer Manier Begriffe wie „Kapitalentwicklung" aufgreifen und mit den impliziten Widersprüchen spielen. Der Glamourfaktor in Form der Beteiligung von Stars wie dem Maler Daniel Richter, dem Regisseur Fatih Akin, den Bands Tocotronic, Fettes Brot und Jan Delay verstärkt den Popanstrich des Ganzen. Allerdings: Nur beim ersten Ansehen erweist sich die Angelegenheit als Pop, im Alltag sucht man den Glamour vergeblich. Ohne Heizung, mit einfach verglasten Fenstern und Ofen ist es im Winter oft bitterkalt. Dass die Häuser seit mehr als sechs Jahren leerstehen, trägt nicht zur Besserung der Wohnsubstanz bei. Noch weiß keiner, wie es weitergeht. Schließlich lässt die Transformation von Wohnraum an den Bruchstellen des Wohnalltags, seinen Sprüngen und Rissen ebenso wie seinem Gelingen aufscheinen, dass sich in ihr alles zäh bewegt – immerhin hat die Finanzbehörde der Stadt Hamburg zugesichert, die Häuser 2012 winterfest zu machen.

2. DAS KOTTI IN BERLIN

Im Zuge des Rückzugs der Berliner Stadtregierung aus dem wohnpolitischen Handeln seit den 90er Jahren verursacht der erzwungene Verkauf von Sozialwohnungen auch am Kottbusser Tor in Berlin späte, aber umso wirksamere Folgen. Das im Volksmund „Kotti" genannte Quartier gilt als pars pro toto: Bei der Wohnbausiedlung greift (ebenso wie in den Sozialwohnungen der Kreuzberger Fanny-Hensel-Siedlung und anderswo) der Mietspiegel nicht; es existiert keine Milieuschutzverordnung, die die Mieten im Zaum halten könnte.

Spulen wir zurück: Die Kriegszerstörungen schaffen, wie anderswo auch, in Kreuzberg Platz für die Idee der modernen Stadt, das heißt die Entmischung ihrer Funktionen und die räumliche Trennung von Arbeiten, Wohnen, Kultur und Freizeit. Nach dem städtebaulichen System „Zeilenbauten und Verkehrstangenten" verbindet die Nachkriegsplanung alte und neue Bebauung und durchzieht sie autogerecht mit einem neuen Wegesystem. Das Kotti avanciert mit dem von Wassili Luckhardt 1952 gewonnenen Wettbewerb zu einem der ersten größeren Berliner Wohnungsbauprojekte zum innerstädtischen Wiederaufbau. Luckhardt setzt die Einfügung in bereits vorhandene Bebauung behutsam um, stellt zwei siebengeschossige Flügelbauten vor bereits vorhandene Brandwände. Während ein elfgeschossiger Bau die Spitze bildet, binden vorgezogene Ladenpassagen die bauliche Trias optisch zusammen. Auch die Bauweise ist modern: ein Stahlbetonskelettbau, der seine Struktur deutlich sichtbar werden lässt.

Bis in die 70er Jahre wird am Kotti weiter baulich nachverdichtet, allerdings dann mit großflächigem Abriss des Bestandes. Nicht weit vom Kotti entfernt besingen Ton, Steine, Scherben mit dem „Rauch-Haus-Song" die Besetzung des ehemaligen Schwesternwohnheims im Berliner Bethanien-Krankenhaus, eine der ersten politisch motivierten Hausbesetzungen. Das Lied thematisiert mit „Schmidt und Press und Mosch" jene Bauunternehmer, die maßgeblich an dem massiven Abriss der Kreuzberger Altbauten beteiligt sind, darunter Schmidt als Bauherr des „Neuen Kreuzberger Zentrums". Am 28. Mai 1973 schreibt der *Spiegel* über das Bauvorhaben: „Am Kottbusser Tor wollte Immobilien-Makler Günter Schmidt in halbkreisförmigem Bogen Gewerbe- und Wohnbauten für 80 Millionen Mark hochziehen. Doch auf dem Gelände standen noch Häuser, aus denen die

Mieter nicht weichen mochten. Bauherr Schmidt sah sein ‚Neues Kreuzberger Zentrum' in Gefahr und beschloß, die ‚Entmietung' der Altbauten zu forcieren: Ohne Vorwarnung ließ er Türen und Fenster des noch teilbewohnten Hauses Dresdener Straße 131 herausbrechen und auf den Hof werfen. Begründung: ‚Wir wollen nicht, daß sich Gastarbeiter und anderes Gesindel einnisten.'" Der *Spiegel* verweist hier auf den migrationspolitischen Horizont des Kotti. Seit 1964 siedeln sich die nach Berlin geholten sogenannten Gastarbeiter in den billigen Altbauquartieren Kreuzbergs an. Es soll ein Wohnen auf Zeit sein – „unbefristet, aber längstens bis zum Abriss" steht in den Mietverträgen –, aber die meisten bleiben und produzieren mit ihrer Lebensform ein weiteres kulturelles Feld urbaner Überlagerung. Aus der Gemengelage entsteht eine äußerst heterogene Bewohnerstruktur rund um das Kottbusser Tor. Spätestens seit den 80ern bis spät in die 2000er gilt das Kotti als graues Betongebirge, als „Burgghetto der Sozialfälle", Berlins Unfallschwerpunkt Nummer eins und größter Drogenumschlagplatz der Stadt. „Der Druck am Kotti steigt", berichtet der *Tagesspiegel* vom 13. August 2008.

Subkutan annonciert sich jedoch ein neuer Wandel. Dies liegt auch im Lagewechsel des Quartiers begründet. Hatte die Berliner Stadterneuerungspolitik der 60er eine Umsiedlungsstrategie großer Bevölkerungsteile in die Neubauten am Stadtrand im Sinn, so deutet sich nach dem Mauerfall an, dass die sozial Schwächeren jetzt in bester Lage im Zentrum der Stadt wohnen – im Vergleich mit anderen europäischen Hauptstädten ist das einzigartig. Daher bleibt es nur eine Frage der Zeit, bis der Ort aufs Neue der Heterogenität zugeführt wird. Mit dem West Germany, dem Monarch, der Paloma Bar, Möbel Olfe und später dem Südblock wachsen seit den späten 2000ern neue Partyorte wie Rhizome in die Sockelgeschosse des Kotti hinein und bespielen die einst als Utopie ausgegebene Bebauung mit den Utopien der Gegenwart. Das Kotti ist wieder hip – und damit attraktiv für neue Mieter, die höhere Preise zahlen können. Nun zeigen sich die Konsequenzen der im Jahr 2003 vom Berliner Senat getroffenen Entscheidung zum Rückzug aus der Anschlussförderung zur Subventionierung der Sozialwohnungen, mit der das Wohnen ganz den Kräften des Markts überlassen wurde. Zunächst blieb es zwar ruhig, lange Zeit gab es keine sichtbaren Probleme. Seit etwa fünf Jahren nimmt indessen der Druck auf das Kotti zu, im Quartier zahlen viele Anwohner inzwischen mehr als 50 Prozent, manche sogar 60 bis 70 Prozent ihres Einkommens für die Miete. Mieten im Sozialen Wohnungsbau sind in vielen Fällen sogar höher als am freien Markt.

Um gegen solche Entwicklung anzugehen, gründet sich 2011 die Protestinitiative „Kotti & Co.": ein Zusammenschluss aus Mietern des Quartiers. Der Protest richtet sich gegen den exorbitanten Mietanstieg, wie es im Manifest der Gruppe heißt: „Unsere Hochhäuser gehören den privaten Gesellschaften Hermes und GSW, die seit über 30 Jahren Subventionen bekommen, um bezahlbaren Wohnraum zur Verfügung zu stellen. Sie erhöhen jedes Jahr die Miete, da die Stadt sich aus den Subventionen zurückzieht. Unsere Mieten sind inzwischen so hoch, dass jede zweite Familie hier 40 bis 50 Prozent ihres Einkommens dafür ausgibt."[11] Unterdessen hat die Initiative am Kotti ein Camp errichtet. Hier findet ein 24-Stunden-Dauerprotest statt, der die Problematik auch im Stadtraum sichtbar machen will. Ein von der Gruppe erstellter Forderungskatalog umfasst Vorschläge, wie die Einführung einer „Sperrminorität" für den sozialen Wohnungsbestand. Sie soll weitere Privatisierungen verhindern soll (ein Verfahren, dass die Stadt Freiburg bereits erfolgreich praktiziert). Am österreichischen Beispiel des Salzburger Wohnbaufonds orientiert sich der Vorschlag, ein „Kommunales Sondervermögen" einzurichten, das die Angemessenheit der sozialen Mieten gewährleisten soll. Weiterhin fordert der Katalog Re-Kommunalisierung, das heißt den Rückkauf bereits veräußerter Sozialwohnungen, eine Änderung des Wohnraumgesetzes einschließlich einer Belegungsbindung bei Sozialwohnungen und ein Einfrieren der Nettokaltmieten bei vier Euro.

Der Kotti-Protest beschränkt sich nicht auf symbolische Handlungen oder Appelle. Unter dem Titel „Nichts läuft hier richtig – Konferenz zum Sozialen Wohnungsbau in Berlin" organisiert die Initiative eine institutionell verankerte Debatte über die Rückkehr zu einer sozialen Wohnraumversorgung – ein Versuch, die politischen Akteure einzubinden und auf Augenhöhe zu diskutieren. Die Mieter verhandeln an diesem Termin im Berliner Abgeordnetenhaus mit Vertretern aus Politik, Verwaltung und Wissenschaft über die Situation auf dem Wohnungsmarkt, also mit jenen, die eigentlich den legitimierten Auftrag haben, sich um das öffentliche Interesse zu kümmern. Andrej Holm, Stadtsoziologe von der Humboldt-Universität, konstatiert: „Mietergruppen und Stadtteilinitiativen haben die Wohnungspolitik zurück auf die Agenda der Politik gesetzt." Für Holm stellt das Treffen eine Form der politischen Bühne dar, auf der neben der Immobilienwirtschaft, der Verwaltung und der Politik auch die Initiatoren selbst die Stimme erheben, also diejenigen, „über die sonst gesprochen wird." – Vielleicht eine der letzten Gelegenheiten, über die zukünftige Funktion der noch knapp 150.000 Wohnungen des Sozialen Wohnungsbaus als Instrument einer sozialen Wohnungsversorgung zu streiten. An Visionen mangelt es nicht, allein, die Stadt hat noch Nachholbedarf in der Reorientierung, weg von der Marktgläubigkeit der 90er und 2000er Jahre.

Spulen wir nocheinmal zurück: 2003 steigt der Senat aus dem alten Fördersystem aus, Mietern derjenigen 28.000 Wohnungen, denen keine Anschlussförderung mehr gewährt wird, droht der Wohnungsverlust. Was heißt das, oder besser, wie funktionierte das Fördersystem und was machte es zu einem Sonderfall in Deutschland? Das System unterhielt eine Förderstruktur, innnerhalb derer die Stadt Sozialbauten errichten ließ, die Wohnungsbauunternehmen aber lediglich 15 Prozent Eigenkapital aufbringen mussten. Der Restbetrag lief über Bankkredite. Grundlage der gesamten Bau- und Finanzierungsaufwendungen war die Kalkulation der sogenannten und überhöht berechneten „Kostenmiete."[12] Das Land Berlin übernahm mit der sogenannten Anschlussförderung also die Differenz zwischen den tatsächlichen Mieteinnahmen (der „Sozialmiete") und der Kostenmiete für mindestens 15 Jahre, meist jedoch für einen längeren Zeitraum. Konkret: In den 70er und 80er Jahren bauen private Investoren mit einer Kostenmiete von umgerechnet bis zu 18 Euro je Quadratmeter. Um solch vermeintliche ökonomische Unvernunft attraktiv zu machen, bezuschusst der Berliner Landeshauhalt die – überhöhten – Bau- und Finanzierungskosten mit Subventionen in Milliardenhöhe. Damit die Mieten niedrig bleiben, gewährt das Land zunächst Aufwandsdarlehen und -zuschüsse für 15 Jahre, um die Frist dann mit der Anschlussförderung für 15 weitere Jahre laufen zu lassen. „Mit dem absurden Ergebnis, dass eine mittelmäßige Sozialwohnung den Staat oft teurer kam, als wenn dem Mieter ein Einfamilienhaus am Stadtrand geschenkt worden wäre."[13] Noch im Jahr 2001 belastet das Fördermodell den Berliner Haushalt mit 1,5 Milliarden Euro. Der Ausstieg aus dem System wird für die Stadt unumgänglich. 2003 gelingt der Durchbruch, die Anschlussförderung ist Geschichte und die Sanierung der Wohnbauförderung kommt in Gang, 2012 veranschlagt der Landeshaushalt in dem Aufgabenbereich nur noch 396 Millionen Euro.

Indes, Stadtpolitik verläuft nicht linear, Haken bleiben immer. Punkt eins: Weil über ein Viertel der vom Förderstopp betroffenen Wohnprojekte bankrottgeht, kommt der Senat für Ausfallbürgschaften in dreistelliger Millionenhöhe auf. Punkt zwei – und dieser wiegt schwerer: Der Senat verliert kurzfristig – vielleicht auch der zu der Zeit entspannten Lage auf dem Wohnungsmarkt wegen – die Maßnahmen zum Schutz der Mieter aus dem Blick. Hauseigentümer können ab jetzt die volle Kostenmiete auf die Mieter abwälzen – was zunehmend auch geschieht. Die Besitzer von Sozialwohnungen schlagen häufig das Geld, mit dem in der Vergangenheit das Land Baukosten erstattete (jährlich um zehn Cent pro Quadratmeter) auf die Miete auf. Dies hat zur Konsequenz, dass dort, wo die Anschlussförderung wegfällt, die Nettokaltpreise auf bis zu 13 Euro pro Quadratmeter steigen, Sozialwohnungen oft teurer sind als Wohnungen auf dem ungeförderten Wohnungsmarkt. Als besonders prekär erweist sich in diesem Zusammenhang die Lage von Erwerbslosen im Hartz-IV-Bezug. Das Stadtforschungsinstitut TOPOS rechnet vor, dass seit 2006 ein Mietanstieg bei „Hartz-IV-Haushalten" im Sozialen Wohnungsbau von neun Prozent zu verzeichnen ist. „Die Ausgaben der Jobcenter für die Wohnkosten haben sich im gleichen Zeitraum aber nur um drei Prozent erhöht."[14] Im Jahr 2011 fordern die Jobcenter in Berlin 30.000 Hartz-IV-Haushalte auf, Mietkosten zu senken, aber nur 1800 von ihnen finden eine günstigere Wohnung. Der Rest muss den Teil der Miete, der über den Vorgaben des Jobcenters liegt, selbst bezahlen, also mit Geld, das eigentlich die Deckung des Grundbedarfs an Ernährung, Kleidung, Bildung und Mobilität vorsieht.
Es bleibt zu fragen, ob ein schrittweiser Ausstieg aus dem Förderprogramm nicht besser funktioniert hätte, ein Vorschlag, mit dem sich der damalige Bausenator Peter Strieder nicht durchsetzen konnte. Darüber hinaus wären die exorbitanten Mietsteigerungen durch die Kostenmiete selbst in Zweifel zu ziehen. Weil, begünstigt durch Steuersparmodelle, seit den 80er und 90er Jahren die Baukosten für Sozialwohnungen bewusst aufgebläht wurden, wären auch diese Kosten selbst noch einmal zu untersuchen und daraufhin zu prüfen, ob die Aufgabe der Mietpreis- und Belegungsbindung für Sozialwohnungen nicht ohne Not geschah. Wenn sich solches nachweisen ließe, fiele der Berechnungsmodus für die Kostenmiete neu, das heißt günstiger, aus. Ferner wäre zu prüfen, mit welcher Begründung der Berliner Senat den vom Bund erhöhten Zuschuss über 180 Millionen Euro seit 2010 nicht mehr in die Kosten des Wohnens investiert, während

die Zahl der Erwerbslosen, die einen Teil der Miete inzwischen aus dem Regelsatz begleichen, stetig steigt. Auch aus diesem Grund fordern Mieterinitiativen die Einführung einer Kappungsgrenze für Sozialwohnungen von vier Euro nettokalt pro Quadratmeter und für Hartz-IV-Bezieher die uneingeschränkte Übernahme der tatsächlichen Wohnkosten. Auf der von „Kotti & Co." organisierten Konferenz forderte Sebastian Jung, Sprecher der Mieterinitiative aus dem Fanny-Hensel-Kiez, das 2011 beschlossene Wohnraumgesetz zu ändern und dort den Erhalt der Belegungsbindung bei den Sozialwohnungen gesetzlich zu fixieren. Der anwesende Staatssekretär Gothe aber dämpfte sogleich zu hohe Erwartungen. Seiner Ansicht nach ist der Anstieg der Mieten dadurch begründet, dass zum einen die Bevölkerung in Berlin wachse und andererseits die Ansprüche der Mieter stiegen. „Während sich im Jahr 1990 jede Person noch mit durchschnittlich 30 Quadratmetern zufrieden gab," sind es laut Gothe „jetzt 39 Quadratmeter."[15] Das übe Druck auf den Wohnmarkt aus. Gothe stellte aber Teillösungen in Aussicht: Die Senatsverwaltung werde „bis Ende des Jahres 2013 ein Konzept erarbeiten."[16] Wie ein „neuer Sozialer Wohnungsbau" aus Sicht der Landesregierung aussehen kann, davon teil Gothes Frage: „Wenn die Innenstadt voll ist, wie kann man dann die Gebiete außerhalb attraktiver machen?" einiges mit.

Berlin Hype

Der am Kotti beschriebene Wandel steht beispielhaft für ganz Berlin. Das ist relativ neu für die Stadt. Lange war das Geld nicht wichtig, jetzt scheint das Konfliktfeld Ökonomie wieder in der Hauptstadt Einzug zu halten. Berlin, einst billiger Wohntraum für Lebenskünstler und jene, die es werden wollten, mausert sich zum „Markt wie im Rauschzustand", wie der *Spiegel* Anfang Oktober 2012 zu berichten weiß. Infolge des starken Zuzugs legen in Berlin die Neuvertragsmieten, so der 2012 vom Verband Berlin-Brandenburgischer Wohnungsunternehmen (BBU)[17] herausgebene *Marktmonitor*, in den vergangenen fünf Jahren um fast 20 Prozent zu. In den Jahren zwischen 2003 und 2011 steigt der durchschnittliche Mittelwert des Mietspiegels um 23 Prozent. Die sogenannten Angebotsmieten für freie Wohnungen steigen danach von 5,67 Euro je Quadratmeter (kalt) im Jahr 2007 auf 6,74 Euro im Jahr 2011. Das bedeutet, dass der Anstieg des Preises für Wohnen in Berlin deutlich über dem der allgemeinen Preissteigerung und zugleich über der Einkommensentwicklung liegt. Die Kaufkraft legt im selben Zeitraum nur um 1,9 Prozent jährlich zu, die Haushaltsnettoeinkommen steigen nur um etwa 1,7 Prozent. Zentrale Lagen sind besonders von den Preissteigerungen betroffen. Friedrichshain-Kreuzberg hält dort, mit einem Anstieg von 31 Prozent, die Spitzenposition. 2007 landet der Bezirk beim Mietpreisniveau mit 5,93 Euro pro Quadratmeter noch auf dem dritten Platz. Schon 2011 beträgt die durchschnittliche Angebotsmiete 7,77 Euro und stellt stadtweit den höchsten Wert. Doch auch Neukölln ist im Kommen. Der frühere Problemkiez meldet vereinzelt bis zu 40 Prozent Mietsteigerung im Vergleich zum Vorjahr bei neu angemietetem Wohnraum und gilt einigen bereits als der neue Prenzlauer Berg.

Ebenso boomt der Bereich der Immobilienverkäufe in der Stadt. Mit rund 10.000 Wohnungen (25 Prozent mehr als im Vorjahreszeitraum) gehen von Januar bis Juli 2012 so viel Transaktionen in einem Halbjahr über die Bühne wie noch nie. Der Markt verzeichnet insgesamt fast 16.000 Kaufverträge und einen Umsatz von mehr als 5,2 Milliarden Euro (1,67 Milliarden nur bei Wohnungsverkäufen). In Berlin-Mitte steigen die Preise bereits seit den vergangenen vier Jahren kontinuierlich um ein Drittel. Im Moment heißt es: Alles geht weg. Auch schmucklose Plattenbauten. An der Ecke Zehdenicker Straße/Weinbergsweg kauft der Immobilieninvestor Akelius gleich den ganzen Fünfgeschosser aus den 1950ern und packt noch ein Stockwerk mit 15 Luxuswohnungen obendrauf. Internationales Kapital entdeckt den Wohnraum in der Hauptstadt: Ein amerikanischer Vermögensverwalter, der Staat Singapur, eine niederländische Pensionskasse und ein US-Fonds zeichnen bei der Kapitalerhöhung des Berliner Wohnungsunternehmens GSW Anfang Mai Aktien im Wert von 200 Millionen Euro.

Auf den Berliner Korridor, auf dem bislang vor allem Unternehmen wie die Groth-Gruppe, NCC und Kondor Wessels die Vormachtstellung besaßen, drängen neue Bauträger wie die Buwog-Meermann GmbH. Das 2012 gegründete Unternehmen, das zur österreichischen Immofinanz Group gehört, die an der Wiener Börse notiert ist, will in den nächsten Jahren in Berlin rund 1300 Wohnungen errichten und damit zu einem der größten Bauträger auf dem hauptstädtischen Markt aufsteigen. Des einen Erfolg des anderen Abstieg: Die Buwog-Meermann übernimmt im Mai 2012 mehrere Vorhaben der Chamartín Meermann Immobilien AG,

→ Protest gegen Mietsteigerungen am Kottbusser Tor in Berlin
↙ Gängeviertel in Hamburg
↓ „Allmende Kontor" auf dem Tempelhofer Feld in Berlin

die zuvor ihrerseits insolvent ging. In dem aufgekauften Portfolio befinden sich bestehende Projekte wie das Humboldt-Palais am Hegelplatz (hier entstanden zwischen Museumsinsel und Friedrichstraße exklusive Eigentumswohnungen) und das Projekt Chausseestraße 88, das über eine vermietbare Wohn- und Gewerbefläche von rund 6800 Quadratmetern verfügt. Dass es gefährlich ist, in Berlin nur auf das Luxussegment zu setzen, hat sich bei Buwog-Meermann schon herumgesprochen. Wichtig sei es, „die Bedürfnisse von Mietern und Käufern genau zu analysieren."[18] Beim Neubau in der Scharnhorststraße wird deshalb umgeplant: Das Dachgeschoss, in dem einst Penthousewohnungen mit über 200 Quadratmetern angedacht waren, prägen nun Grundrisse kleiner, 35 bis 60 Quadratmeter großer Wohneinheiten, die sich gut als Zweitwohnsitz oder für Singles eignen. Denn: „Wenn die Kaltmiete über 2000 Euro beträgt, wird der Markt klein." Auch der Hamburger Projektentwickler DC Residential will in der Hauptstadt reüssieren und schließt sich mit der Berliner Klingsöhr-Unternehmensgruppe zusammen. Die neuen Partner streben in den nächsten drei Jahren Wohnimmobilienprojekte mit einem Volumen von 100 bis 150 Millionen Euro an.

Aber nicht alles, was Gold ist, glänzt, die Differenzierungsbewegungen des Marktes halten an. Als problematisch erweisen sich (noch) die Quartiere, in denen höhere Mieten nicht mit der sozialen Entwicklung synchron laufen, wie in Teilen von Moabit, Wedding, Neukölln und in der südlichen Luisenstadt. Weil, wie der BBU prognostiziert, ein Bedarfsvolumen von mindestens 150.000 zusätzlichen Wohnungen bis 2030 auf Berlin zukommt, ist, um dort Wohnraum für einkommensschwache Haushalte bereitzustellen, eine verstärkte Förderung seitens des Senats unabdingbar. Ferner hapert es an den Rahmenbedingungen für Wohnungsbau. Genossenschaften gelangen nur schwer an geeignete Grundstücke. Darüber hinaus fordert der BBU Finanzinstrumentarien wie zinsvergünstigte Baudarlehen, deren Niveau er noch unter dem derzeit bereits sehr günstigen Stand ansetzt. Um billigere Mieten zu ermöglichen, rät der BBU den Bezirken, Belegungsrechte für bereits existierende Wohnungen zu kaufen. Berlins Politik hingegen zeigt sich in ihrer Sozial- und Stadtentwicklungspolitik getrieben durch die Politik der leeren Kassen: investorenfreundliche Liegenschaftsstrategie, Privatisierungskurs im Bereich der Öffentlichen Daseinsvorsorge und die Handlungsunfähigkeit in der Wohnungs- und Mietenpolitik. Bis vor kurzem sang die „rot-rote"

Regierungskoalition Berlins noch den Refrain von einem entspannten Wohnungsmarkt, um mit der Melodie den Abbau sämtlicher Wohn- und Bauförderprogramme voranzutreiben. Den vorläufigen Höhepunkt einer Abkehr von einer aktiven Wohnungspolitik bildet der Komplettverkauf der ehemals größten landeseigenen Wohnungsbaugesellschaft GSW mit 700.00 Wohnungen.

Solcher Transfer vollzieht sich nicht immer reibungslos. Im Jahr 2011 stoppt die Berliner Landesregierung vorerst, nach jahrelangen Bemühungen, den umstrittenen Verkauf der Berliner Immobilien Holding (BIH), der über rund 20.000 landeseigene Wohnungen verfügt. Der Senat stimmt den ausgehandelten Verträgen nicht zu, weil die Kapitalgeber in der Öffentlichkeit nicht genannt werden wollen. Der Senat fürchtet Transparenzprobleme, die er sich nicht mehr leisten kann. Bereits 2001 hatten riskante Immobiliengeschäfte den ehemals weitgehend landeseigenen Konzern an den Rand des Ruins gebracht, das Land Berlin musste Kapital in Milliardenhöhe zuschießen, eine Bürgschaft über 21,6 Milliarden Euro übernehmen und die Risiken später in der BIH als einer Art „Bad Bank" bündeln. Der Senat will nun kein zweites Waterloo an der Immobilienfront. Es wäre eine der größten Immobilientransaktionen der vergangenen Jahre in Deutschland gewesen. Verkauft werden sollte die BIH an ein Konsortium um den britischen Investor Altyon. Für die Kreditrisiken in Höhe von mehr als vier Milliarden Euro, die auf den Immobilienfonds lasten, sollte die Al-Hilal-Bank, eine Staatsbank der Vereinigten Arabischen Emirate in Abu Dhabi bürgen. Kritiker monierten, dass der Zeitraum, in dem der Kaufinteressent alle vollständig ablösen wollte (bis 2014), zu lang sei. Finanzsenator Nußbaum erklärte das Verfahren mit der schrittweisen Fälligkeit der Kredite. Wie auch immer: Da die BIH Verluste macht (der zusätzliche Kapitalbedarf der BIH liegt bei rund 140 Millionen Euro jährlich, unter anderem, um Darlehen zu bedienen), sieht sich Berlin gezwungen, den Immobilienriesen zu veräußern. Der Senator plant nun einen neuen Strukturplan für die BIH – dessen Strategie auf „aktivem Immobilienmanagement" basieren soll. Was das heißt, bleibt bislang unklar.

Alles in allem gibt sich die Berliner Politik überrascht von der aktuellen Situation. Protagonisten wie die ehemalige Bausenatorin Ingeborg Junge-Reyer oder Bürgermeister Klaus Wowereit hatten das Problem des teuren Wohnraums erfolgreich weggeredet. Erst 2012 kommt ein Umdenken in Gang. Es fällt der Begriff der sogenannten „Stadtrendite". Der im wissenschaftlichen Wohnraumdiskurs lange bekannte Sachverhalt und Wert des kulturellen Kapitals gewinnt nun auch in der städtischen Liegenschaftspolitik an Relevanz. Das heißt, bei der Vergabe von Grundstücken sollen Bauprojekte zukünftig nicht nur nach dem zu erwartenden Verkaufserlös, sondern auch nach ihrem sozialen und kulturellen Wert bemessen werden – wie auch immer jener zu bestimmen sein wird. Zusätzlich beschließt der Senat im September 2012 das von Stadtentwicklungssenator Michael Müller eingebrachte Mietenbündnis zur Bekämpfung des angespannten Wohnungsmarktes; es verspricht 9000 Neubaugenehmigungen für die kommenden Jahre.

Differenzen aber bleiben nicht aus. Nußbaum gelten die Pläne als zu kostspielig. Er „befürwortet (…) das Mietenbündnis", doch die Wohnungsbaugesellschaften müssten dazu „wirtschaftlich stark genug sein."[19] Und Nußbaum fürchtet, nicht zu Unrecht, bereits die nächste fiskalpolitische Zumutung. Müller hingegen äußert Sympathie nicht nur für eine neue Wohnungsbauförderung, er will die Liegenschaftspolitik des Landes zur Bekämpfung des Wohnraummangels heranziehen und einen Fonds gründen, der den Wohnungsneubau mit staatlichen Geldern unterstützt. Hier gilt Hamburg als Vorbild. Hamburg hat aber auch mehr Druck: Weil die Sozialmieten in Hamburg den Durchschnittswert des Berliner Mietspiegels überschreiten und selbst Wohnungen zu Mieten von acht Euro pro Quadratmeter kalt nicht ohne Förderung zu haben sind, steht die Politik dort unter stärkerem Zugzwang als die Protagonisten in Berlin – noch. Denn die Lage in Berlin ist im Begriff, sich zu verschärfen. So registriert der Bezirksbürgermeister von Lichtenberg, Andreas Geisel, wie sein Bezirk mit Wohnenden vollläuft: Es gibt nahezu keine frei verfügbare Wohnung mehr. Im Bündnis mit landeseigenen Wohnungsbaugesellschaften, Genossenschaften und privaten Investoren arbeitet der Bezirk jetzt am „Entwicklungsplan Wohnen", unter anderem um Hürden bei Genehmigungen zu beseitigen und Grundstücke für den Wohnungsbau festzustellen. Auf jährlich 1000 Wohnungen soll es der Entwicklungsplan bringen.

Senator Müller sieht die Stadt wachsen: Die Menschen kommen und der Flächenverbrauch steigt. Da käme ein Großprojekt am ehemaligen Tempelhofer Flughafen gerade recht. Doch dort herrschen zunehmend Probleme mit Transparenz und Handlungsfähigkeit. Bereits 2011 beschließt das Berliner Abgeordnetenhaus die Gründung einer landeseigenen Gesellschaft zur Entwicklung des ehemaligen Flughafenareals. Projektentwickler

wird, als alleiniger Geschäftsführer der Tempelhof Projekt GmbH und ausschließlich von Steuermitteln bezahlt, Gerhard W. Steindorf. Damit gibt der Senat die parlamentarische Kontrolle über das Terrain faktisch aus der Hand. Schließlich koaliert die regierende SPD im Herbst 2011 mit der CDU. Deren noch zur Wahl lanciertes Programm zu Tempelhof offenbart Überraschendes: „In Tempelhof bietet sich auf einer Fläche doppelt so groß wie Monaco eine einmalige Chance für die Zukunft unserer Stadt. Doch nach jahrelangem Nichtstun verfolgt der Senat nun eine Strategie der Beliebigkeit und ignoriert die historische, architektonische und stadtplanerische Bedeutung des ehemaligen Flughafens. Diese Planlosigkeit kostet uns Millionen: (…) Der Unterhalt des Geländes kostet über 100.000 Euro täglich. Die Entwicklung wird noch teurer, allein die infrastrukturelle Erschließung des ersten Bauabschnitts soll nach Angaben der zuständigen Entwicklungsgesellschaft bis zu 250 Millionen Euro kosten. (…) Dabei muss die langfristige Nutzung große Freiflächen erhalten sowie das vorhandene städtische Umfeld und Bestandsflächen berücksichtigen. Bis dahin dürfen überteuerte Teilprojekte, die einer späteren ganzheitlichen Nutzung im Wege stehen – etwa ein sinnloser Neubau der Zentral- und Landesbibliothek – nicht ausgeführt werden."
Eine Entscheidung zum Areal scheint noch in weiter Ferne zu sein …

Zoom out:
Knappe Kommunen

Immer deutlicher zeichnet sich ab, dass die Wohnungsfrage auch eine der knappen Gemeindekassen ist. Selbst wenn das Einnahmensegment zuletzt positive Zahlen auswies, verzeichnen Deutschlands Städte und Gemeinden einen Investitionsstau von fast 100 Milliarden Euro. Das ergibt eine Umfrage der staatlichen Förderbank KfW unter mehr als 600 Städten, Gemeinden und Landkreisen. Der daraus hervorgehende Bericht vom April 2012 besagt, dass die Finanznot der Kommunen vor allem Investitionen in die Zukunft betrifft. „Diese Entwicklung ist alarmierend", konstatiert KfW-Chefvolkswirt Norbert Irsch. „Denn es gibt sie trotz der Tatsache, dass die Finanzlage der Kommunen im vergangenen Jahr durch konjunkturbedingte Steuermehreinnahmen besser geworden ist."[20] Trotz guter Konjunkturdaten bleibt die wirtschaftliche Situation der Kommunen angespannt, die Fehlbeträge im Haushalt so groß wie seit dem Rezessionsjahr

2003 nicht mehr. Während das Defizit der Gemeinden 2009 bei 7,2 Milliarden Euro liegt, beläuft es sich nach Auskunft des Statistischen Bundesamts 2011 schon auf 7,7 Milliarden Euro. Steuereinnahmen erhöhen sich um 2,6 Prozent auf 174,5 Milliarden Euro. Vor allen Dingen die Konjunkturpakete verursachen einen Anstieg der Ausgaben um 2,8 Prozent auf 182,2 Milliarden Euro, darunter auch der Anstieg der Bauausgaben um 10,5 Prozent auf 18,6 Milliarden Euro. Besonders steigende Sozialkosten belasten die Gemeinden. 2010 geben sie dafür 42,1 Milliarden Euro aus, ein Plus von 4,5 Prozent.[21]

Auch wenn aus dem wirtschaftlichen Aufschwung ein erhöhtes Steueraufkommen und eine Reduktion des Defizits der Kommunen 2011 um 6 auf 2,9 Milliarden Euro resultiert, sehen drei Viertel der Gemeinden und mehr als die Hälfte der Landkreise keine Aussicht darauf, dass sich der Investitionsrückstand in den nächsten fünf Jahren erheblich verringert. Die KfW sieht allein im Bildungssektor einen Investitionsbedarf von 27 Milliarden Euro für Kleinkinderbetreuung und Schulen, weitere 25 Milliarden Euro müssen in die kommunale Straßen- und Verkehrsinfrastruktur investiert werden. Wohnpolitik ist immer auch Sozialpolitik: Die Situation der auf Sozialwohnungen angewiesenen Haushalte und ihre Möglichkeit, die heruntersubventionierten Wohnkosten zu tragen, ist grundlegender Bestandteil der Wohnförderung. War Sozialhilfe bei der Gründung der BRD nur als Instrument des Übergangs gedacht, weil die Annahme galt, die Soziale Marktwirtschaft und ihre flankierenden Systeme sozialer Sicherung würden soziale Notlagen verhindern, wächst die Zahl der Empfänger von Hilfe zum Lebensunterhalt und Hilfe in besonderen Lebenslagen stetig an. Da hier die Kommunen zuständig sind, tragen sie eine Last, die in den letzten Jahrzehnten enorm angewachsen ist. Es fehlt das Steuergeld auf der Einnahmenseite, während die Sozialausgaben dramatisch ansteigen. Der Gesetzgeber verabschiedete seit 2008 mehr als ein Dutzend steuerentlastende Gesetze auf Bundesebene, den Kommunen bleibt die soziale Aufräumarbeit auf lokalem Terrain.

Indes können die Kommunen laut den Angaben des Deutschen Städtetages ihre Finanzsituation 2012 im Vergleich zu den schlechten Vorjahren verbessern.[22] Insbesondere aufgrund von Zuwächsen bei der Gewerbesteuer wachsen die kommunalen Einnahmen im Jahr 2011 um knapp fünf Prozent auf 183,6 Milliarden Euro, für 2012 gilt eine Prognose von 189,7 Milliarden Euro. Weil sich die Ausgaben 2011 um weniger als zwei Prozent auf 185,3 Milliarden Euro erhöhen (im Sektor Sachinvestitionen reduzieren die Kommunen auf Ausgabenseite beispielsweise die Baumaßnahmen von 18,56 Milliarden Euro 2010 auf 17,62 Milliarden Euro im Jahr 2011 (-5,0 Prozent) und 15,01 Milliarden Euro im Jahr 2012 (-14,9 Prozent)), geht der deutsche Städtetag 2012 von einem Anstieg um lediglich 1,1 Prozent aus. Für die kommenden Jahre sei aber nur Besserung in Sicht, „wenn keine weiteren (direkten oder indirekten) Ausgabenbelastungen geschaffen werden und die kommunalen Steuereinnahmen nicht beschnitten werden." Die Autoren weisen ferner darauf hin, dass die Durchschnittsbetrachtung nicht die strukturellen Ungleichgewichte berücksichtigt. Als Problem identifizieren sie vor allem die weiterhin verschärfte Situation der Kassenkredite in Zusammenhang mit den Soziallasten. Obwohl das kommunale Defizit im Durchschnitt sinkt, steigt die Zahl der Kassenkredite weiter an. Kassenkredite ermöglichen es Gemeinden „zur rechtzeitigen Leistung ihrer Ausgaben (…) Kassenkredite bis zu dem in der Haushaltssatzung festgesetzten Höchstbetrag aufzunehmen, soweit für die Kasse keine anderen Mittel zur Verfügung stehen."[23] Kommunalrechtlich meint diese Mittelaufnahme, auch wenn sie „Kassenkredit" heißt, nicht einen Kredit. Denn ein Kassenkredit muss im Verwaltungshaushalt gezeigt werden, wo eine Kreditaufnahme verboten ist. Das heißt, der Gesetzgeber sah Kassenkredite ursprünglich zum Ausgleich kurzfristiger Liquiditätsschwankungen und somit zur Aufrechterhaltung ordnungsmäßiger Kassenwirtschaft vor.[24] Von dem Rückgang der kommunalen Einnahmen (Senkung der Gewerbesteuereinnahmen bei gleichzeitigem Anstieg der Sozialausgaben) zwischen 1992 und 2006 aber rührt der Tatbestand her, dass Kassenkredite in diesem Zeitraum exorbitant anwachsen. Mit einem Anstieg von etwa 1,2 Milliarden Euro 1992 auf 28,4 Milliarden Euro im Jahre 2007 machen Kassenkredite inzwischen 26,4 Prozent aller kommunalen Schulden aus. Im Jahr 2011 wachsen die Kassenkredite um 4,9 Milliarden Euro auf mittlerweile 43,8 Milliarden Euro (ohne Extrahaushalte). Dieser Zuwachs setzt sich im Jahr 2012 ungebremst fort, allein das erste Quartal verzeichnet einen Anstieg um 2,8 Milliarden Euro. Die Situation der Kassenkredite gibt Auskunft darüber, dass sich zahlreiche Städte in einem Sog befinden, aus dem sie sich nur schwer aus eigener Kraft befreien können. Regional kommt es bei finanzschwachen Kommunen zu einer Überforderung durch Sozialausgaben, was dazu führt, dass sie die gesetzlich nicht vorgeschriebenen Leistungen drastisch einschränken.

Konsequenz des nunmehr fehlenden Angebots anderer öffentlicher Güter und des Verzichts auf Investitionen in die öffentliche Infrastruktur ist eine „verringerte Lebensqualität aller Bürger." Ferner fehlt den Gemeinden Kapital, um antizipierend in vorsorgende Maßnahmen zu investieren und so zukünftige Sozialausgaben zu verringern. „Die sozialen Leistungen werden nach Steigerungen in Höhe von 3,2 Prozent im vergangenen und 3,6 Prozent in diesem Jahr an die Grenze von 45 Milliarden Euro heranreichen." Bereits im Oktober 2010 beurteilt der Städte- und Gemeindebund (DStGB) die Lage noch kritischer.[25] Er verurteilt die Steuerpolitik der Bundesregierung auf Schärfste. Im Ergebnis sei die von der Regierung beschlossene Steuerentlastung um 20 Milliarden Euro im Jahr 2011 nur auf ein Nullsummenspiel für die Bürger hinausgelaufen oder habe gar zu Mehrbelastungen geführt, hinzu komme die Kürzung der Investitionen in Straßen oder öffentliche Gebäude. Dem DStGB zufolge brachte schon 2009 die Gewerbesteuer 17 Prozent weniger ein, weitere Ausfälle verursachen Steuerentlastungen und Konjunkturpakete, während die Sozialausgaben beispielsweise für Langzeitarbeitslose steigen. Die Städte reagieren bereits mit Leistungskürzungen und Gebührenerhöhungen. Verbandspräsident Christian Schramm hingegen fordert, „statt der Steuerentlastungen sollte die Regierung die Investitionskraft der Gemeinden stärken, die für die lokale Wirtschaft und den Arbeitsmarkt zentral ist."[26]

Neben den neuen Bundesländern erweisen sich besonders die aus dem Strukturwandel geschwächt hervorgegangenen Städte und Gemeinden in Nordrhein-Westfalen als betroffen. Sie können unter der angespannten Finanzlage kaum noch selbstbestimmt agieren – nur acht der 427 NRW-Kommunen zwischen Aachen und Minden legen einen ausgeglichenen Haushalt vor. Essen schließt Grundschulen, Remscheid reduziert die Straßenbeleuchtung, Duisburg senkt die Wassertemperatur in den Schwimmbädern. Beispielsweise in Leverkusen steigen allein die Sozialausgaben von 2000 bis 2012 um 64 Prozent von 84 Millionen auf 137 Millionen Euro. Die Steuereinnahmen der Stadt erhöhen sich im selben Zeitraum aber nur um sieben Prozent von 184 Millionen auf 196 Millionen Euro. Im kommenden Jahr erwartet Leverkusen Gesamtausgaben in Höhe von 484,2 Millionen Euro, denen nur 400,9 Millionen Euro Einnahmen gegenüberstehen. Die Differenz leiht sich die Stadt in Form von Kassenkrediten. Dass die Kassenkredite für hochverschuldete Kommunen zunehmend auch als langfristige Darlehen herhalten – solches geschieht besonders häufig in Nordrhein-Westfalen. Während im Jahr 2010 das Volumen von Kassenkrediten bundesweit rund 41 Milliarden Euro beträgt, entfallen rund 50 Prozent davon allein auf Nordrhein-Westfalen, und das, obwohl dort weniger als ein Viertel der Bundesbürger wohnt.

Miete und Gesetz.
Der Mietspiegel ist
keine Naturerscheinung

Wohnen ist nicht nur eine Frage der Ökonomie, der Politik und der Kultur, sondern auch eine des Rechts. Weil mehr als die Hälfte der rund 40 Millionen Wohnungen in Deutschland von Mietern und nicht von den Eigentümern bewohnt werden, erweisen sich Änderungen im Mietrecht als besonders umkämpft. Im Dezember 2012 berät der Bundestag über das von der Bundesregierung eingegebene Mietrechtsänderungsgesetz. Das Urteil des diesbezüglichen Berichts der unabhängigen Sachverständigen im Rechtsausschuss des Deutschen Bundestages vom Oktober 2012 gibt ein Bild der Lage, das geplanten Änderungen deutlich widerspricht. Diese dürften nicht Gesetz werden, heißt es dort, der Ausschluss des Mietminderungsrechts sei systemwidrig, dogmatisch völlig verfehlt, streitträchtig, kaum handhabbar und unausgewogen. Auch den Regierungsvorschlägen zur Sicherungsanordnung bzw. Räumung der Wohnung per einstweiliger Verfügung können die Sachverständigen nicht folgen. Die Vorschläge seien verfassungswidrig, zu den massiven Eingriffen in das Miet- und Mietprozessrecht gebe es rechtsstaatliche Bedenken. Der im Rechtsausschuss geladene Sachverständige Klaus Schach mahnt an, derartige Regelungen habe es in einem Rechtsstaat wie der Bundesrepublik Deutschland wohl noch nie gegeben. Die Regierung nimmt indes keine Änderungen am Gesetzentwurf vor.

Um was geht es konkret? Bei einkommensschwächeren Haushalten liegen die Konsumausgaben für die Wohnung inkl. Betriebskosten bereits bei mehr als 45 Prozent. Bisherige Mieterhöhungsregelungen gelten nur für bestehende Mietverhältnisse. Bei einem Mieterwechsel, also im Fall des Abschlusses eines neuen Mietvertrages können Vermieter die Miete frei festsetzen. Besonders betroffen von dieser Rechtslage sind mobile Mieterhaushalte (derzeit etwa zehn Prozent), die jährlich die Wohnung wechseln bzw. aus beruflichen Gründen umziehen müssen und vor allem junge Menschen, die eine Familie gründen, wie auch Studierende, die neu in die Stadt ziehen. Ohne eine fixierte Kappungsgrenze im Mietniveau gerät diese Mietergruppe auf dem Wohnungsmarkt ins Abseits. Selbst die Forderung des DMB, Neuvertragsmieten auf höchstens zehn Prozent über der ortsüblichen Vergleichsmiete festzulegen, bleibt wenig erfolgversprechend. Denn die Bemessungsgrundlage für die ortsübliche Vergleichsmiete ist weiterhin diffus, vor allem, weil hier ein zeitlicher Prozess zum Tragen kommt, der die längerfristige Entwicklung nicht berücksichtigt. So kommen bei der Bestimmung der ortsüblichen Vergleichsmiete und des örtlichen Mietspiegels nur die Vertragsabschlüsse der letzten vier Jahre zur Geltung. Ortsübliche Vergleichsmiete hat aber nur Sinn, wenn alle Mieten berücksichtigt werden, statt die teuren Vertragsabschlüsse der letzten vier Jahre. Nicht nur die marktgängige Praxis, dass Makler Dienstleistungen für Vermieter erbringen, aber in der Regel Mieter die Provision zahlen, erweist sich als Hemmnis. Legt man beim heutigen Preisniveau zugrunde, dass für Mieterhöhungen und Betriebskostenabrechnungen die Wohnfläche maßgeblich ist, erweist sich auch die Rechtsprechung des Bundesgerichtshofs, Toleranzen bis zu zehn Prozent Abweichung bei der Angabe der tatsächlichen Wohnfläche zu akzeptieren, als mangelhaft. Im Fall einer 100 Quadratmeter großen Wohnung hieße das, dass ein Mieter für bis zu 10 Quadratmeter Miete, Betriebskosten oder Mieterhöhungen mehr zahlen muss, ohne Einspruch einlegen zu können. Auch im Hinblick auf die energetische Sanierung der Gebäudebestände drohen mit der geltenden Rechtsordnung drastische Mieterhöhungen, weil Vermieter elf Prozent der Modernisierungskosten auf die Jahresmiete aufschlagen dürfen. Wenn beispielsweise Modernisierungskosten in Höhe von 200 Euro pro Quadratmeter anfallen, hat der Mieter einer 70 Quadratmeter großen Mietwohnung mit einer monatlichen Mieterhöhung von 128 Euro im Monat zu rechnen. Die niedrigeren Heizkosten schaffen hier keinen Ausgleich. Eine Überprüfung des Sinns bzw. Erfolgs der energetischen Sanierung ist gesetzlich nicht vorgesehen; ob also wirklich eine Senkung der Heizkosten eintritt, bleibt fraglich. Nimmt man derart die Modernisierungs-Mieterhöhungsregelung in den Blick, liegt die Konsequenz nahe, diese ersatzlos zu streichen und statt ihrer die ortsübliche Vergleichsmiete und die energetische Qualität der Wohnung zur Bestimmung der Miete heranzuziehen. Umstritten ist auch, dass künftig die Miete bei Energiespar-Sanierungen in den ersten drei Monaten nicht mehr zu mindern sein soll. Wochenlanger

Lärm, Staub und sonstige Beeinträchtigungen fallen an, wenn beispielsweise neue Fenster und Heizungen oder bessere Dämmungen angebracht werden. Das müssen Mieter mit Inkrafttreten des Gesetzes in Kauf nehmen, denn nach dem Gesetzgeber ist eine diesbezügliche Mietminderung wie bei anderen Arbeiten künftig drei Monate lang nicht mehr möglich. Das soll es gerade privaten Vermietern erleichtern, Investitionen zur energetischen Sanierung zu tätigen.

Schließlich bildet das Eigentum die Grundlage des Wohnraums, es bestimmt das Verhältnis zwischen Mieter und Vermieter. Eigentum ist, wie wir spätestens seit Marx wissen, kein natürlicher Tatbestand, sondern Konfliktfeld. Deshalb erstaunt es nicht, dass Mietrechtsfälle fast im Wochentakt den Bundesgerichtshof (BGH) in Bewegung halten – Renovierungspflichten, falsche Flächenangaben oder eigenmächtige Mietminderungen bieten zahlreiche Anlässe zum Rechtsstreit. Die Warenwertform des Wohnens erweist sich hierbei als eines der meist umkämpften Themen: Mieterhöhungen verursachen mit am häufigsten juristische Auseinandersetzungen. Zwischen zwei bis drei Millionen Mieterhöhungen versuchen Vermieter nach Schätzungen jährlich durchzusetzen, doch „jede dritte bis vierte Mieterhöhung hat formale oder inhaltliche Fehler"[27], so Ulrich Robertz vom Deutschen Mieterbund. Lokale Entscheidungen können in diesem Kontext globale Wirkungen haben. So klagte 2012 in Backnang bei Stuttgart ein Mieter gegen eine Mieterhöhung von 20 Prozent, die die Vermieter mit Verweis auf den Mietspiegel der Nachbargemeinde Schorndorf für rechtmäßig erachteten. Das vom Mieter angeforderte Sachverständigengutachten zielte nicht so sehr auf die monatlichen Mehrkosten von 77 Euro, sondern auf die Hoffnung, der BGH möge in einer Grundsatzentscheidung ortsfremde Mietspiegel für irrelevant erklären und die Kommune zwingen, einen eigenen Mietspiegel zu erstellen.

Wie funktioniert ein Mietspiegel und weshalb haben nicht alle Gemeinden einen? Es gibt zwei Varianten von Mietspiegeln, den einfachen und den qualifizierten. Der einfache Mietspiegel, den die Städte in Kooperation mit Interessengruppen (zum Beispiel Mieter und Vermieterverbände, Immobilienmakler etc.) erstellen, zieht als Kriterien für die Festlegung den Stadtbezirk, die Lage des Hauses, das Baujahr, die Qualität der Wohnungsausstattung und die Energieeffizienz heran. Der qualifizierte Mietspiegel beruht auf wissenschaftlichen Grundsätzen, die sich meist auf statistische Erhebungen stützen. Im Gegensatz zum einfachen Mietspiegel ist der qualifizierte rechtlich bindend. Dass aber auch der wissenschaftliche Mietspiegel keine abschließende Wirkung erzielt, zeigt das Beispiel München. Dort entscheidet das Landgericht im Jahr 2010, den Mietspiegel von 1999 als geeignetes Beweismittel in Mieterhöhungsprozessen nicht zuzulassen. Das ist keine Überraschung, denn bereits in der Vergangenheit hat das Landgericht die Mietspiegel wegen zahlreicher Ungereimtheiten gekippt. Rudolf Stürzer, Vorsitzender des „Haus- und Grundbesitzervereins München", kritisiert, dass der Mietspiegel zum einen einen zu geringen Datenbestand aufweise, zum anderen sei er, was der als neutral ausgegebenen Wissenschaftlichkeit widerspricht, auch „durch politische Interessen der Stadt geprägt, die das Mietniveau möglichst niedrig ausweisen will."[28] Karin Opel, die zuständige Projektleiterin des Sozialreferats bestreitet die Vorwürfe, die Erhebung sei nach streng wissenschaftlichen Grundsätzen durchgeführt worden. Wenn die Gerichte jedoch zukünftig die Verwendung als Beweismittel im Mietrechtsstreit nicht erlauben, sollten sie Gutachten von Sachverständigen einholen, um die zulässige Miethöhe zu ermitteln. „Damit", so gibt Opel zu bedenken, „werden leider die sozial schwächeren Prozessteilnehmer, also die Mieter, benachteiligt. Im Falle einer Niederlage müssen sie die Kosten von rund 2000 Euro tragen."[29] Indes kostet aber auch der Mietspiegel selbst viel Geld – Geld, das die Kommunen oft nicht haben –, weshalb nur eine Minderheit von ihnen (nur rund ein Drittel aller Gemeinden in Deutschland) über eine qualifizierte Referenzgrundlage verfügt. Von den 80 größten Städten Deutschlands haben immerhin 69 einen Mietspiegel. Je ländlicher aber der Raum, desto häufiger fehlen entsprechende Daten: 60 Prozent aller Kommunen zwischen 20.000 und 50.000 Einwohnern verzichten auf die Erstellung. Mietauseinandersetzungen finden deshalb oft relational, also in Bezug auf andere Territorien und deren Kriterien statt. Im Streitfall in Backnang hielten die Richter die Immobilienmärkte der Gemeinden für vergleichbar: Sie liegen ungefähr gleich nahe an Stuttgart und sind an das S-Bahn-Netz angeschlossen. Ein von Mieterseite herangezogenes Gutachten hatte jedoch sieben bis acht Prozent niedrigere Mieten in Backnang ermittelt. Der BGH entschied aber: Mieterhöhungen dürfen sich wie beim Fall in Backnang auf Mietspiegel anderer Gemeinden beziehen, wenn sie vergleichbar sind und der Mieter keine begründeten Einwände anführt. Das muss nicht heißen, dass sich Wohnraum verteuert, bestätigt aber die Praxis, ortsfremde Mietspiegel für lokale Entscheidungen heranzuziehen.

Schöne neue Immowelt

Der Mietspiegel bildet keine Gegebenheit ab, sondern Interessenlagen eines hart umkämpften Marktes. Solches zeigt sich auch im Segment der Immobilienverkäufe. Allerdings differenziert sich der deutsche Wohnungsmarkt im Zuge der Investmentrallye regional verstärkt aus und lässt kaum generelle Urteile zu. In Deutschland weisen aktuelle Statistiken derzeit München als hochpreisigsten Ort von Eigentumswohnungen aus. Wer dort kauft, bezahlt für eine Wohnung im Durchschnitt 4200 Euro pro Quadratmeter. Dahinter folgen Hamburg und Frankfurt, deutlich günstiger ist Berlin. Zahlen zur Orientierung bietet das Kaufpreisbarometer des Immobilienportals immowelt.de, das die Quadratmeterpreise in den 14 größten deutschen Städten (mit mehr als 500.000 Einwohnern) unter die Lupe nimmt. Die Tabelle (sie zeichnet den Angebotsmarkt ab, nicht die Abschlusspreise) vergleicht die Kaufpreise von im 1. Quartal 2012 auf der Webseite angebotenen Wohnungen mit den Preisen des 1. Quartals 2011. Nimmt man diese Zahlen zum Ausgang, so ergibt sich, dass die Immobilienkapitalzirkulation dort zunimmt, wo die Preise bereits hoch stehen. Den Zahlen des Portals zufolge stiegen die Immobilienpreise in München und Hamburg um 19 Prozent. Mit einem durchschnittlichen Kaufpreis von 4396 Euro pro Quadratmeter weist München den Spitzendurchschnittswert auf, in Toplagen erreichen die Quadratmeterpreise die Höhe von bis zu 13.350 Euro, während der Bundesdurchschnitt bei 1741 Euro pro Quadratmeter (+ sechs Prozent) liegt. Auf dem zweiten Platz findet sich Hamburg mit im Schnitt 3115 Euro wieder und Berlin rückt mit 2156 Euro (+ sechs Prozent) unter die Top Five der teuersten Großstädte vor. Für Luxusapartments in Berlin-Mitte ruft der Markt allerdings auch bis zu 9000 Euro pro Quadratmeter auf. In Dresden stieg der Durchschnittswert innerhalb eines Jahres um elf Prozent auf 1643 Euro, vor allem zentrums- und flussnahe Stadtteile sind begehrt. Leipzig hält sich mit 1148 Euro (+/- null Prozent) stabil, während Dortmund ans Ende der Tabelle fällt, dort kostet eine Eigentumswohnung im Schnitt 1.088 Euro pro Quadratmeter, ein Minus von sieben Prozent.
Gewiss, die obigen Ergebnisse mögen mit den Angebotsziffern zu hoch ausfallen. Doch im November 2012 warnt auch die Bundesbank ungewöhnlich deutlich vor den Risiken einer Blasenbildung auf dem deutschen Markt für Wohnimmobilien. Deutlichste Anzeichen für eine solche

Akkumulationskrise seien die niedrigen Zinsen. Die Immobilität im Finanzsektor führe dazu, dass immer mehr Anleger aus Sorge vor mangelnder Geldwert- und Währungsstabilität ihre Ersparnisse in Sachwerte, also vor allem in Immobilien, stecken. Die Bundesbank rechnet im Jahr 2012 mit durchschnittlichen Preisanstiegen für Wohnungsneubauten von drei bis vier Prozent, für Berlin, Düsseldorf, Frankfurt, Hamburg, Köln, München und Stuttgart aber gelten Prognosen von bis zu elf Prozent. Wenn aber Preise bis zum Dreißigfachen der Jahresmiete bezahlt werden, ist die Chance hoch, dass keine Amortisierung mehr eintritt und irgendwann der Staat nachhelfen muss, vor allem dann, wenn – wie in Spanien bereits geschehen – die Realwirtschaft in eine Rezession läuft oder die Zinsen steigen. Für ein Investment in Wohnraum spricht seine Knappheit, die weder schnell noch unbegrenzt behoben werden kann. Die Statistiken sprechen von 180.000 neuen Wohnungen 2011, bei einem Zuzug von 280.000 Menschen oder 140.000 neuen Haushalten. Besorgnis erregt vor allem die Internationalisierung des Wohnungsmarkts, die seit 2010 zunimmt.

Nach einer im Oktober 2012 veröffentlichten Studie der Beratungsgesellschaft CBRE finden im selben Jahr in Deutschland Wohnungen im Volumen von mindestens zehn Milliarden Euro einen Käufer. Als Treiber der Entwicklung kaprizieren sich vor allem große Investoren, die ganze Immobilienpakete aufkaufen. Insgesamt über fünf Milliarden Euro pumpen Großinvestoren 2011 in deutschen Wohnraum, davon stammt fast ein Drittel von internationalen Anlegern, Tendenz steigend. Die Nachfrage führt dazu, dass sich Häuser und Wohnungen 2011 bundesweit im Schnitt um 5,5 Prozent verteuern. Nach den ersten neun Monaten des Jahres 2012 weist die Statistik, so das Beratungsunternehmen Jones Lang LaSalle, bereits einen Wohnungstransfer im Wert von gut acht Milliarden Euro aus – fast doppel so viel wie im Vorjahreszeitraum. Ein dramatischer Paradigmenwechsel deutet sich an. Lange Jahre standen in Deutschland vor allem Gewerbeimmobilien im Fokus, während der Wohnungsmarkt mehr oder weniger statisch blieb. Doch die Finanzkrise treibt die Anleger jetzt verstärkt in den Wohnungsmarkt. Bei relativ geringem Wirtschaftswachstum sind Büro- und Einzelhandelsflächen wenig nachgefragt. Wohneigentum hingegen wird zum sicheren Investment und Schutz gegen Inflation – eine gute Gelegenheit, um große Bestände zu transferieren. Allein in der ersten Jahreshälfte des Jahres 2012 vollziehen sich vier Großtransaktionen im Gesamtvolumen von 4,6 Milliarden Euro: 21.000 LBBW-Wohnungen gehen an ein Konsortium um die Immobiliengesellschaft Patrizia, 25.000 Wohnungen der BayernLB-Tochter DKBI an die Hamburger TAG Immobilien, 22.000 Wohnungen von Speymill an den Finanzinvestor Cerberus und 24.000 Wohnungen der Baubecon von Barclays an die Deutsche Wohnen. Zum Jahresende stehen noch die Privatisierung der bundeseigenen Immobiliengesellschaft TLG und der Verkauf der Dresdner Wohnungen des Immobilienkonzerns Gagfah an. Der Finanzinvestor Cerberus versorgt sich im April bundesweit mit 22.000 Wohnungen.[30]

Die öffentliche Hand jedoch setzt hier vornehmlich jenen Modus fort, dem sie sich seit den 90er Jahren unter dem Leitbild „Rückzug des Staates aus der Wohnraumversorgung" verschrieben hat. Einst geförderte Wohnungen unter Preis an Finanzinvestoren zu verkaufen impliziert, Wohnraum verstärkt dem Markt zu überlassen und zum Renditeobjekt zu machen. Beispielsweise beim Verkauf der rund 11.350 bundeseigenen TLG-Wohnungen aus dem Bestand der Treuhand-Anstalt an die TAG Immobilien AG, ein im M-Dax vertretenes Unternehmen aus Hamburg. TAG Immobilien zahlt für die Wohnungen, auf denen noch 256 Millionen Euro Schulden lasten, 471 Millionen Euro (die Schulden eingerechnet). Das ergibt einen Preis von rund 64.000 Euro pro Wohnung. Bundesfinanzminister Schäuble freut sich, „einen Investor gefunden zu haben, für den die Bestandsbewirtschaftung im Vordergrund steht."[31] Für die TAG, ein Konsortium von Investoren aus dem In- und Ausland, ein gutes Geschäft. Vorstandschef Elgeti spricht von einem „sehr guten Preis" und zeigt sich „überrascht, dass wir die Wohnungen zu diesem Preis kaufen konnten angesichts der Marktentwicklung." Den Kauf finanziert die TAG mit dem Ankurbeln der Finanzzirkulation: Sie gibt 30 Millionen neuer Aktien heraus. Obwohl laut der sogenannten „Sozialcharta"[32] Kündigungen wegen Eigenbedarfs (fünf Jahre) ebenso wie Luxussanierungen (zehn Jahre) ausgeschlossen sind und ältere und schwerbehinderte Mieter ein lebenslanges Wohnrecht erhalten, erachtet der Deutsche Mieterbund (DMB) den Verkauf der Wohnungen als fatal. Angesichts der aktuellen Mietpreisentwicklung sei es geboten, preiswerte Wohnungsbestände zu sichern statt sie abzustoßen. Nach Angaben des DMB sind in den 2000er Jahren mehr als eine Million Wohnungen an Finanzinvestoren verkauft worden. Als Konsequenzen folgten „vielerorts der Verlust preiswerten Wohnraums, Mieterhöhungen, drastisch reduzierte Investitionen in die Wohnungsbestände,

Weiterverkäufe und Umwandlungen in Eigentumswohnungen."[33] Weil sie den Zugriff auf preiswerte und bezahlbare Wohnungen mehr und mehr preisgibt, verliert die öffentliche Hand zunehmend an Interventionsmöglichkeiten in örtliche Wohnungsmärkte und gerät im Spiel um Stadtumbau- und Stadtentwicklungsmaßnahmen ins Hintertreffen.

Die Investoren sehen das anders: Zwar werde es keine Mieterhöhungen geben, es sei alles sehr gut durchgerechnet und wirtschaftlich nicht sinnvoll, den Bestand verfallen zu lassen. Aber: Elgeti selbst gibt in der Zeitschrift *Wirtschaftswoche* zu Protokoll, dass Wohnen in Deutschland zu billig sei, die Mieten hätten sowohl im Vergleich zu den Baukosten als auch im Vergleich zu den Einkommen ein zu niedriges Niveau. Es gebe noch Steigerungsbedarf bezüglich der Renditen.[34] Solch klare Strategie hat bei der TAG seit noch nicht allzulanger Zeit System. Erst als Elgeti 2009 den Chefsessel bei der TAG übernimmt, nimmt die Sache Fahrt auf. Der ehemalige Aktienanalyst macht aus „einer kleinen Klitsche einen der einflussreichsten Akteure auf dem Wohnungsmarkt."[35] Zuerst setzt die TAG auf ostdeutsche Plattenbauten, die sind kostengünstig zu sanieren – relativ viel Renditesteigerung für relativ wenig Aufwand. O-Ton Elgeti: „Der Plattenbau ist der Traum eines jeden Verwalters! Sie haben Stahlbeton, sehr robust, kein Schwamm im Gemäuer. Die Instandhaltungskosten sind gering. Alles ist standardisiert. Sie haben überall dieselben Grundrisse, überall dieselben Materialien, dieselbe Elektrik. Wenn Sie die Fassade sanieren wollen, dann gibt es keine störenden Erker. Und wenn die Fenster neu gemacht werden müssen, dann bestellen Sie ein paar Tausend Fenster auf einmal. Sehr günstig." Dass Plattenbauten zurzeit nicht gerade sexy daherkommen, stört ihn nicht, denn er kann Zahlen lesen: „Nirgendwo finden Sie ein solches Potenzial. Wenn es gut läuft, dann können Sie die Miete von vier Euro auf 5,50 Euro pro Quadratmeter erhöhen – eine Steigerung um über 30 Prozent. Das müssen Sie anderswo erst mal hinkriegen. In einer Seitenstraße vom Ku'damm liegt die Miete bei gut zehn Euro pro Quadratmeter. Aber die können Sie nur schwer auf 12,50 Euro erhöhen." Das leuchtet ein. 2011 sieht sich die TAG bereits in der Lage, den Kölner Konkurrenten Colonia Real Estate zu übernehmen, im Frühjahr 2012 erwirbt sie die Bayern-LB-Tochter DKB Immobilien für 960 Millionen Euro. Dass hier etwas geht, ist angesichts der Zahlen durchaus plausibel: Qualitativ guter Wohnraum wird in den Stadtzentren immer knapper, Wohnkosten steigen auf immer neue Rekordniveaus und auch im unterem Preissegment wird noch von der Finanzkrise profitiert, weiß Elgeti: „Erstens haben wir durch die niedrigen Zinsen sehr niedrige Finanzierungskosten. Und zweitens sind günstige Wohnungen gerade in wirtschaftlich schwierigen Zeiten gefragt. Eine Wohnung für fünf Euro pro Quadratmeter können Sie sich auch noch leisten, wenn Sie weniger verdienen oder den Job verlieren." Und der DMB belegt, dass in Deutschland 250.000 Mietwohnungen fehlen. Danach ist der aktuelle Kampf um Wohnungen nicht nur ein Problem der Studenten. Wohnungsmarktprobleme betreffen „junge Familien, Rentner, einkommensschwächere Haushalte und Normalverdiener in Großstädten und Ballungszentren gleichermaßen."[36] Mit einer Naivität, die eigentlich dem Feuilleton gebühren würde, fragt der Wirtschaftsteil der *Süddeutschen Zeitung* in einem Bericht über Elgeti nach jenen, „die mit dem Gedanken von Wohnen als sozialem Gut aufgewachsen sind und die jetzt mit ansehen müssen, wie ihre Wohnungen Wirtschaftsgüter geworden sind wie vieles andere auch."

Woher kommt aber der im öffentlichen Diskurs weit verbreitete Gedanke, Wohnen sei soziales Gut? Und ist Wohnen nicht vielmehr spätestens seit Mitte des 19. Jahrhunderts bereits konstituitiver Teil des Marktwirtschaftlichen? Hierzu lohnt ein Blick in die Geschichte der Wohnungsfrage, die ich im Folgenden schlaglichtartig erhellen möchte.

SOZIAL WOHNEN.

KLEINE GESCHICHTE DES WOHN- UND STÄDTEBAUS

„Wohnbauten sind der Leib der Städte." Fritz Schumacher

„Das *rohe* Bedürfnis des Arbeiters ist eine viel größere Quelle des Gewinns als das seine des Reichen. Die Kellerwohnungen in London bringen ihren Vermietern mehr ein als die Paläste, d.h., sie sind in Bezug auf ihn ein *größrer* Reichtum, also, um nationalökonomisch zu sprechen, ein größrer *gesellschaftlicher* Reichtum."[1]

Karl Marx

Im Konnex der Wohnungsfrage ist deren Geschichte, sind die Zusammenhänge zwischen urbaner Gestaltung, Vorstellung und Ingebrauchnahme des Urbanen, zwischen Raumordnungspolitik und sozialer Frage, zwischen Ökonomie, Gesetz und Städtebau in den Blick zu nehmen. Wohnen ist Grundbedürfnis, aber nicht naturalistisch-geschichtslose Tatsache. Wohnen, wie wir es kennen, entwickelt seine Form erst im 19. Jahrhundert. Seine Konturierung geht aus den Krisen und Umwälzungen hervor, welche Industrialisierung und Verstädterung in Deutschland von der Mitte des 19. Jahrhunderts bis zum Ersten Weltkrieg mit sich bringen und schließlich in dem resultieren, was wir „Industriegesellschaft"[2] nennen. In dem Zuge führt die aufkommende liberale Wirtschaftsordnung des 18. Jahrhunderts zu einer marktgesteuerten Wohnungsproduktion und -versorgung, die von starker sozialer Ungleichheit geprägt ist. Quantitativ gelingt es dem Markt ab einem bestimmten Punkt nicht mehr, das Bevölkerungswachstum in den Städten aufzufangen. Es kommt zu Wohnungsknappheit und zur sogenannten Wohnungskrise. Mit ihr entsteht jene neue Wohnweise, die als das „Wohnen zur Miete" in der Etagenwohnung zur vorherrschenden Wohnform aufsteigt und bis heute unser Bild vom Wohnen prägt.

Wohnen

Die meisten Unternehmer in der Industrie erachten das Grundbedürfnis Wohnen zunächst nur als lästiges logistisches Problem. Parallel wachsen indes die slumartigen Behausungen der Arbeitermassen des 19. Jahrhunderts um die Industriezentren. Man darf sagen, dass die bürgerliche Kultur des Wohnens aus dem Wohnelend des Proletariats herrührt, die blühende Baukunst der Gründerzeit begleitet ein *basso continuo* der in ungleich größerer Zahl billig, schnell und schlampig errichteten Mietskasernen. Dunkle, hygienisch mangelhafte Hinterhöfe legen beredtes Zeugnis davon ab, dass die heute in glanzvollem Licht hypostasierte Gründerzeit einen weitaus größeren Schatten warf, als sie selbst an Helligkeit aufbrachte. Der Text „Mythen, Macht und Mängel. Der deutsche Wohnungsmarkt im Urbanisierungsprozeß" des Geschichtswissenschaftlers Clemens Wischermann gibt Einblick darin, wie das Wohnelend der Massen mit der Boden- und Immobilienspekulation in Zusammenhang steht. Am Berliner Beispiel konkretisiert Wischermann die Art und Weise, in der das Terraingewerbe, und damit das private Großkapital, als Träger der Stadterweiterung wirkt: „Die von den Großbanken kontrollierten Terraingesellschaften brachten in Berlin über mehr als ein Jahrzehnt (…) hinweg Bauland in enormem Umfang auf den Markt."[3] Positiv gesehen, finanzieren die Investoren mit solchem Wirken „im Rahmen einer historisch frühen Variante des *private-public sponsorship* mit den Gemeinden (…) zu einem erheblichen Teil den Ausbau der städtischen Infrastruktur."[4] Die negativen Folgen solch liberaler Wohnungsbaupolitik sind bekannt: Pfusch am Bau, Konkurse durch mangelhafte Finanzierung und städtebauliche Unordnung. Der konservative Zentrumspolitiker August Reichensperger beschwert sich bereits in den 1860er Jahren über das „Schauspielern, Kokettiren und Schwindeln" des Baugewerbes, das „mit Mörtel und Tünche gebrechliche Ziegelbauten in florentinische Felsenpaläste"[5] verwandle. Zurschaustellung bündelt nicht nur symbolisches Kapital – auch die Kreditwürdigkeit steigt. Investoren erzielen mit zwei Prozent der Baukosten für Fassadenschmuck eine zwanzigprozentige Erhöhung in puncto Gebäudeklasse und Beleihungswert. Dennoch, trotz solcher Auswüchse und Leerstand wegen unbezahlbarer Mieten hält sich der Wirtschaftsliberalismus bis zu Beginn des Ersten Weltkriegs als zentrales Instrument gegen Wohnungsnot. In dem Zusammenhang erweist sich der frei finanzierte Wohnungsbau bei schwacher Eigenkapitaldecke als hoch anfällig für konjunkturelle Risiken: Immer dort, wo Firmen Konkurs gehen und Massenentlassungen stattfinden, sinkt das Einkommen der Arbeiter und das Kapital für Wohnraum schwindet.[6] Die auch heute regelmäßig wiederkehrende und unheilvoll wirkende Mixtur von Immobilienspekulation und Wirtschaftskrise nimmt in der zweiten Hälfte des 19. Jahrhunderts ihren Ausgang und zeigt sich geknüpft an das starke Wachstum der Metropolen und ihrer Immobilienmärkte. Ferner spiegelt sich die Wechselwirkung zwischen wirtschaftlichen Zyklen und

Wohnraummigration in der Umzugsstatistik. Sie weist eine hohe Wohnmobilität in den unteren Schichten aus, innerhalb weniger Jahre wechseln Fabrikarbeiter häufig ihre Wohnungen, oftmals im selben Quartier.

Gewiss, das Wohnen, die Befriedigung des Bedürfnisses nach erschwinglichem und hygienischem Wohnraum, ist ein Grundbestandteil gesellschaftlichen Zusammenlebens von alters her. Marcel Mauss hat das Wohnen zu jenen „sozialen Totalphänomenen" gerechnet, die in alle anderen Lebensbereiche hineinspielen. Für den Menschen als *peregrinus* ist die Unbehaustheit eine Konstante, welcher er mit dem Errichten einer Wohnstätte begegnet. Deren Name geht etymologisch zurück auf „hausen" (mittelhochdeutsch *husen* = wohnen, aufhalten, beherbergen, wirtschaften) bzw. das „Behausen" (mittelhochdeutsch *behusen* = mit einem festen Haus versehen, besiedeln, Obdach geben). Der Historiker Hans Teuteberg weist darauf hin, dass sich der Begriff des Wohnens, „ähnlich wie die Termini Stadt, Siedlung und Gemeinde", als schwer definierbar herausstellt, „weil im Grunde fast alle Phänomene menschlichen Daseins hier eingehen und die Wohnung die große Welt draußen noch einmal im Kleinen abspiegelt."[7] Wohnen als Gesamtkomplex menschlichen Handelns zeigt sich durchdrungen von sozialen, ökonomischen und kulturellen Aspekten, die über die Kategorien Wohnung und Wohnungseinrichtung hinausgehen. Obwohl oder gerade weil dies der Fall ist, geht folgende Darstellung im Konnex der Wohnungsfrage zunächst, wie das vorherige Kapitel auch, von der Befriedigung des Elementarbedürfnisses in Form von Wohnraum aus. In Historikerkreisen gilt als anerkannt[8], dass die Bereitstellung von menschenwürdigen Behausungen schon in früheren Gesellschaftsformen eine Problematik darstellt eund die Wohnungsnot nicht als ein spezifisches Phänomen der Industrialisierung gesehen werden kann: „Slums were not new in the 19th century, any more than damp floors, rotting walls, leaking roofs and open sewers. But, in a real sense, the modern housing problem was a creation of the 19th century – both because new demographic trends multiplied and exabercated the inherited problems, and because new social trends gradually raised housing expectations (…) the 19th century therefore witnessed both an acceleration of the housing problem and the origins of policies aimed at its solution."[9] Richtig ist jedoch, dass die durch die Industrialisierung hervorgerufene Landflucht der Wohnproblematik eine neue Dimension zugefügt hat – dieser Epoche verdanken wir daher auch den Begriff „Wohnungsfrage".

Städtebau

„The reality of the built environment sometimes brutally informs us of the operating ideologies, the economic conditions and the social relations."[10]
Philippe Panerai

Was für das Wohnen gilt, gilt auch für den Städtebau: Städte werden seit jeher auf unterschiedlichste Weise gebaut, in ihnen finden die Verortung von und Verhandlung über räumliche Organisation gemeinschaftlichen Zusammenlebens ihre Artikulation. Im Zuge der immensen Verdichtung der Stadt jedoch, wie sie Ende des 18. Jahrhunderts in England beginnt, sich im Laufe des nächsten Jahrhunderts über den ganzen Kontinent ausbreitet und unterschiedliche lokale Ausprägungen produziert, handelt es sich um etwas Neues. Mit und in ihm annonciert sich die Produktwerdung des Wohnens, die sich aufs Innigste mit der Entstehung von Städtebau als Wissenschaft und Disziplin verknüpft sieht. Indes wissen die Produzenten dieser neuen urbanen Formen und Ordnungen noch nicht, was sie tun. Als Treiber des urbanen Wandels verfügt das Bürgertum noch nicht über eine Wissensordnung darüber, was sich ihm, zu Beginn, unter dem Namen „Stadterweiterung" zeigt. Der Mitte solchen Unwissens entspringt schließlich jenes neue Fragen nach der Konstitution und Ordnung von Stadt, welches am Ende des Jahrhunderts Begriff und Logik des Städtebaus selbst hervorbringen wird. Was meint hier der Begriff Städtebau? Ingrid Krau zufolge lässt sich Städtebau als eine „Tätigkeit der Gemeinde zur Ordnung der räumlichen und baulichen Entwicklung innerhalb ihres Hoheitsgebiets"[11] definieren, das die Produktion gebauter Umwelt als physische Gestalt betont. Im Anschluss an Cerda formuliert Dieter Frick: „Beim Städtebau geht es im Unterschied zur Errichtung einzelner Gebäude nicht um das Bauen an sich, sondern um die Anordnung von Gebäuden und ihre Beziehung und Verbindung zueinander und um die Koordination und Steuerung in einem Gebiet. Gegenstand von Städtebau ist Stadt in ihrer baulich-räumlichen Organisation."[12] An welchem historischen Punkt erscheint der Städtebau als wissenschaftlich-planerische Konzeption? Benevolo datiert den Beginn des modernen Städtebaus zwischen 1830 und 1850.[13] Die Daten gelten indes als Leitlinien eines heterogenen Prozesses, innerhalb dessen sich zahlreiche Einzelentwicklungen überlagern, gegenseitig verstärken, behindern oder beeinflussen. Das heißt: Die Wirkung der Industrialisierung auf die Stadt tritt im 18. Jahrhundert gebündelt auf, äußert sich jedoch lokal zeitlich versetzt. Auf der Folie neuer technischer, hygienischer und funktionaler Anforderungen bzw. Möglichkeiten überschreiben die in der industriellen Phase vorgenommenen Stadtumbauten bzw. -erweiterungen mit ihrem schematischen Grundmuster des Blocks die Stadt und geben der Stadtbaustruktur eine neue einheitliche Maßstäblichkeit. Indessen erinnern isolierte Teilstücke noch an die großzügigen Anlagen des absolutistischen Städtebaus im 17. und 18. Jahrhundert.

Das Wort „Städtebau" kommt erst gegen Ende des 19. Jahrhunderts in Deutschland auf. Seine Dringlichkeit entspringt jenem oben beschriebenen Stadterweiterungsboom, wie ihn der Prozess der Industrialisierung hervorruft. Der beginnende städtebauliche Diskurs bezieht vorstädtische und ländliche Siedlungsformen ebenso mit ein wie historische Figurationen des Stadtbaus. Man kann sogar sagen: In Deutschland rührt der Diskurs eines Bewusstseins von Stadt zunächst von jenem anti-urbanen Impetus her, der für Jahrzehnte immer wieder in städtebaulichen Auseinandersetzungen eine Rolle spielen wird. Der „Städtebau" avanciert demnach erst relativ spät zum Gegenstand der Entwicklung und Movens einer allmählich sich neu formierenden Disziplin. In diesem Zusammenhang wirken besonders die Schriften von Reinhard Baumeister, Josef Stübben und Camillo Sitte. Ihre Theorien zum Städtebau bilden eine Spiegelfunktion zu den anschwellenden Konflikten in den Städten. Die langsam im bürgerlichen Lager sich durchsetzende Erkenntnis, dass sich der geometrische Gestaltungskanon der Stadterweiterungen im größeren Maßstab der Metropolen als „Erzeuger unerbittlicher Monotonie"[14] erweist, lässt besonders Sittes Kritik am „künstlerischen Mißerfolge des modernen Städtebaus"[15], auf fruchtbaren Boden fallen. Die Reduktion der Stadterweiterungen auf Technik und Ökonomie hatte sich mehr und mehr als dysfunktional herausgestellt, jetzt ist die Zeit reif, die Frage der Stadtgestaltung, die vormals eine höfische war, als Teil bürgerlicher Öffentlichkeit zu relancieren. Sittes Konzentration auf Phänomene ästhetischer Raumwirkungen im Stadtgefüge, die er anhand von Planstudien erhellt, lassen sein Buch „als Fanal auf die Fachwelt"[16] wirken und „eine neue Sicht auf den Städtebau"[17] einleiten. Aus solcher Perspektive gehen sowohl Umdenken wie auch Dispositiv des Städteordnens hervor, „in dem grundlegende Bücher die Diskurse in besonderer Weise prägten und ein bedeutsames Mittel der Formierung der Disziplin wurden."[18]

Zoom out: Geschichtliche Perspektive auf die europäische Situation. Politische Ökonomie des Städtebaus

Wie aber artikuliert sich solche Entwicklung als gebaute Umwelt? Generell steht der oben beschriebene Prozess in engem Zusammenhang mit dem Phänomen europäischer Verstädterung. Im 17. Jahrhundert steigt England zur stärksten Wirtschaftsmacht der Welt auf. Weil London in dem Zuge als wichtigstes Handels- und Finanzzentrum reüssiert, zieht es eine immense Zahl an Migranten an. Ende des 18. Jahrhunderts überschreitet die Einwohnerzahl die Millionengrenze, ein Novum in Europa. Städtebaulich vollzieht sich das Wachstum Londons so gut wie ungeplant. Anders als in Amsterdam, dessen Stadtverwaltung einen Erweiterungsplan entwickelt, und in Paris, in dem die monumentalen Anlagen der Monarchie ordnend wirken, entfaltet sich Londons Ausdehnung aus der Addition einzelner Initiativen. Aus dem Wirtschaftsliberalismus erwächst ein seriell sich ausformendes Patchwork, bestehend aus von adeligen und bürgerlichen Grundbesitzern errichteten Bauten, durchsetzt mit öffentlichem und privatem Grün. Der Adel setzt sich von der Stadt ab und lässt Baukunst in Form von Palästen und Villen auf dem Lande entstehen. Die neu aufkommende Politische Ökonomie sieht Städtebau nicht mehr als Sache der Regierung. Nationalökonomen wie Adam Smith schlagen der Regierung von England vor, in Krisenzeiten öffentlichen Grund und Boden zu veräußern, um auf diesem Wege Verbindlichkeiten abzulösen. Somit geraten Immobilien zunehmend zum Handelsgegenstand des freien Unternehmertums, zu einer Ware, die sich auf einem neuen Markt – dem Bodenmarkt – erwerben und veräußern lässt. Das erweitert nicht nur die Zirkulationswege des Kapitals, sondern erfordert auch die Schaffung neuer Institutionen, die diese Wege verwalten.

Verstädterung, Bodenwert und monetäre Expansion

„Beautiful credit! The foundation of modern society ... which enables a whole country to instantly recognize point and meaning to the familiar newspaper anecdote, which puts into the speculator in lands and mines this remark: ‚I wasn't worth a cent two years ago, and now I owe two million dollars.' " Mark Twain

Der Aufstieg der Industrialisierung erweist sich als eng mit der Expansion der Banken im 19. Jahrhundert verflochten. Mit der Epoche entstehen Banken, die ihre Funktion nicht mehr nur im Sinne eines Dienstleistungsunternehmens interpretieren. Solche Institute und Gesellschaften sehen sich als finanzwirtschaftliche Akteure, die gezielt Industrie fördern und in Wirtschaftspolitik intervenieren. Das verändert den Status des Bankenwesens.

Wie funktioniert diese Entwicklung? Seit jeher gehört es zur ontologischen Verfasstheit von Banken, die ihnen zur Disposition stehenden Kapitalien beweglich zu halten. Der Anfang des 19. Jahrhunderts bildet dahingehend eine Zäsur, weil er auf Unternehmerseite das Aufkommen eines neuen, massiven Kapitalbedarfs markiert. „An die Stelle des Handwerkes und der kleinen Industrie ist die grosse getreten, und muss dieselbe immer mehr hervortreten, wenn die Concurrenz mit dem Auslande gehalten und von dem die Nationen entwürdigenden Schutzzollsystem zur Handelsfreiheit, von der Produktion mit öffentlicher Unterstützung der Unfähigkeit zu der Produktion mit volkswirthschaftlichem Nutzen übergegangen werden will. Die Mittel der Privatbanquiers reichen nicht aus, die Credit-Bedürfnisse der grossen Industrie zu befriedigen."[19] Für das Bankwesen gilt es nun, neue Formen der Kapitalgewinnung zu kreieren, welche Unternehmen eine dauerhaftere Investition in größerem Maßstab ermöglichen. Daraus resultieren jene Banken, die als Bindeglied zwischen Kapitaleignern und Gewerbetreibenden fungieren. Ziel ist, der großmaßstäblichen Produktion durch Konzentration zerstreuten Kapitals Geldmittel zuzuführen. Der Finanzbranche gilt das Gründungsjahr der Mobiliar-Credit-Institute gewissermaßen als das „erste der neuen industriellen Aera."[20] Kapitaleigner sehen sich nun nicht mehr gezwungen, neue Anlageobjekte zu akquirieren und aufs Sorgfältigste zu prüfen. Das machen jetzt die neuen Banken, als genau jene Bankform, „welche dem capitalbesitzenden Publikum die Sorge der nutzbringenden Capitalverwendung übernahm."[21] Der Bauboom der 1850er in Frankreich ist ökonomisch ohne die (staatlich geförderte) Formation neuer Banken (Credit Mobilier und Credit Foncier), wie später in den 1870ern in Deutschland (Maklerbanken) und in Österreich (Baubanken), nicht denkbar.

Wie aber kann es zu einer solchen neuen Form der Kapitalisierung kommen und welche Schnittstelle bildet sie zur Transformation des Stadtraums? Insgesamt gebührt Frankreich in dieser Entwicklung die Rolle des

Schrittmachers und die Pereire-Brüder können für sich in Anspruch nehmen, die genialsten und ausgedehntesten Formen solcher Kapitalkonzentration erfunden und in Szene gesetzt zu haben. In dem Zusammenhang bildet zunächst die Einführung des Realkredits auf Boden jene entscheidende Neuerung, die zur enormen Kapitalisierung des Raumes in dieser Epoche führt. Im Zuge des Wechsels von einer absolutistischen hin zu einer Bürgerökonomie markiert in Deutschland das bodenwertbezogene Hypothekenbankwesen in Bayern den Beginn der Hypothekenstrategie: Bereits 1835 vergibt die Bayrische Hypotheken- und Wechselbank Kredite an die Bauern.[22] Damit soll der Bodenkredit durch die Gewährung von Tilgungshypotheken gehoben werden, Grundbesitzern wird gegen hypothekarische Sicherheit Kapital vorgestreckt. Frankreich übernimmt das Modell. Daraus erwächst der französischen Wirtschaft ein Bodenboom, der schließlich in eine immense Verschuldung von Grund und Boden mündet. Das Verschuldungsvolumen in Frankreich übersteigt 1840 12,5 Milliarden Francs. Bei der hohen Zinslast (die meisten Grundbesitzer geben 1845 über fünf, ja sieben und zehn Prozent an Zinsen ab) drohen große Teile der Bodenproduktion verderblich zu werden.[23] Mit dem Dekret vom 28. März 1852 übernimmt der Staat die Initiative im Hypothekenwesen. Napoleon III. lässt, unter der Leitung von Émile und Isaac Pereire, den Credit Foncier installieren. Dessen Kapitalstock bildet die ehemalige Banque Fonciere. Ein Erlass vom 10. Dezember 1852 ermächtigt die Bank, Filialen in allen Departements des Landes zu errichten. Das Besondere an der Bank ist, dass sie das Konzept der Beleihung von Grund und Boden vom Land auf den Wohnungs- und Infrastrukturausbau der Stadt (und zwar vornehmlich Paris) transponiert. Solche Innovation im Finanzsektor stellt die eigentliche Triebfeder dar, welche das Wachstum der Städte in Bewegung hält.[24] Weil das Hauptgeschäft der neuen Hypothekenbank darin besteht, (vor allem städtischen) Boden zu beleihen, um auf Basis dessen Schuldverschreibungen zu gewährleisten bzw. auszugeben, wendet sich der Credit Foncier vor allem an jene Akteure des öffentlichen Sektors und der Investoren, die sich auf Immobilien konzentrieren. Die Bank, deren operatives Geschäft in der Ausgabe von Schuldscheinen ebenso wie Pfandbriefen besteht, erhält 1854 einen der Banque de France gleichrangigen Status. Ab 1958 gibt der Crédit Foncier Darlehen an den Staat zur Investition in Kanalisationsbauten. Das Gesetz des 6. Juli autorisiert die Bank, lokalen Gemeinden Kredite einzuräumen. Der Gesetzgeber ermöglicht so, dass Crédit Foncier, neben dem Credit Mobilier, zum größten finanziellen Partner der Haussmann-Strategie wird.

Wie funktioniert das Finanzinstrument Credit Mobilier? Mit der neugeschaffenen Bank zielt Napoleon III. darauf ab, den Kapitalkreislauf, der bis dato auf alteingesessene Hochfinanz und industriellen Unternehmeradel beschränkt war (auf die der Putschist nicht mit Sicherheit zählen konnte), auf die breite Bürgerschicht auszudehnen und ihnen die Beteiligung an wirtschaftlichen Großprojekten zu ermöglichen.[25] Der Credit Mobilier reüssiert bald in ganz Europa als Kreditgeber staatlich initiierter Infrastrukturprojekte wie Eisenbahn- oder Kanalbau. Auch die Weltausstellung 1855 gehört zu ihrem Portfolio. Den Bürgern gilt die Anlage als sicher, weil der Staat selbst als Bürge auftritt. Die Aktien des Credit Mobilier, der heute als Vorläufer der modernen Aktienbanken gilt, schnellen nach oben; im Jahr 1856 erreichen sie mit einem Kurs von 2000 Francs ihren Höchststand. In der ersten weltweiten Finanzkrise von 1857 gerät der Credit Mobilier in schwere Bedrängnis. Nach der Krise steht die Bank jedoch alsbald wieder im Zentrum des Anlagehungers, was dafür sorgt, dass sie selbst auf ihre Projektkredite an der Börse spekuliert. Während sich die Bank vor allem auf Großprojekte der Industrie konzentriert, agiert sie ebenso als Finanzier von Immobilienakteuren wie Societe de l'Hotel et des Immeubles de la rue de Rivoli (1854), die im Jahr 1858 zur Compagnie Immobilière de Paris wird. Kurz nach 1863 geht die Gesellschaft als Societe Immobilière de France bankrott, sie hatte in Marseille auf die Öffnung des Suez-Kanals spekuliert, die jedoch erst 1869 realisiert wird – erste Krisenmomente deuten sich an. Der *crash* von 1864 schließlich versetzt auch dem Credit Mobilier einen Schlag, von dem er sich nicht mehr erholt, 1868 verweigert die Banque de France die Rettung des Bankhauses.

Mit dem *crash* zeigt sich, dass „die industriellen Unternehmungen, so lucrativ sie auch sein mögen keineswegs unveränderliche Werthe repräsentiren."[26] Die so hoffnungsvoll mit Beifall und Zuspruch bedachten Obligationen des Credit Mobilier versprechen zwar unter konjunkturell guten Bedingungen des Wirtschaftswachstums schnelle Gewinne. Sie bleiben aber durch Wertpapiere industrieller Gesellschaften gedeckt, die sich keinesfalls als vor Entwertung sicher zeigen. So erwachsen die exorbitanten Gewinne der Bank in den ersten zehn Jahren ihres Bestehens besonders dem Reportgeschäft[27], das auf Optionen, Aktien und Dividenden basiert. Die bald folgenden Kredit- und Handelskrisen indes, „welche nach Aeusserung des Herrn Pereire der Vergangenheit angehören sollten, spotteten aller Theorien und verschonten die Gesellschaft von nachtheiligen Folgen nicht."[28]

Wenig später wird Napoleon III. in den Krieg gegen Deutschland ziehen und verlieren. Von den von Frankreich an Deutschland gezahlten Reparationszahlungen rührt dann jener Immobilien-Boom in Berlin her, der mit der berühmten Gründerkrise von 1873 seinen wirtschaftlichen *crash* erlebt. Die große Depression nach 1873 (die Preise fallen nach der Krise in sechs aufeinanderfolgenden Jahren) verlangsamt die Bautätigkeit wie die Spekulation. Paris gelingt es erst zum Ende des Jahrhunderts, die von Haussmann hinterlassenen Schulden zu tilgen. Nach 1890 beginnt eine Wiederbelebung der Stadtplanung, beispielsweise mit den U-Bahnen von Berlin, Paris und Wien. Die Wohnungsfrage rückt in den Blick der Regierungen Europas, in England manifestiert am *Housing of the Worker Class Act* (1890), in Paris an der *Société francaise des habitants à bon marché* (1890), in Italien an der *Instituti per le Case Popolari* (1902) und in Deutschland am *Wohnungsbaugesetz von Adickes* (1901).

Es wird deutlich, dass der dynamische Bodenmarkt aus der gesetzlichen Herstellung modernen Eigentums an Grund und Boden stammt, in deren Zug, mit der Ablösung der vormals mit dem Boden verbundenen Herrschaftsverhältnisse, Grund in die Warenform übergeht. Und solche Eigentums- bzw. Rechtsverhältnisse wirken massiv auf den Städtebau und dessen ökonomische Wertkategorien ein.

Bodenwertform, Spekulation und Stadtraum

Rekapitulieren wir: Am Beispiel von Credit Foncier und Credit Mobilier lässt sich ablesen, wie mit der Wertform der Bodenrente eine Ökonomie bzw. Produktionsweise des Landes Einzug in die Stadt hält. Bereits 1776 hatte Adam Smith die Bodenrente kritisiert, weil in ihr Gewinne erzielt würden, die in keinem Verhältnis zu den Kosten des Besitzers stünden. Wenig später widerspricht David Ricardo Smiths Bodenmonopolthese. Ricardo zeigt auf, dass Boden bereits Teil der Warenzirkulation ist. Mit Ricardo gilt von 1820 an für die Bodenrente, dass ihr Wert von dem Wert abhängt, den die auf ihm realisierten Produkte auf dem Markt abwerfen – und Bodenrente kann erst steigen, wenn Boden knapp wird. Daraus folgt für die Nationalökonomie: Der Bodenwert ist kein Verdienst des Besit-

zers, sondern der gesellschaftlichen Entwicklung. Aus solch fundamentaler Umdeutung des Bodenwerts leitet die Nationalökonomie schließlich das Anrecht des Staates auf die Besteuerung von Bodenrenten und den Eingriff in die Bodenentwicklung ab. Solcher Eingriff verfängt zunächst dort, wo Boden Produkte im herkömmlichen Sinne erzeugt: auf dem Lande. Mit der zunehmenden Verstädterung jedoch avanciert der Wohnraum zu einem knappen Gut und die städtische Grundrente bzw. die Baubodenrente rückt ins Zentrum des ökonomischen Interesses. Hier gilt nicht die Fruchtbarkeit als Kriterium, sondern die Lage der Parzellen bzw. die Nachfrage nach ihnen. Gleich bleibt indes der fiktionale Charakter des Kapitals, der sich in der sogenannten Differenzialrente äußert: Bodenrente ist Kapital, das sich nicht direkt aus der Preisentwicklung eines Produkts, sondern aus der Erwartung zukünftiger Pacht- (Land) oder Mieteinnahmen (Stadt) speist.[29] Zusätzlich kompliziert wird die Kapitalzirkulation im städtischen Immobiliensektor durch die Möglichkeit des direkten Verkaufs einerseits (beispielsweise in der Epoche Haussmanns: Investoren bekommen Insiderinformationen, kaufen Land, dass später zu Bauland erklärt wird und verkaufen es teuer an den Staat) und den jeweils geltenden Zinsfluss für Hypothekarkredite andererseits. Darüber hinaus spielen in den Wert des Produktes Immobilie nicht nur die Produktivitätskapazität der jeweiligen Mieter hinein, sondern auch geografische Aspekte wie die Entfernung zum Arbeitsplatz oder soziokulturelle Effekte wie der Wunsch, am Ort zu bleiben wegen Einbindung in und Gewohnheit an die Nachbarschaft oder des Prestiges, das einem Stadtteil anhaftet.[30] Aus dieser Konstellation geht im 18. Jahrhundert die Spekulation auf Stadtraum hervor.
Gewiss, Immobilienrendite ist kein Phänomen des 18. Jahrhunderts. Bereits das antike Griechenland kennt, ebenso wie das alte Rom, erste Formen der Immobilienspekulation. Diese sind allerdings vor allem mit kolonialer Expansion verknüpft.[31] Prägend auf das Bild der Stadt indessen wirkt die Immobilienwirtschaft vor allem in den mittelalterlichen und barocken Handelsstädten. Diese verfügen über strenge Regularien für die Bodennutzung, während der Wettbewerb zur Erweiterung der geplanten Stadtgrundrisse führt. So entspringt beispielsweise die Erweiterung von Amsterdam im Jahr 1607 einer von Spekulation befeuerten Grundstücksaufteilung ohne Gesamtplan. Spekulationsblasen in Bezug auf städtischen Boden und Urbanisierung können jedoch als Phänomen der industriellen Epoche und der mit ihr einhergehenden extremen Ver-

dichtung von Stadtbewohnern gelten. Der erste Immobilien-*crash* datiert aus Frankreich im Jahr 1825. Er wird, im Zeitraum von 1815 bis 1830, begleitet von Spekulationen auf die *biens nationaux*, das heißt agrikulturell genutzte Ländereien, die im Zuge der Französischen Revolution konfisziert worden waren. Besonders am Ende der Restauration, mit dem Beginn der Juli-Monarchie – das heißt zwischen 1826 und 1832 – ist die Zeit reif für eine neue Spekulationswelle: Grundbesitzer verdienen 2,25 bis 3,75 Prozent auf ihre Güter, die Industrie versucht die langfristigen Zinsraten ihrer fixen Investitionen um zwei bis vier Prozent auf sieben bis neun Prozent zu erhöhen.[32] Die Spekulation verstärkt sich durch die Tatsache, dass sich die Banken nicht auf eine einheitliche Zinspolitik einigen können. Das lässt die Zinsen rapide fallen. Ein Boom an Infrastrukturbauten (Kanäle, Eisenbahn) und Bautätigkeit in den großen französischen Städten (Paris, Lyon, Le Havre, Mulhouse und Marseille) ist die Folge.

Haussmann. Produktwerdung des Wohnens

Aus der die Nationalökonomie gefährdenden Konstellation ungesteuerten Spekulationstreibens der aufstrebenden Bürgerschicht einerseits und Uneinigkeit von alteingesessener Hochfinanz und industriellem Unternehmeradel andererseits zieht das Second Empire des Napoleon III. seine Lehren. Es setzt eine gesteuerte Spekulation von oben in Gang. An die Stelle liberaler Investorentätigkeit von unten tritt der Haussmannsche Stadtumbau (1853–69). Anhand des Zusammenspiels von Finanzbranche, Stadterweiterung und „guter Policey" produziert Haussmann jene neue Form räumlich sich artikulierender Regierungstechnik, die gegen Ende des Jahrhunderts den Namen Städtebau erhalten wird. Solche Regierungstechnik unterhält ein spannungsgeladenes Verhältnis zu Krisenmomenten, die sich in ökonomischen Blasen und städtischen Unruhen äußern. Solche Momente erschüttern im 19. Jahrhundert auch die USA, Deutschland und Österreich und markieren jene Phasen, in denen städtisches Bauwesen als Objekt der Spekulation zum Krisenfaktor gerät. Auf dem amerikanischen Kontinent sticht Chicago mit seiner Krisenaktivität im Immobiliensektor derart heraus (1830–42, 1853–77, 1878–98), dass Berlin in der Hochzeit der Gründerzeit-*bubble* (1872–73) auch den Titel „Chicago an der Spree"[33] erhält.

Mit der Revolution von 1848 setzt in Europas Politik ein epochaler ökonomischer Wechsel ein. Die aus den gesellschaftlichen Umwälzungen siegreich hervorgehenden konservativen Regierungen nehmen Abstand von der liberalen Deregulierung und entwerfen neue Modi staatlicher Eingriffe in die Ökonomie. Dazu gehört jetzt auch die Stadtplanung. Napoleon III. hatte sich in England abgeschaut, wie wirksam Boden und Infrastrukturausbau zur Erweiterung von Kapitalzirkulation eingesetzt werden können. Das ist für die Regierungsseite relevant, denn mit dem Anwachsen der Industrialisierung hatte die Kapitalzirkulation und mit ihr das Banken- bzw. Kreditwesen auch in Frankreich zugenommen. Nicht nur die Ausweitung personaler Kredite fördert die Geldexpansion, auch können monetäre Zahlungsmittel durch den Ausbau des Geldsystems, beispielsweise die Gründung neuer Banken, neuer Kreditinstrumente und die Expansion personale Kredite außerhalb des Bankwesens erweitert werden: „The fact is that money, defined as means of payment in actual use, has been continuously expanded, and existing money has been used ever more efficiently in periods of boom to finance expansion, including speculation."[34]
Die Finanzpolitik Napoleons III. sucht die Kapitalexpansion für den Staat nutzbar zu machen und mit Krediten das Territorium neu zu ordnen.
In Bezug auf Urbanisierung und Städtebau nimmt Paris zu dieser Zeit eine Sonderstellung in Europa ein. Die Stadt entwickelt sich zwischen 1835 und 1848 zur weltweit größten Industriestadt, mit mehr als 400.000 Arbeitern und einer Gesamteinwohnerzahl von einer Million im Jahr 1846. Die durch Napoleon III. angestoßenen Stadterweiterungsmaßnahmen entstammen demnach zuvorderst dem Problem der Quantität, in der Folge auch der Frage des Wachstums. Im Verlauf der Erweiterung wird sich die Einwohnerzahl von 1.200.000 im Jahr 1846 auf 1.970.000 im Jahr 1870 nahezu verdoppeln.
Neben Quantität und Wachstum erscheint ferner das Problem der räumlichen Beziehungen unterschiedlicher sozialer Schichten auf der stadtpolitischen Agenda. In diesem Kontext erweist sich die Technik des Stadtbaus als Produzent neuer Formen stadträumlicher Regierungsweise. Waren im 16. Jahrhundert Pest und Brände Motoren der biopolitischen Stadtneuordnung durch Parzellierung, ist es nun die Angst, welche die Bourgeoisie angesichts der Massen von Arbeitern erfasst. Die sich für die bürgerliche Klasse durch undurchschaubare Verhältnisse auszeichnenden Wohnviertel der Arbeiter geraten zum dringlichen raumpolitischen Ausgrenzungsge-

genstand. Stadtumbau definiert sich in diesem Kontext als scharf umrissene Rekonturierung der Raumgrenzen zwischen den gesellschaftlichen Klassen innerhalb des Stadtgefüges. Mit der Industrialisierung und dem Aufstieg des Kapitalismus äußert sich die Pathologie moderner Gesellschaft nicht alleine in den Begriffen Entfremdung und Ausbeutung, sondern operiert auch mit dem, was Foucault als Ein- und Ausschließungsmechanismen bezeichnet hat.

Napoleon III. beauftragt Baron Haussmann, einen Juristen und Verwaltungsbeamten, mit der Planung und Durchführung der Stadterweiterung von Paris. Haussmanns Eingriffe in die Stadt bewirken tiefgreifende städtebauliche Veränderungen auf unterschiedlichen Ebenen. Zunächst nimmt Haussmann eine axiale Restrukturierung der Straßen, Plätze und der Infrastruktur vor. Er zieht große Schneisen in die eng bebauten Arbeiterviertel, lässt sie mit luxuriösen mehrgeschossigen Wohnbauten einfassen und verbessert so die hygienischen Bedingungen der Stadtstruktur. Gleichzeitig erlauben seine Maßnahmen das strategische Moment der besseren militärischen Einsicht in die Stadt: Enge Straßen und winklige Ecken weichen einem an bestimmten Punkten der Stadt zentralisierend wirkenden Panoptikum großer Plätze und Boulevards, das so die leichte Bekämpfung etwaiger Aufstände sicherstellt. Die dritte Ebene der Neuordnung bezieht sich auf die kritische Finanzsituation des französischen Staats. Das Imperium Napoleons III. baut nicht nur mit Kredit – es ist selbst auf Kredit gebaut. Mit staatlichen Investitionen und dem Binden von Arbeitskraft gelingt es Haussmann, ökonomische Krisen und die Arbeitslosenfrage durch *Urbanisiation* zu beheben, ferner Wohnen – als Produkt – in einen neuen Maßstab zu überführen und eine neue ökonomische Zirkulationsebene einzuführen, wie auch Stadt als Totalität neu zu denken: „He annexed the suburbs and redesigned whole neighbourhoods such as Les Halles. To do this Haussmann needed new financial institutions and debt instruments, the Crédit Mobilier and Crédit Immobilier, which were constructed on Saint-Simonian lines. In effect, he helped resolve the capital-surplus disposal problem by setting up a proto-Keynesian system of debt-financed infrastructural urban improvements."[35] Insgesamt wird das Stadtumbauprojekt Haussmanns bis 1870 2,5 Milliarden Francs verschlingen. Weil mit dem Ansteigen der Schulden auch die Bevölkerung wächst, können Regierung und die Stadtverwaltung zunächst ihre Kreditwürdigkeit wahren, während Immobilienspekulanten aus dem inneren Zirkel im Vorfeld Abrissgrund-

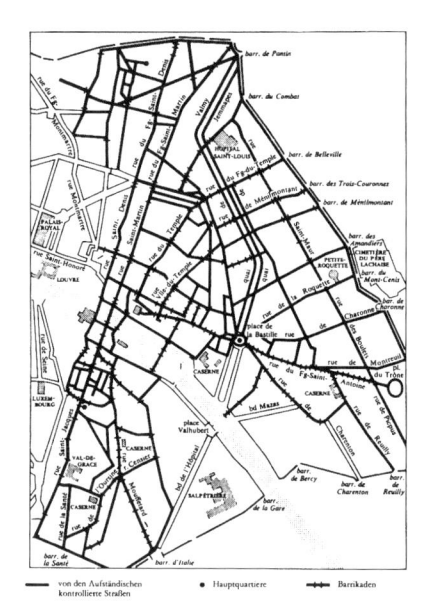

→ Paris: Plan der Straßen, die während der 1848er Revolution von den Aufständischen kontrolliert wurden
↓ Plan von Paris vor Haussmanns Achsenziehung, um 1853

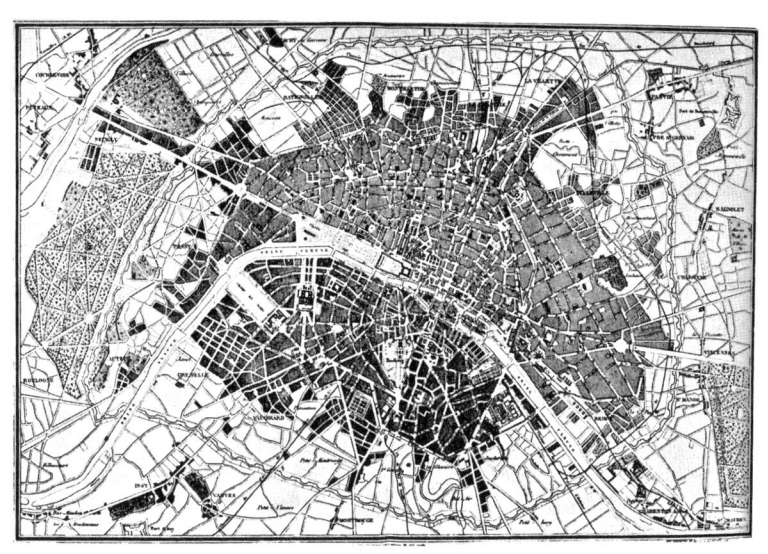

stücke aufkaufen und dafür horrende Entschädigungen bekommen. Ein Anschieben des Finanzkreislaufs durch Stadtumbau erweist sich jedoch als extrem konjunkturabhängig. In Paris konturiert sich zuerst, was bald in ganz Europa gilt: Städtebau im Kapitalismus hängt von der Preissteigerungsrate ab. Geldexpansion, niedrige Zinsrate und Preissteigerungen bilden die Basis gigantischer Stadtumbauprojekte in ganz Europa: in Lyon (Vaise), Brüssel (Anspach), Florenz (Poggi-Plan), Wien (die Ringstraße nach dem Wettbewerb von 1857), London (Joseph Bazalgette und die U-Bahn), Barcelona (Cerda-Plan), Berlin (Hobrecht-Plan) und Stockholm (Lidhagen-Plan). „Alle Entwicklungen laufen bei aller Verschiedenheit der lokalen Verhältnisse nach dem Muster von Paris ab."[36] Fallen die Preise, kommt es zur Krise.

Gesetz und Raum

Wie ist ein solcher Wandel städtischer Raumordnung staatsrechtlich abgesichert? In der Zeit vor Haussmann behinderte noch die Rivalität von Staat und Stadt radikale Umbaumaßnahmen an der Stadt. Jede bauliche Veränderung der Ensembles hatte sich mit den Interessen der bürgerlichen Grundeigentümer auseinanderzusetzen, Enteignungen waren kaum möglich. Vor dem Hintergrund der wirtschaftlichen Krisen von 1825 und 1830 sorgt der Gesetzgeber in den 1830er und 40er Jahren für eine Neuordnung. Sie sieht vor, dass der Präfekt des Départements Seine von nun an Enteignungen vornehmen darf. Von der Regelung profitiert zunächst Graf Rambuteau, seines Zeichens Seine-Präfekt der Juli-Monarchie. Im Stadtzentrum schneidet er, als Prototyp der Neuordnung, eine Straße in die bauliche Struktur. Die anliegenden Grundstücke werden enteignet, um sie auf solchem Preisniveau an Spekulanten zu verkaufen, dass am Ende die Einnahmen die Entschädigungssummen übersteigen. Haussmann, der dieses Finanzierungsmodell zunächst übernimmt, dann aber rasch mit der Banken- und Kreditwelle zur Defizitfinanzierung übergeht, kann ferner auf den Artikel 13 des Gesetzes über das Gesundheitswesen von 1850 und auf den Erlass des Senats von 1852 rekurrieren, der Enteignungen auf der Basis einfacher Verwaltungsbeschlüsse zulässt.[37] Die damit erhaltenen Einnahmen lassen sich um die *Octroi*, die traditionelle Abgabe auf alle nach Paris eingeführten Lebensmittel und Baumaterialien, erweitern. Mit den *Octroi* finanzieren mithin die Bürger, die es sich nicht leisten können, an

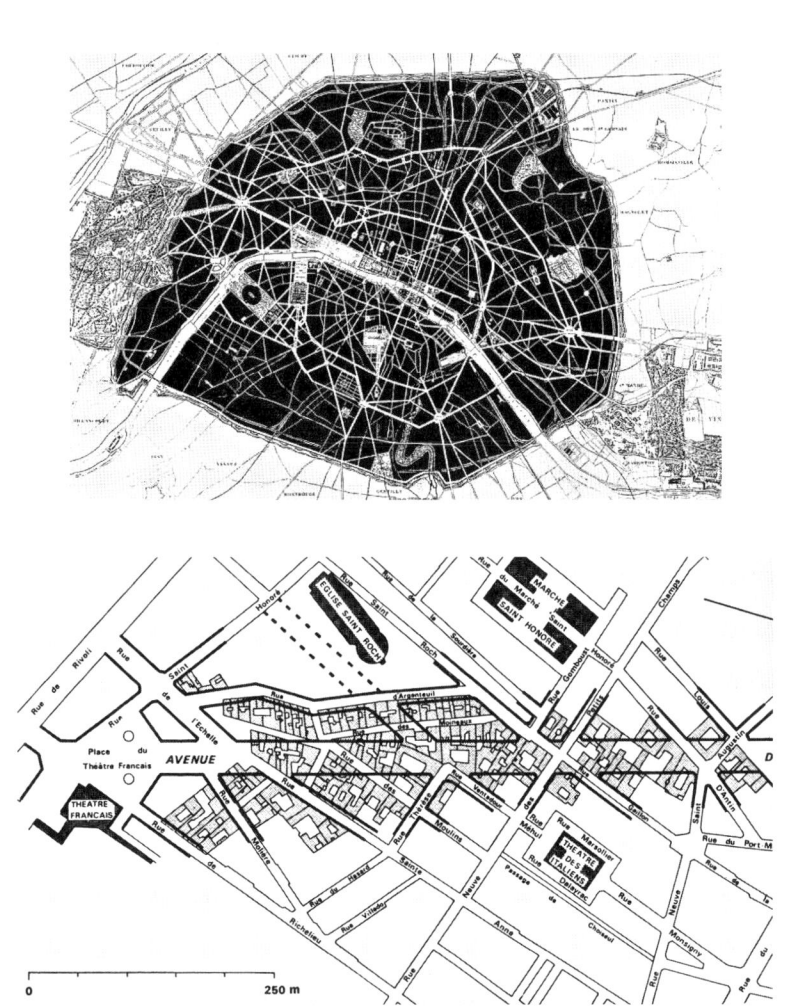

↑↑ Plan von Paris nach Haus-
    manns Achsenziehung (nach
    Jean Charles Alphand)
↑   Paris: Verfahren des Stadtum-
    baus durch Haussmann

der Spekulation beteiligt zu sein, jene Maßnahmen, die zu der immensen Bereicherung an städtischem Grund und Boden führen. Doch dabei bleibt es nicht. Nach der Krise von 1857 fordern Grundbesitzer enteignete Grundstücke zurück. Von Baroche präsidiert, gibt der Staatsrat ihnen Recht. Grundstücke entlang der neuen Straßen gehen an die ehemaligen Besitzer zurück. Haussmann selbst blickt in seinen Memoiren mit Zorn auf die Situation zurück: „Damit floß den enteigneten Besitzern der dank der Stadt gestiegene Grundstückswert gratis zu, und die Stadt hatte keine Möglichkeit, einen gewissen Ersatz für ihre Aufwendungen zu erlangen."[38] Das Baroche-Dekret verstärkt die Bautätigkeit und das Investment in Immobilien. Es wird zunehmend über den Bedarf, den Gebrauchswert hinaus gebaut, um auf zukünftige Boden- und Mietpreise zu spekulieren. Somit avanciert das Dekret zum Gentrifizierungsmotor *avant la lettre*: „Die Renditen steigen und der Kontrast zwischen den verschiedenen Stadtvierteln wird stärker."[39] Die Gesetzgebung von 1858 erweist sich nicht nur ökonomisch, sondern auch stadtpolitisch als äußerst folgenreich: Mit ihr findet die seit dem 17. Jahrhundert begonnene räumliche Differenzierung zwischen privat und öffentlich ihre Apotheose, die Baufluchten ersetzt die zufällige, aus dem additiven Bauen entstandene Trennlinie. Aus solcher Differenzierung erwachsen die städtebaulichen Markstein des 18. Jahrhunderts: Fluchtlinienplan und Blockrandbebauung.

Der städtische Block und Gentrifizierung. Wohnen als Form

Das Haussmann'sche System bringt nicht nur bauliche Veränderungen, sondern auch neue Lebensformen mit sich, die über die Zeit des Second Empire hinausweisen. Paris reüssiert als Metropole, als „Stadt des Lichts", Stadt der Urbanität, des „urbanen Menschen". Als Zentrum für Konsum, Tourismus und Kultur produziert die Stadt neue Funktionen wie Museen, Cafes oder Ausstellungen. Das urbane Leben wird Träger von Begegnungen, Konfrontationen, Differenzen, der Verdichtung von Wissen, Anerkennung und Teilhabe an den Lebensarten, die in der Stadt koexistieren. Auf diese Weise geht während des 19. Jahrhunderts im Brennglas Paris die bäuerliche in eine urbane Demokratie über. Unter der Ägide Napoleons III. wird Paris zur Haussmann'schen Stadt, indes auch zu der Stadt, in der die Bourgeoisie räumlich zu sich selbst findet. Die Monströsität des

Haussmann'schen Stadtumbaus – in den 17 Jahren seiner Amtszeit verdoppelt sich die Einwohnerzahl von Paris, erliegen fast 20.000 Häuser in Paris dem Abriss, hinzu kommen 8.000 in der eingemeindeten Banlieue, die Anzahl der Neubauten beträgt die doppelte Menge, in den Vororten beinahe das Zehnfache, richtet Paris zwei Weltausstellungen aus – prononciert die Stadt als den institutionellen Ort der modernen Bourgeois-Gesellschaft.[40] Die städtebaulichen Interventionen kreieren einen bestimmten Typus von Stadt, einen Raum, der sich aus der Logik einer Klasse speist, die sich jetzt im Zentrum der Macht befindet. Diese Klasse drückt dem Stadtraum ihren Stempel auf, gestaltet ihn nach einem spezifischen räumlichen Modell, das auch nach dem Fall des Second Empire raumbestimmend bleibt.

Von dem französischen Stadthaus, dem *hôtel particulier* als grundlegendem Typus des Apartmenthauses, geht bereits im 18. Jahrhundert eine neue räumliche Organisation des städtischen Wohnens aus, die an einer festgelegten Zonierung orientiert ist. In repräsentative, öffentliche und private Funktionen aufgegliedert, folgen die Wohngrundrisse spezifischen Raumsequenzen. Solche Raumanordnung geht einher mit dem Aufstieg des Bürgertums, der sich auch räumlich, in der betonten Dichotomie von privat versus öffentlich, artikuliert. Indes fordert die Baupolitik des Absolutismus von den Stadthäusern eine repräsentative Wirksamkeit und als solches einen Beitrag zum *embellissement* der Stadt. „Je nach Typ des Gebäudes manifestierte sich die *distinction* am Außenbau in verschiedener Weise. Liegt das Hauptwohngebäude zur Straße, kann eine Pilastergliederung seine Fassade auszeichnen, dazu tritt in den meisten Fällen eine aufwendige gestaltete Kutscheinfahrt, die *porte cochére*. Zudem wurde auch die Länge der Fassade zur Straße als Ausdruck für Stellung und *fortune* des Bewohners gewertet. Liegt das Hauptwohngebäude dagegen – in klassischer Weise – zwischen Hof und Garten, *entre court-et-jardin*, so findet sich in den zumeist schmucklosen Wänden der zur Straße gelegenen Wirtschaftsgebäude ebenfalls die aufwendig dekorierte Kutscheinfahrt, und erst an Hof- oder Gartenfassade reicherer Schmuck in Form von Pilaster- oder Säulenstellung"[41], erläutert Bettina Maria Köhler in ihrer Studie *Die Stadt Paris und das Wohnhaus*.

Die steigende Bevölkerungskonzentration Anfang des 19. Jahrhunderts bewirkt, dass sich das Wohnen in den Pariser *hôtels* verdichtet. Nicht mehr nur eine Familie, sondern mehrere Familien wohnen in einem Haus. Wohnen beginnt sich, eingeteilt in Familieneinheiten, zu stapeln. Auch hier bilden sich feine Unterschiede heraus: Während die bürgerliche Familie ganze Geschosse eines Hauses untereinander aufteilen kann, bewohnen Familien aus ärmeren Schichten meist nur ein einziges Zimmer. Die zunehmende Verdichtung schafft gravierende hygienische Probleme, die unter Napoleon III. zu jenen Gesundheitsgesetzen führen, die dem Staat raumpolitisch die Grundstücksenteignung zum Bau der Kanalisation ermöglichen. Allerdings bleibt das Spannungsfeld zwischen Wohnsituation und Stadtstruktur prekär: „Wer Kredit bekam, bestimmte den Markt, was seine Spekulantenclique bevorzugte und dazu beitrug, Slums durch bürgerliche Wohngegenden zu ersetzen."[42] Die territoriale Neuordnung der Stadt zeitigt auch Konsequenzen für deren soziale Zusammensetzung. Vor allem die Arbeiter trifft es hart: Sie werden aus den Zentren verdrängt. Elendsviertel nehmen mit dem Stadtumbau nicht ab, sondern werden aus dem preistreibenden Zentrum verdrängt. Indessen können die Hausbesitzer auch am Stadtrand von der Armut profitieren: Die explosive Mischung von Wohnraumvernichtung und Zuwanderung lässt selbst in baufälliger Substanz Höchstmieten zu.

Der Stadtumbau resultiert darin, „daß die Arbeiter vom Mittelpunkt der Städte an den Umkreis gedrängt, daß Arbeiter- und überhaupt kleinere Wohnungen selten und teuer werden und oft gar nicht zu haben sind"[43], so Engels in seinen Einlassungen zur *Wohnungsfrage*. Innerhalb der neuen politischen Ökonomie des Wohnraums „wird die Bauindustrie, der teurere Wohnungen ein weit besseres Spekulationsfeld bieten, immer nur ausnahmsweise Arbeiterwohnungen bauen."[44] Engels versteht deshalb unter „Haussmann" vor allem „die allgemein gewordene Praxis des Breschelegens in die Arbeiterbezirke, besonders die zentral gelegenen unserer großen Städte, ob diese nun durch Rücksichten der öffentlichen Gesundheit und der Verschönerung oder durch Nachfrage nach großen zentral gelegenen Geschäftslokalen oder durch Verkehrsbedürfnisse, wie Eisenbahnanlagen, Straßen usw., veranlaßt worden sind. Das Resultat ist überall dasselbe, mag der Anlaß noch so verschieden sein: die skandalösesten Gassen und Gäßchen verschwinden unter großer Selbstverherrlichung der Bourgeoisie von wegen dieses ungeheuren Erfolges, aber – sie erstehn anderswo sofort wieder und oft in der unmittelbaren Nachbarschaft."[45] Damit benennt Engels ein wesentliches Moment der Urbanisierung und des modernen Städtebaus: Jedes „gelöste Problem" provoziert fünf weitere. Engels fasst zusammen: „In Wirklichkeit hat die Bourgeoisie nur eine Methode, die Wohnungsfrage in *ihrer* Art zu lösen – das heißt, sie so zu lösen, daß die Lösung die Frage immer wieder von neuem erzeugt."[46]

In dem Zug erhält das Apartment ein Redesign, das auch städtebaulich neue Formen hervorruft. Die Blockrandbebauungen verdichten die Funktionen des *hôtel particulier* auf einer Ebene. Daraus resultieren neue Grundsrisslösungen, die jene strukturelle Topologie privater und öffentlicher Sphären in einer Etage ermöglichen, die für folgende Generationen leitend bleiben. Die neue Form des Wohnens produziert urbane Blöcke mit Raumkanten, die den öffentlichen Raum auf neue Weise definieren, abgrenzen und fassen. Der urbane Block ist nicht Haussmanns Erfindung, er erbt diese Struktur vom traditionellen Paris, das er vorfindet. Dennoch nimmt Haussmann Transformationen an der Struktur vor und lässt damit neue städtische Raumformen und -konstellationen entstehen. Die Strategie der Absicherung neuer bürgerlicher Ordnungssysteme findet hier ihren räumlichen Ausdruck. Haussmanns normativ und korrektiv wirkende Stadtinterventionen bringen einen neuen kapitalistischen Modus in Gang, der den Ausbeutungsweisen in der Warenform des Arbeitens die Wohnformen räumlicher Inklusion und Exklusion hinzufügt.

In diesem Zusammenhang ist die Referenz zur Sprache des absolutistischen Stadtbaus mehr als deutlich. Beispielsweise weist der Plan in seiner axialen Anordnung und Verknüpfung unterschiedlicher zentraler Pole der Stadt Elemente aus dem Rom Sixtus' V. auf. Philippe Panerai[47] hat gezeigt, auf welche Weise Haussmanns Vokabular von Stern und Dreizack der Anlage von Versailles und den Plänen Le Nôtres entstammt. Sogar zu Christopher Wrens Plan für London lassen sich Parallelen ziehen. Indes sieht sich Haussmann gezwungen, über diese Referenzen, die alle auf tabula-rasa-Bedingungen gründen, hinauszugehen – er muss mit einer bestehenden Stadtstruktur arbeiten. Gleichwohl, und das ist das Bemerkenswerte, bleibt Haussmanns Projektion operativ vom Gedanken der tabula rasa beseelt. Somit unterhält der Stadtumbau Haussmanns, der vor allem mit Durchschneidungen arbeitet, ein seltsam ignorantes Verhältnis zu existierenden Wachstumsstrukuren, das durch strategisch-räumliche Eingriffe nach dem Prinzip der Exklusion und Inklusion neue Ein- und Ausschließungsmilieus auf dem Territorium der Stadt herstellt.

Eine entscheidende Neuerung bildet die netzwerkartige Anlage, die Multiplikation und Streuung von potenziellen Schnittstellen der Raumentwicklung, die es den Quartieren in der Folgezeit möglich machen wird, unterschiedlichste Auf- und Abwertungs- bzw. finanzgetriebene Homogenierungsprozesse zu durchlaufen. Ebenso weist das Verfahren der räumlichen Grenzziehung zwischen den Klassen einen dispersiven Charakter auf, es ist nicht auf ein Zentrum reduziert. Die stadträumliche Konfrontation vollzieht sich in Form mannigfacher Überlagerungen. In dem Kontext bildet der Restrukturierungsmechanismus „Grundstücksaufteilung" jene Schnittstelle, die ein kontrastierendes Neben- und Übereinander der Fusion von neuen Raumrändern und alten Blöcken entstehen lässt. Die Aufteilung alter Blöcke folgt nun der Form des dreieckigen Blockrands. Jedes Grundstück wird so arrangiert, dass es senkrecht zur Straßenkante verläuft. Die Trennung innerhalb des Blocks richtet sich an der Mittelsenkrechte zu den von den Straßen gebildeten Winkeln aus. Somit erlangen die Blöcke auch strukturell eine Homogenität. Während die oberflächliche Betrachtung eine Rationalität „von oben" erkennen lässt, bleibt in Rechnung zu stellen, dass der Stadtumbau zwar vom Staat als Entwickler gelenkt wird, die Organisation und Realisierung einzelner Grundstücke jedoch privaten Investoren obliegt. Der Umbau ruft Aushandlungsprozesse zwischen Bauobrigkeit und Bauunternehmern hervor, die Organisation der Blöcke prägt sich, trotz eines Gesamtschemas, in operativen Sequenzen unterschiedlich aus. Solches Zusammenwirken von privatem und öffentlich gelenktem Stadtbau verändert nicht nur die Stadtform auf morphologische Weise, sondern greift darüber hinaus tief in die Vorstellung dessen ein, was Urbanität für die Stadtbewohner bedeutet.

Im Maßstab Stadt beziehen sich Rationalisierung und Regularität vor allem auf die äußere Form der Blöcke. Innerhalb der Blöcke produzieren sie die ungleiche Verteilung von Raumvolumen, Fläche und Wohnraumqualität. Das heißt, mehr als die bauliche Form, ist es die Grundstücksfläche, die variiert. Darin unterscheiden sich die Haussmannblöcke von der Regularität beispielsweise englischer Reihenhäuser. Im Inneren der Blocks spielt die Verortung der Gebäude eine entscheidende Rolle auch für die typologische Form, wobei die zukünftige Konfiguration der Gebäude bereits Auswirkung auf das Grundstücksarrangement hat. Am Beispiel des Blocks Péreire-Laugier-Faraday-Bayen zeigt Panerai auf, wie der Gebäudekomplex auf den ersten Blick den Anschein eines einzigen Gebäudes erweckt, seine Produktion aber strukturellen Typologieelementen entspringt. Das typologische Element des L-förmigen Gebäudes wirkt hier als Kernelement der baulichen Anordnung und wird sogar für kleine Grundstücke verwendet. Weil zwei Ls ein U oder ein T formen, eignet sich der L-Typus als Minimalstruktur gut für große Grundstücke.

Mit dieser Veränderung in der Blockstruktur wandelt sich auch die Struktur der Gemeinschaftsfläche Hof. Dessen kollektiver Raum korrespondiert nicht mehr mit der Einheit des Blocks: „it achieved a hybrid status, neither relating to the single plot, nor to the whole block."[48] Aufgrund dessen verliert der Hof seine Funktion als öffentliche Einheit. Es entstehen jene Hofkonstellationen, in denen die „anderen", also Bewohner angrenzender Häuser, zwar Einblick in den, aber keinen Zugang zum Hof haben, die einerseits zu einer zunehmenden Anonymisierung des Stadtraums beitragen und andererseits eine gewisse Homogenisierung voraussetzen – in den Hof sollen nur die schauen können, die der gleichen Schicht entstammen.

Nicht nur bezüglich Form und Struktur, auch im Hinblick auf die Funktion weist der Haussmann'sche Block Unterschiede zum alten Stadtblock auf. Im alten Block ist der Blockrand noch direkt mit der Straße verbunden und ermöglicht so eine – nicht näher definierte – Zone des Austausches. Der Gegensatz zwischen Umriss und Innenraum artikuliert sich als ein System der Differenzen, das eine hohe Komplexität der Organisation und Durchdringung gestattet. So ist die Gebäudestruktur in der Lage, unterschiedlichste Aktivitäten zu integrieren und multiple Funktionen zu arrangieren. Sie ist noch nicht auf klar angeordnete Funktionszuweisungen reduziert, sondern bildet ein relationales Beziehungsgefüge aus, das vermittels einfacher Regeln die Integration der Funktionen steuert. Solche Struktur erlaubt es dem Gebäude, über die Zeit mannigfaltigste Funktionen aufzunehmen und sich der geschichtlichen Entwicklung anzupassen: „conceived in such a way that the functions were defined in substitution terms (one function could be substituted for another), over time, which took into account historical change, modification, ‚do-it-yourself' (i.e. the recuperation of an empty and available structure), even the diversion of access ways."[49] Der Block Haussmanns indes verfügt nur noch über eine reduzierte Multifunktionalität. Der Architekt Cesar Daly notiert zu Anforderungen, die an das Bauen im Second Empire gestellt wurden: „commerce and industry are equally needs one has to take into account: in that portion of the city where high-class commerce, luxury commerce, predominates with the luxurious shops its needs will necessarily differ from the small shops … which need … the retailing of objects of pure necessity."[50] Diese Aussage erhellt, in welchem Maße die Industrialisierung, die Kommerzialisierung den Stadtraum überschreibt und die Architektur verändert. Neue Typen müssen für die neue Marktlogik gefunden werden. Hier setzt bereits jene Funktionstrennung ein, die später zum Organisationsprinzip der Moderne werden sollte.

Hier ist anzumerken, dass das obige Zitat Dalys anzeigt, dass sich mit der Produktwerdung des Wohnens ferner die Bedingung der Möglichkeit von Komposition der Architektur als diskursives Feld selbst verschiebt: Der Gegenstand, an dem kompositorische Praxis verhandelt wird, ist für Guadet nicht mehr der gleiche wie für Durand oder Ledoux. Mit der Reformulierung des Wohnens als vervielfältigte Ware beginnen architektonische Konzepte sich zu multiplizieren und ihr Maßstab sich zu vergrößern. Das wirkt auf das disziplinäre Selbstverständnis der Architektenschaft zurück. Bezog sich die disziplinäre Ausbildung bis Mitte das 19. Jahrhunderts noch auf Villen mit Hof und Garten, treten nun mehrgeschossige Wohnbauten ins Zentrum des Interesses. In der *Revue générale de l'architecture et des travaux publics* berichtet Daly 1840 von einer Neuaufteilung des Sozialen und mit ihm des Bauens: „la fortune générale est tellement divisée, et se trouve partagée entre un grand nombre de personnes."[51] Die neue Aufgabe besteht in der Gestaltung von Appartementhäusern, die auf geringerer Fläche als die der Villa Komfort für viele bieten: „la distribution et … milles petits agancements si importants dans nos intérieurs actuels."[52] Erst mit Guadets *Eléments et théorie de l'architecture* zum Anfang des 20. Jahrhunderts wird das Feld der Architekturausbildung in Frankreich eine wissenschaftliche Antwort auf diese Entwicklung geben, die Eingang in den Lehrkanon findet. Anschauungsbeispiele führt Guadet nicht mehr, wie bis dahin in Lehrbüchern üblich, mit öffentlich-institutionellen oder sakralen Bauten ein, sondern mit der Darstellung privater Wohn- und Dienstleistungsbauten. In dem Kapitel „Les élements de la composition dans l'habitation" transponiert Guadet jenes Thema, welches bereits von Blondel eingeführt wurde, auf einen neuen Maßstab und erklärt es zum Beginn des Modernen Wohnens: das Thema der Distribution und mit ihm der „indépandance dans l'habitation."[53] Aus der Auseinandersetzung mit und Bewältigung von Distribution rührt von nun an nicht nur die Fokussierung auf den Grundriss als Verteilungsmechanismus, sondern auch die zunehmende Komplexität architektonischer Dispositive im Konnex des Wohnungsbaus.

Indessen zeitigt der Aufstieg des Wohnungsbaus auch Konsequenzen im stadträumlichen Gefüge. Wohnen findet nun in Gebäuden, denen die

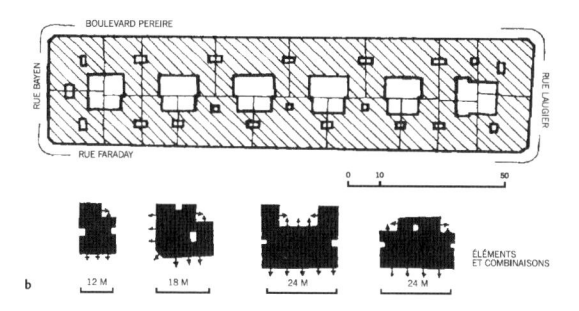

↑ Philippe Panerai: Analyse des urbanen Blocks
→ Blockrandbebauung in Haussmanns Paris: Ansicht und Grundrisse

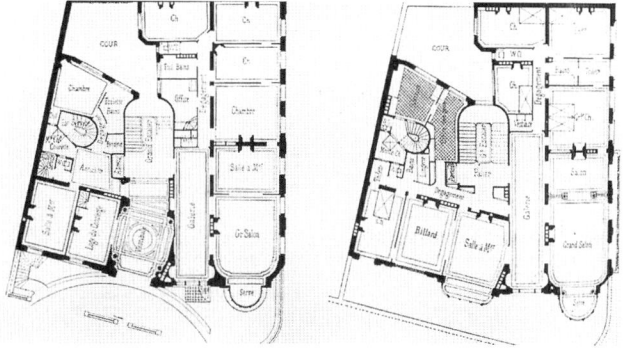

81

Funktion Handwerk und Warenproduktion zugeordnet wird, nicht mehr statt. Arbeiten und Wohnen beginnen, sich räumlich zu trennen. Solche Raumstrategie überträgt die territoriale Raumordnung der Industrialisierung, welche Fabriken außerhalb der Stadt ansiedelt, auf den kleineren Maßstab des Stadtraums selbst. Ähnliches geschieht im Maßstab des Viertels, teilweise sondern sich ganze Quartiere nach einer Funktion ab: „Some residential areas appeared free from any connection to production, and were in contrast to districts that one can generally define as working-class and where the principle of separation between workplace and living quarters was not yet applied."[54] Wir sagten: Mit Haussmann nimmt die innere funktionale Komplexität des Blocks ab, ebenso wie der Reichtum ihrer Artikulationen. Formal und strukturell indes sorgt der Block für einen neuen Level der Kontinuität im Stadtbild. Jede Lücke wird geschlossen. Von immerwährenden Fassaden umschlossen, erhalten die öffentlichen Flächen jene Monumentalität, jene Überhöhung, die die Passivität dessen, was auf ihnen stattfindet, überdeckt. In dieser Weise wirkt Haussmann auf zwei Ebenen: Zum einen erfindet er die Stadt der Lichter, des Tourismus, des Imago einer bürgerlichen Metropole schlechthin, zum anderen agiert er in dem Modus, der sein Rückgrat bildet: in dem anti-urbanen, homogenisierenden Modus der Industrialisierung. Intern reduziert der Haussmann-Block die Funktionen, extern das öffentliche Leben. „The space, which was established as dominant in this subdivision of the city, which rejected everything else, was in fact this weakly articulated space or, at least, it was weak at this stage of its implementation. It is a space that interacts minimally with the inherited pattern and had to be this way to enable it to be inserted into the city."[55] Das bestätigt die These, dass die Raumstrategie Haussmanns als Ein- und Ausschließungsform fungiert, die sich sowohl im Maßstab des Blocks, der Straße als auch des Stadtviertels ordnungspolitisch in den Stadtraum und die Körper seiner Bewohner einschreibt. Diese Ordnung wird ihre eigenen polizeilichen Artikulationen hervorbringen. Sie nimmt die politische Anatomie des Panoptismus und die absolutistische Raumvorstellung in sich auf und überträgt diese, in bürgerlich-kapitalistischem Gewand, auf den Maßstab Großstadt.

Gouvernementalität der Metropolis. Stadtphysik der Macht

Die vorangegangenen Analysen zeigen, auf welche Weise die Parzellierung als Kernmoment stadträumlicher Neuordnung mit Haussmann in eine neue Dimension der Regierungstechnik vorrückt und der urbane Block neue Register der Sichtbarkeit erzeugt. An dieser Stelle lohnt es, Michel Foucaults eher wenig beachtete Ausführung zum Phänomen der Parzellierung mit der von ihm vorgenommenen Analyse der Herausbildung moderner Staatlichkeit und Subjektivität, am Thema Gouvernementalität, engzuführen.

Zu Beginn des berühmten Kapitels zum Panoptismus in dem Buch *Überwachen und Strafen* beschreibt Foucault, wie der Stadt und dem Staat mit der Pest eine existenzielle Bedrohung erwächst, auf die die Regierung mit neuen Politikinstrumenten zu reagieren hat. Aus dem politischen Umgang mit dem hygienischen Problem resultiert ein Umstrukturierungsprozess – Regierung der Vielen über Vereinzelung und Parzellierung[56] des Raumes –, der nicht nur Transformationen im Raum- bzw. Stadtverständnis hervorruft, sondern auch im Verhältnis von Staat und Individuum. Foucault seziert aufs Genaueste den Maßnahmenkatalog der französischen Pestverordnungen vom Ende des 17. Jahrhunderts. Der Katalog beinhaltet Anweisungen, die dann vollzogen werden sollten, „wenn sich die Pest in einer Stadt ankündigte."[57] Solche Verordnung fasst Foucault als Modell der „Disziplinierung". In ihm läuft „die Beziehung eines jeden zu seiner Krankheit und zu seinem Tod ... über die Instanzen der Macht"[58]. Das Modell bildet in strategischer Weise neue Formen der Kontrollstrategien und -techniken aus und wirkt operativ in die von der Pest bedrohte Stadt ein. Raumpolitik wird Biopolitik. Aus deren Zentrum entspringt eine „Physik der Macht", die ihren Fokus auf das Leben selbst richtet. Foucault wird in seinen späten Vorlesungen an diesem Topos den Begriff der Gouvernementalität herausarbeiten und aufzeigen, wie die „Macht, leben zu machen oder in den Tod zu stoßen" das vormalige Recht des Souveräns, „sterben zu machen oder leben zu lassen"[59], ablöst. Aus Untertanen werden „Körper und Bevölkerungen"[60], die räumlich arrangiert, angeordnet werden müssen. Regierungskunst weitet sich auf ein mannigfaltiges Feld an Aktivitäten und Handlungsmechanismen aus – Regieren meint dann Raumregulierung. In dessen Mittelpunkt steht eine „Art Komplex, gebildet aus den Menschen und den Dingen. Das heißt, daß diese Dinge, für welche die Regierung die Verantwortung übernehmen muß, die Menschen sind, aber die Menschen in ihren Beziehungen, ihren Verbindungen und ihren Verwicklungen mit jenen Dingen, den Reichtümern, Bodenschätzen und Nahrungsmitteln, natürlich auch dem Territorium innerhalb seiner Grenzen, mit seinen Eigenheiten, seinem Klima, seiner Trockenheit und seiner Fruchtbarkeit; die Menschen in ihren Beziehungen zu jenen anderen Dingen wie den Sitten und Gebräuchen, den Handlungs- oder den Denkweisen, und schließlich die Menschen in ihren Beziehungen zu jenen nochmals anderen Dingen, den potentiellen Unfällen oder Unglücken wie Hungersnot, Epidemien und Tod"[61]? Die politische Reflexion des Souveräns ordnet sich unter vier Hauptgesichtspunkten: Erstens gilt es die Kontrolle von Ansteckung durch Überwachung genereller Kontakte von Körpern in Raumarrangements der Ein- und Ausschließung zu sichern. Daraus folgt zweitens die Parzellierung des Stadtraums in übersehbare Bezirke und Quartiere. Drittens die allmähliche Verwissenschaftlichung des systematisierenden Sammelns konkreter, zähl- und messbarer Daten (zum Beispiel Register und Einwohnerlisten), die sich im späten 18. Jahrhundert als „Statistik" definieren wird.[62] Viertens schließlich erwächst aus der Ordnung das Entstehen eines neuen organisationalen Mediums: das des Kontrollorgans Policey, konkret in den Städten lanciert durch den Posten des *lieutenance de police*. War die verpestete Stadt eine Ausnahmesituation, führt die Policey eine Permanenz in die Ausnahme ein. Sie postuliert den Zustand der permanenten Option des Staatsstreichs durch die Regierung selbst. Die Policey bildet gewissermaßen den operativen Körper eines latenten Kriegs nach innen. Ferner wechselt mit der Policey das regierende Motiv: An die Stelle der Bedrohung tritt das der Besserung bzw. Heilung. Die Umfasstheit territorialer Zuständigkeitsansprüche der Policey verspricht ubiquitäre Genesung des Gemeinwesens. Beachten wir hier den Maßstabswechsel: Geheilt wird nicht der Mensch, sondern die organizistisch gedeutete Form der Stadt und des Staats als „Körper". Kriterium und Indiz für eine gesunde Stadt ist ihre Befähigung, gute Ordnung herzustellen. Aus ihr leitet sich eine Raumstrategie ab, in der, neben Androhung des Zwanges und gewohnheitsmäßiger Folgeleistung, vor allem die Manipulation vorrangiger Präferenzen und Prioritäten des sozialen Lebens in den Blick gerät. Dass sich Haussmann in dieser Perspektive um eine weitere Lesart ergänzen lässt, erweist sich vor allem dann als schlüssig, wenn man die

Analysen Panerais heranzieht. Panerai erhellt, wie die neuen Blöcke mit ihren Schnittkanten und der Differenzierung zwischen Innen- und Außenraum eine neue Sichtbarkeit der Subjekte im Straßenraum hervorrufen. Die Transposition absolutistischer Raumordnungen auf den urbanen Raum lässt ein Netz panoptischer Raumkonfigurationen entstehen. Dafür zeichnen indes nicht mehr Baukünstler vom Hofe, sondern, unter baupolizeilicher Ordnung, Verwaltungsbeamte und Immobilienspekulanten gestalterisch verantwortlich. Raumordnend neu ist ferner, dass der urbane Block gewissermaßen die *Vertikalisierung* des vormals *horizontal* gegliederten Parzellierungsmechanismus vollzieht, eine Vertikalisierung sich den regierungstechnischen Weg durch die Stadt bahnt und mit der Folie neuer Disziplinierungsdispositive überschreibt. Solch städtebaulichen Dispositive wirken beispielsweise durch das physikalische Rearrangement der neuen Trennung von Wohnen und Arbeiten.

Anordnen und Kontrollieren. Die Geburt der modernen Stadt im Regierungsraum der Policey

Pest und Quarantäne bilden gewissermaßen die Ausgangs- und Probesituationen für „die ideale Ausübung der Disziplinarmacht", für die „Utopie von der vollkommen regierten Stadt"[63], in der die Stadt als *pars pro toto* für Gesellschaft steht. Wenngleich solche Utopie der umfassenden staatlichen Überwachung mit dem Mittel der Policey gegen den Widerstand einer zeitgleich sich entwickelnden Idee des bürgerlichen Subjekts nicht durchsetzbar sein wird[64], bleibt die Idee der „gesunden" Stadt weiterhin wirkmächtig. Des Weiteren lässt die gouvernementale Lesart die These zu, dass sich in den räumlichen Arrangements der verstädterten Bevölkerung die Geburt des neuzeitlichen Staates und die Formierung der Menschen zu modernen Subjekten konkret artikuliert. Daraus erwächst eine Stadtphysik der Macht: Erst dort, wo eine bestimmte Zahl an Menschen zusammenleben, erhält „Führung" den Rang eines Problems. Solche Tatsache wirkt trivial, erweist sich jedoch bei genauerem Hinsehen als Grundlage modernen Regierungsdenkens. Vormoderne Herrschaft hatte kein Interesse am Menschen. Erst mit der Bevölkerungsexplosion in den Städten wechselt der Mensch vom Objekt des Tributs zum Objekt der Formung, der Fürsorge, der Erziehung. Mit der Entwicklung der Städte geht die

Entwicklung der humanen Kräfte zur Bedingung der gesellschaftlichen Reproduktion einher, ja avanciert das Subjekt selbst und dessen Regierung in neuer Weise zur zentralen Fragestellung. Die Genealogie des modernen Staates ist mit der der modernen Stadt aufs Innigste verknüpft. Aus ihrer Mitte geht nicht nur die subjektgeschichtliche Achse hervor, staatliche Eingriffe in und Neuordnungen von Stadt bilden das konkret-physische Rückgrat neuzeitlichen Regierens. In dem Konnex erscheint die Stadt als eine „Individualisierungs-Matrix", als ein formell strukturierter Rahmen von Institutionen und Technologien, die nicht nur Menschen zu Subjekten machen, sondern auch deren Praktiken in den Blick nehmen. Die Verbindung von Stadt, Staat und Subjekt kann als historischer Tatbestand gelten, der erklärt, warum zunächst nur der Staat den Ort der Gouvernementalität und, aus der Konvergenz von *gouverner* (Regieren) und *mentalité* (Denkweise), a) ein Selbstbewusstsein baulicher Ordnungsmacht und b) ein Bewusstsein über die Stadt als räumliches Ordnungsgefüge innehat. Die Policey stellt ein Phänomen der Verstaatlichung von Disziplinarmechanismen dar. Sie ist der Gesamtheit des Gesellschaftskörpers koextensiv, das heißt, sie sichert das Innere des Staates aus dem Inneren heraus ab. Insofern gilt ihr Interesse nicht den Transzendenzvorstellungen einer gesellschaftlichen Totalität, sondern der „Immanenz der Kräfteverhältnisse."[65] Sie zielt auf die Performanz der Gesellschaft: Handlungen, Verhaltensweisen, Körper, Ereignisse. Ihre Strategie ist der des souveränen Herrschers entgegengesetzt, sie sucht Sichtbarkeit zu erzeugen, indem sie sich selbst unsichtbar macht. „Im 18. Jahrhundert versucht ein unermesslicher Polizeitext die Gesellschaft mittels einer komplexen dokumentarischen Organisation abzudecken."[66] Wenn die Bevölkerung und deren räumliche Verteilung ins Zentrum der Regierungskunst rückt, dient die Policey nicht nur zur Strafverfolgung, sondern fungiert auch als Disziplinierungsscharnier, das die Menschen an die Ordnung gewöhnt. So bezeichnet die „gute Policey" bereits im 17. Jahrhundert „zum einen den wohlbestellten und -eingerichteten Zustand des Gemeinwesens im Territorium, zum anderen die politisch-administrativen Maßnahmen zur Bewahrung oder Wiederherstellung dieses geordneten Zustands."[67] Dieser Hintergrund demonstriert, warum es gerade die Auseinandersetzung mit der „guten Policey" ist, die es Foucault in seinen letzten Seminaren am Collège de France ermöglicht, den Begriff der Gouvernementalité in Absetzbewegung zu seinen früheren Studien zur Disziplinargesellschaft zu konturieren. Mit der

Gouvernementalität rückt eine spezifische Weise der Selbststeuerung der Subjekte in den Blick. Selbstbeherrschung ist Teil eines Voraussetzungskatalogs für gutes Regieren im eigenen Haus ebenso wie in der Stadt. Die gute Policey bildet hier gewissermaßen Rahmen wie auch Vorbild für die gute Regierung der Hausvorstände: „Dieser absteigenden Linie, welche die gute Regierung des Staates bis in die Lebensführung der Individuen oder in die Führung der Familien hinein nachwirken lässt, hat man zu jener Zeit den Namen Policey gegeben."[68] Der Vergleich mit dem Modell des Hauses bzw. des Hausvorstands „oikos" ist intendiert. Kern der Policeytheorie besteht darin, die Ökonomie als Modell der Individuen und Güter einzusetzen. Foucault sieht daher die Einführung der Ökonomie als zentrales Element, „um das es beim Regieren geht."[69] In der kanonischen Umschwenkbewegung, die sagt, Glück, Heil und Wohlfahrt seien nicht mehr Ziel, sondern Bedingung für das Gelingen des Staates, liegt überdies der Aufstieg der neuen Politischen Ökonomie begründet. Das daraus entspringende „zentrale Paradox" der Staatsraison-Policey, so pointiert der Policeywissenschaftler Johann Heinrich Gottlieb von Justi Mitte des 18. Jahrhunderts, bestand mithin in der Aufgabe, „die konstitutiven Elemente des Lebens der Individuen dergestalt zu entwickeln, dass deren Entwicklung auch die staatliche Stärke fördert."[70]

Mit dem Zurücktreten staatlichen Kontrollanspruchs auf operativer Ebene erfährt der Policeybegriff „im Laufe des 18. Jahrhunderts eine richtungsbestimmende Einengung."[71] Solche Einengung beginnt die Wohlfahrt ins Zentrum der Regierungskunst zu rücken, indes noch immer eingebunden in einen unbegrenzten Verwaltungsanspruch und unter verstärkter Integration merkantiler, sozialer und hygienischer Aspekte auf regulatorischer Ebene. Wie sehr hier Ökonomie, Policey und Wohlfahrt zusammenwirken, zeigt das Beispiel Preußens zu Beginn des 17. Jahrhunderts. Dort bleibt Geldbeschaffung für größere Vorhaben ein Problem. Die zur Einrichtung von Banken benötigten Garantiefonds fehlen, auch weil die Beschaffung über Aktien noch auf größte Schwierigkeiten stößt. Staat, Stadt oder Corporation bleiben Hauptbürgen für Garantiefonds. In den Städten herrscht Geld- und Kreditmangel, Gelder sind „sowohl für Kaufleute als auch Grundstückbesitzer nur schwer und unter höchst drückenden Bedingungen erhältlich."[72] Der Nationalökonom und Fachmann der Kameralistik Paul Jacob Marperger rät in dieser Situation dazu, „die Fonds milder Stiftungen, Kirchen, Schulen, Hospitäler und Feuerkassen zu Bankzwecken zu benutzen."[73] Solche Form der sogenannten „milden Stiftungsgelder" wird später in der Berliner Bank ebenso ihre Realisierung finden wie unter anderem in den genossenschaftlichen Bauvereinen. Auch Policeywissenschaftler von Justis macht sich in seinem Werk *Gesammelte Politische und Finanzschriften über wichtige Gegenstände der Staatskunst, der Kriegswissenschaften und Finanzwesens*[74] Gedanken um die Verbesserung der monetären Lage. Da das gesamte Land nach baupolizeilichen Richtlinien Einlagen in Feuerassecuranzgesellschaften getätigt hat, schlägt Justi vor, das dort eingelagerte Geld als Kapitalsicherheit für Banken zu verwenden. Haussicherheit soll die Funktion der Kreditsicherheit für Hauskauf erhalten. Bei solcher Bank müssten, so Justi, vermöge einer gesetzlichen Verordnung, alle Darlehen, die auf Häuser gesucht „würden, aufgenommen werden."[75] Obige Erläuterungen erhellen ferner die Bedeutung der Baupolizei, deren Fokus in der staatlichen Kontrolle des Bauwesens und der „Vorbeugung von Gefahren, die im Bauwesen entstehen können"[76], besteht. Gefahren im Sinne der baupolizeilichen Vorschriften meint „nicht nur die mangelhafte Bauwerksgründung, der Einsturz eines Gebäudes durch Verwendung von falschem Baumaterial und die Verletzung der ‚Regeln der Baukunst', sondern auch den Bau von Kellerwohnungen ohne Einhaltung eines bestimmten Mindeststandards und der Bau von Wohnungen ohne sanitäre Einrichtungen."[77] Damit umfasst die Geltung der Policey auch soziale und gesundheitliche Bereiche. Allerdings, und das wird sich mit dem Aufstieg des Bürgertums und der liberalen Ökonomie als gesellschaftspolitischer Schwachpunkt herausstellen, bleibt die Baupolizei auf die Erfüllung von Gesetzestexten angewiesen, die sich nur schwerfällig ändern. So treten die Forderungen nach neuen Baugesetzen im Interesse der öffentlichen Gesundheitspflege erst mit einer öffentlichen Debatte um die Wohnungsfrage ein. Es ist weder die „Medicinal-Polizei", die ab Mitte des 19. Jahrhunderts Sorge für die Errichtung von gesunden Wohnungen trägt, noch die Baupolizei, zu deren Aufgaben ebenfalls die Kontrolle von Wohnungen auf Gesundheit hin gehörte, welche die Veränderungen anstößen, sondern vielmehr „Ärzte, Wissenschaftler, Volkswirte, Juristen und Praktiker, die sich in der ‚Versammlung deutscher Naturforscher und Aerzte' zusammengeschlossen hatten."[78] Indes kommt der baupolizeilichen Verwaltung eine entscheidende Rolle in der Umgestaltung der Städte im 19. Jahrhundert zu.

Zoom in: Der Fall Deutschland

Die aus dem gouvernementalen Muster erwachsende Trias Ökonomie, Gesetz (Policey) und Städtebau und deren geschichtliches Zusammenspiel will ich im Folgenden schlaglichtartig am Fall Deutschland darstellen. Dort hinkt die wirtschaftliche Entwicklung England und Frankreich, den Protagonisten des industriellen „Fortschritts", hinterher. Erst die Gründung des deutschen Zollvereins 1834 unter preußischer Ägide evoziert jene Hinwendung zum Markt, die den wirkmächtigen endgültigen Impuls zur Industrialisierung in Deutschland gibt. Im Ruhrgebiet breiten sich die Wohnflächen allmählich um die Siedlungskerne aus und führen zu einer zunehmenden Zersiedlung der Landschaft. Ferner konzentrieren sich die Industrieflächen, zuerst nur punktuell in Wohnflächen eingestreut, um Betriebe, deren Wachstum die Wohnbebauung zu verdrängen beginnt. Aus der vom Staat begünstigten Nutzungsentmischung resultiert eine hohe Verkehrsnachfrage, die wiederum den Eisenbahnboom in ganz Deutschland befeuert.

Als Schrittmacher für die Expansion der Banken in Deutschland zeichnet zunächst die Kölner Immobilienkrise von 1848 verantwortlich. Konkreter Anlass ist der Zusammenbruch der A. Schaffhausen Bank. Vor der Märzrevolution besteht ihr Portfolio zu 25 Prozent aus Landbesitz und einem Kreditpaket, das sich auf einen einzigen Bauinvestor konzentriert. Während sich die Immobilienanlagen der Bank auf 1,6 Millionen Taler belaufen, beträgt ihr Eigenkapitalanteil nur 1,5 Millionen Taler. Mit dem Einsetzen der sozialen Unruhen um 1848 beginnt der *run* der Anleger auf *cash*. In Panik geratene Investoren ziehen ihr Geld ab. Das große Ausmaß der Kontenräumung sorgt für Liquiditätsprobleme bei Schaffhausen. In der Folge sieht sich die Bank zunächst gezwungen, mit einem holländischen Partner zusammenzugehen, um dann die Hilfe der Kölner Niederlassung der Preußischen Bank in Anspruch zu nehmen. Bald kommen die Niederlassung der Preußischen Bank in Münster, die Preußische Seehandlung und die Preußische Lotterie hinzu. Alles ohne Erfolg. Um die Situation zu retten, erlaubt die Preußische Regierung, dass Schaffhausen in eine Aktiengesellschaft umgewandelt wird, ein Schritt, der, um übermäßiger Kreditexpansion vorzubeugen, den Banken vorher verboten war. Mit der Entscheidung ist auch in Deutschland der Bann gebrochen. Zahlreiche Gründungen neuer aktien- und hypothekenbasierter Institute folgen, zuerst in Hessen-Darmstadt (hier wirkt, mit den Banquiers Gustav Mevissen und Abraham Oppenheim, wieder ein Kölner Institut als Hauptakteur), dann folgen Meiningen, Dessau, Luxemburg, Coburg.

Aber nicht nur Deutschland und Frankreich, ganz Europa wie auch die USA und Australien sehen sich in den 1850ern einem enormen Banken- und Eisenbahn-Boom gegenüber, Aktienbanken verleihen Geld an Bauprojekte in gigantischem Ausmaß. Mit der Krise von 1857 – der ersten Wirtschaftskrise weltweit – kommt der Boom zu einem kurzen Erliegen, um dann weiter zum großen Gründer-*Crash* von 1873 zu ziehen, der von Deutschland und Österreich ausgehen wird. Die mit der Gewerbeordnung vom 21. Juni 1869 annoncierte völlige Gewerbefreiheit bildet schließlich den Höhepunkt in der Öffnung des deutschen Wirtschaftsraums und mit ihm des Städtebaus für den Liberalismus. Die daraus folgende Krise beginnt in Wien und Berlin im Mai, breitet sich nach Italien, Holland und Belgien aus, überquert den Atlantik im September, um von dort zurückzukehren und England, Frankreich und Russland mit in den Sog zu ziehen. In einem Brief, den er im Herbst 1875 an Bleichröder schreibt, klagt Baron Rothschild über das niedrige Aktienniveau überall auf der Welt, die, aus ökonomischer Sicht, auf eine Stadt zusammengeschrumpft sei: „The whole world has become a city."[79]

Wie konnte Deutschland Ende des 19. Jahrhunderts eine solch rasante Entwicklung in ökonomischer und städtebaulicher Hinsicht nehmen und welche Gesetzeslage bildete hier das Fundament? Spulen wir noch einmal zurück: Während im ausgehenden 18. und beginnenden 19. Jahrhundert Industrialisierung und Kapitalisierung in Frankreich und England als Treiber des urbanen Wandels wirken, bestimmt und prägt in Deutschland der Staat das Bauwesen. Dennoch nimmt auch in Deutschland, das im Gegensatz zu England und Frankreich noch keinen Nationalstaat, sondern ein Konglomerat von Fürstentümern, Städten und Freistaaten bildete, der Einfluss des Merkantilismus auf den Städtebau zu – allerdings in staatlich verwalteter Form. Bereits seit Beginn des 18. Jahrhunderts machen beispielsweise in Preußen Kategorien der zunehmenden ökonomischen Vernunft die Basis feudalen Machtstrebens und staatlicher Administration aus. Die wichtigste Zäsur bildet in städtebaulicher Perspektive das Jahr 1720. Ab da kristallisiert sich innerhalb der Reorganisation der Staatsverwaltung eine neue Bauverwaltung heraus, auch wirkt eine neuverfasste Stadtpolitik in die Provinzstädte hinein. Aus ihnen resultiert das Verfahren der Retablissements (Wiederaufbau eines infolge von Katastrophen, Kriegen oder Verwahrlosung beschädigten Stadtgefüges) und Etablissements (Neugründung und bauliche Einrichtung von Städten zur Ansiedlung von Bauern, Handwerksbetrieben, Manufakturen und Fabriken).

Möglich wird ein solcher Stadtbau zunächst durch ein neues Besteuerungsverfahren. Kurfürst Friedrich Wilhelm (reg. 1640–88) ersetzt die Kopf- und Grundsteuer durch die indirekte Besteuerungsform der Akzise und begünstigt damit die Bautätigkeit in den Städten. Die weltanschaulich tolerante Politik Preußens wirkt als Magnet für über 200.000 Hugenotten, die aus Frankreich emigrieren und sich als Gewerbetreibende in Klein- und Mittelstädten ansiedeln. Den Kern von Friedrich Wilhelms Peuplierungspolitik bilden die Kolonien, die Ansiedlungsflächen oder gebauten Siedlungen, die ein privilegiertes Siedlerrecht beinhalten, aus denen die Kolonistenetablissements hervorgehen und die neue Elemente des Stadtausbaus darstellen. Peuplierungspolitik ist bereits Wirtschaftspolitik. Die Akzisesteuer rekurriert auf die wirtschaftliche Leistungskraft der Städte, das Steueraufkommen des Staates hängt von ihr ab. Deshalb gehört das bau- und raumregulatorische Vorbeugen gegen die wesentlichen Störungen städtischen Wirtschaftslebens – Brände und Seuchen – von nun an zur Staatsräson und zum Repertoire der Regierungskunst. In städtebaulicher Hinsicht bedeutet das: weniger Gestaltung, weniger Pracht, mehr wirtschaftliche Effizienz und Feuersicherheit.

In der Folge bleiben Regularität, Feuersicherheit und deren baupolizeiliche Regulierung die bestimmenden Kriterien des Stadtbaus in Preußen. Friedrich I. (reg. 1713–40) fördert die Gründung von Handwerks- und Manufakturbetrieben und baut die gemeindliche Selbstverwaltung aus. Die Einführung der Magistratsratsverfassung zwischen 1705 und 1740 drängt alte Oberschichten aus den Stadträten. Sie werden durch königlich bestimmte Magistratsbeamte ersetzt, die von nun an die Stadtplanung unter der Anweisung des Landesherrn vollziehen. „Die Regelung der Stadtbausachen obliegt … der Leitung des Dritten, ab 1764 Zweiten oder Polizei-Bürgermeisters, dem Ersten und Zweiten Senator im Magistratskollegium einer jeden Stadt."[80] Ihren Ausgang nimmt die neue Stadtverwaltungsoffensive „von oben" in der Immobilienkrise in der Residenzstadt Berlin der 1710er Jahre. Weil Friedrich I. bei Amtsantritt den königlichen Hof erheblich reduziert und auf üppige Repräsentation verzichtet, sehen sich viele Handwerker und Dienstleister um ihre Erwerbsmöglichkeiten gebracht und ziehen fort.

Damit fallen die Preise für Bürgerhäuser in Berlin. Friedrich I. reagiert jedoch nicht mit einer Erhöhung der Repräsentationsausgaben des Hofes. Stattdessen forciert er einen merkantilistisch ausgerichteten Stadtausbau. Von solcher Rekonturierung der Städtebaupolitik rühren die fünf Paragraphen zum Artikel XV „Städtesachen", die erstens die Arbeit des neuen Generaldirektoriums ordnen, zweitens die Retablissements und Etablissements in den Provinzstädten organisieren und drittens ein Anwachsen der Einwohnerzahl in den Städten durch den Zuzug von Arbeitsmigranten stimulieren sollen. Am Beispiel der südlichen Erweiterung der Friedrichstadt von 1732 bis 1738 in Berlin lässt sich Friedrichs Politik städtebaulich ablesen. Eine vom Generaldirektorium bestimmte Baukommission sorgt für jene bauliche Normierung und Rationalisierung, die die aus der Idealstadt-Utopie, der Festungsbaukunst und der klassisch-normativen Ästhetik entstammende Regularität als neues städtebauliches Leitbild des Etablissements manifestiert und den ordnungspolitischen Formwillen des Staates unterstreicht. Solcher von oben kommender Städtebau folgt nicht nur den absolutistischen Vorstellungen einer fest umrissenen Struktur endlicher Größe, sondern wirkt auch regulierend auf die Bevölkerungsstruktur der Stadt ein. Im Zuge der Stadterweiterung „hatten die Haushalte nach Aufforderung des Königs die Wohnhäuser auf eigene Kosten zu errichten und hatte jede vierte in der Kernstadt wohnende Familie in die Friedrichstadt umzuziehen."[81] Der städtebauliche Regulationsprototyp Friedrichstadt bekräftigt einerseits die Abkehr von der kompakten barocken Stadt und die Hinwendung zu eher aufgeweiteten, durchgrünten Stadtensembles. In seiner 1775 publizierten Schrift *Grundriß einer schönen Stadt* bezieht sich der Jurist Johan Peter Willbrand (er hatte von 1757–67 als Policeydirektor von Altona gewirkt) auf die Friedrichstadt als modellgebend für den absolutistischen Städtebau.[82]

Obwohl in architektonischer Hinsicht Massivbau und straßenseitig ausgerichtete Traufhäuser sukzessive das traditionelle Fachwerkhaus ersetzen, ist die vorindustrielle deutsche Stadt noch „sehr deutlich geprägt durch den Maßstabsunterschied zwischen den Alltagsbauten für den einzelnen Bürger und den Gebäuden der Gemeinschaft, ... Kirche, Rathaus und Kornhaus heben sich aus dem Maßstab der Bürgerhäuser heraus, ... in Bischofsstädten und weltlichen Residenzstädten kommen noch die Schlösser und Paläste der Herrscher als maßstabsprägende Elemente hinzu."[83] Es überrascht nicht, dass Schinkel als Preußens oberster Baubeamter noch

1826 im Zuge einer Englandreise konstatieren wird, die größten der dortigen Fabriken seien in ihrer Dimension nur mit dem königlichen Schloss in Berlin zu vergleichen. Indes erfährt auch die Kartierung im Zuge der Stadtumbauten neue Techniken: Von 1720 bis 1735 erweitern die Bauverwaltungen die seit 1709 erstellten Urkataster um sogenannte Spezialpläne, die die inneren Stadtstrukturen auf Grundlage eines Kriterienkatalogs fixieren und eine detaillierte Bewertung der Parzellenbebauung erlauben. Zunächst bleiben Friedrichs Stadtneugründungen überdimensioniert. Mit der Fortsetzung der Peuplierungspolitik und der Aufnahme von 15.000 aus dem Salzburger Land vertriebenen Protestanten jedoch füllen sich die Städte, die Komplexität der Verwaltungsaufgaben nimmt zu. Friedrich I. sieht die Erfordernis neuer verwaltungstechnischer Organisationsformen und installiert ein Verwaltungsministerium, das Generalbaudirektorium, in dem Finanzen, Inneres, Handel und Gewerbe, Bergbau und Hüttenwesen Domänen und Forsten sowie Militärökonomie konvergieren.[84] Entgegen seiner Namensgebung ist das Generalbaudirektorium zunächst nicht für direkte Bauaufgaben zuständig. Das ändert sich, als deutlich wird, dass aufgrund der baupolitischen Neuausrichtung und dem darin prononcierten Wechsel vom Pracht- zum Ökonomiebau vor Ort immer seltener auf bewährte Bauabläufe rekurriert werden kann. Probleme am Bau nehmen zu, lokale Verwaltungsbeamte zeigen sich mit den neuen Aufgaben überfordert. Das führt im Jahr 1742 dazu, die Behandlung von Bauangelegenheiten im Generalbaudirektorium festzuschreiben und den Posten des Oberbaudirektors zu schaffen. Weil aber die vorausgesetzte Qualifikation für den Prachtbau sowie für den Ökonomiebau prinzipiell nicht ausreicht, bleiben konkrete Folgen der Umstrukturierung im staatlichen Bauwesen immer noch aus. Der kurmärkische Baudirektor Christian Friedrich Feldmann bringt die Situation auf den Punkt: „Es ist leicht einzusehen, wann auch der geschickteste und größte Baumeister aus Italien bey der Cammer gesetzet würde, so würde derselbe doch nicht diejenige Arbeit zu verrichten im Stande sein, welche Cameralibus von ihm verlanget."[85] Die konflikthafte Gemengelage kulminiert in der Einrichtung des Oberbaudepartments im Jahr 1770, einem weiteren Markstein in der Ausbildung staatlich bestimmter Stadtbaupolitik in Preußen. Mit ihm findet jene Entwicklung ihren vorläufigen Höhepunkt, innerhalb derer die Hofbaukünstler in Bezug auf städtebauliche Fragen zugunsten von Verwaltungsbeamten verdrängt werden. So darf man sich das Direktorium, dem von nun an nicht nur die

Kontrolle und Steuerung der gesamten preußischen Staatsbauverwaltung obliegt, sondern das auch die neue Verwissenschaftlichung des Bauwesens vorantreiben soll, nicht als eine Versammlung von Baukünstlern vorstellen, im Gegenteil. Das von zwei geheimen Finanzräten als Direktoren geleitete Kollegium umfasst Theologen, Mathematiker, Naturwissenschaftler und logiert im oberen Geschoss eines Gebäudes in der Berliner Jägerstraße – gemeinsam mit der Haupt- und Brennholzadministration.[86] Welch tiefen Riss zwischen Architekten und Verwaltungsbeamten der merkantilistisch ausgerichtete Wechsel vom Pracht- zum Ökonomiebau evoziert, wie wenig letztere ersteren zutrauten, städtebauliche Fragen zu regeln, belegt der Streit um die Gründung einer Architekturschule Ende des 18. Jahrhunderts. Bereits 1770 verweigern die Mitglieder des Oberbaudepartments eine Vereinigung mit der Akademie der Künste. Stattdessen rufen sie ab 1775 den *sale de genie*, eine Bildungseinrichtung für Ingenieure, ins Leben. Nach weiteren Auseinandersetzungen mit der Akademie sehen sich Mitglieder des Oberbaudepartments schließlich gezwungen, 1793 selbst eine private Bauschule zu gründen, um so dem „Mangel an geeigneten Baubeamten und Baumeistern abzuhelfen."[87] Die Schule führt im Jahr 1799 zu dem Kompromiss einer Bauakademie, in deren Curriculum der Einfluss der Akademie der Künste stark abgemildert ist. Im weiteren Verlauf münden die zunehmenden inneren Konflikte der Staatsverwaltung um Hoheiten und Befugnisse zur Umwandlung des Oberbaudepartments in die Oberbaudeputation im Jahr 1804. Mit ihr verschiebt sich bis Mitte des 19. Jahrhunderts die verwaltungstechnische Kompetenz im Städtebau. Die Befugnis der Oberbaudeputation reduziert sich auf Gutachtertätigkeiten, Baubeamte sind von der administrativen Exekutive ausgeschlossen. Auch wenn der Oberbaudeputation im Jahr 1810 mit der Berufung Schinkels auch Gutachten „über öffentliche Prachtgebäude und Monumente und über die Erhaltung der öffentlichen Denkmäler und Ueberreste alter Kunst"[88] eine ästhetische, baukünstlerische Komponente zugewiesen werden, wird auf der städtebaulichen Seite der Überhang des technischen bzw. baupolizeilichen Reglements bis zum Ende des 19. Jahrhunderts das Übergewicht behalten. Noch das für Berlin konzipierte Erweiterungskonzept – Plan der Schmuck- und Grenzzüge des königlichen Gartenbaumeisters Peter Joseph Lenné von 1840 – weist höfische Vorstellungen von Stadtraum auf. Als abgeschlossene Komposition orientiert sich der Plan am klassizistischen Modell erster Straßendurchbrüche in Paris vor 1800. An

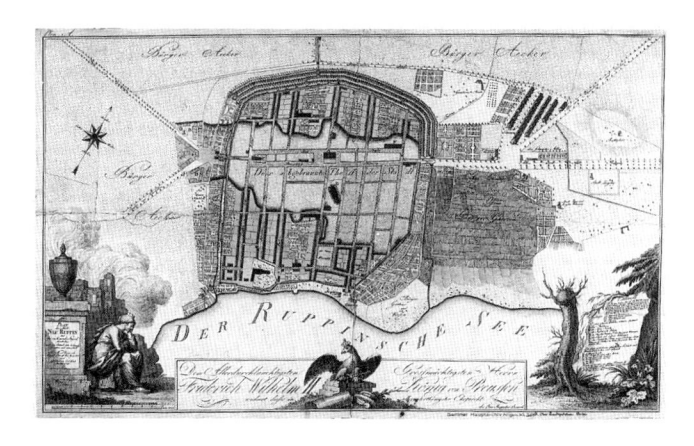

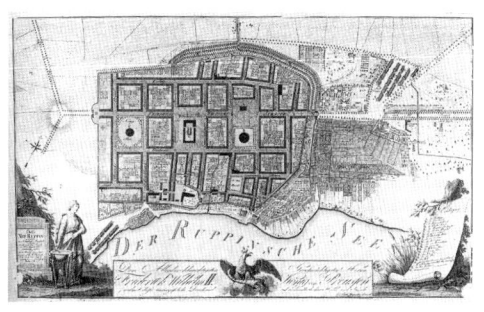

Absolutistischer Stadtumbau:
Neuruppin (1788 bis 1803), Bernhard Mattias Brasch 1789
Rondell Friedrichsstadt in Berlin mit Halleschem Tor, Wilhelmstraße, Friedrichstraße und Lindenstraße (idealisierte Darstellung, um 1732)

dem Beispiel lässt sich ablesen, wie sich die staatlich verordnete Transformation historischer Bestände verstärkt mit den Interessenlagen der Stadtbürger konfrontiert sieht und wie sich ein solches Leitbild immer seltener umsetzen lässt. Die Grundeigentümer, die mit ihren Steuern eine markante Säule des absolutistischen Staats bilden, haben bereits neue Modelle der Vermarktung von städtischem Boden im Blick, sehen in der Ästhetik des Plans nur Platzverschwendung: „Die klassische Qualifikation des höfischen Architekten", so Krau, „versagte gegenüber den neuen Realitäten. Für die Aufgaben der Stadterweiterung waren nun offensichtlich andere Fähigkeiten gefragt."[89] Zwar erhalten ab 1830 „Privatarchitekten" in Preußen die Zulassung, größere Bauaufgaben aber erfolgen durch den Staat. Parallel gewinnt, aus dem Verstädterungsprozess herrührend, der Mietwohnungsbau zunehmend an Relevanz. Mit der Entdeckung des Produktes Wohnen und der damit einhergehenden Verschiebung des Wohnens in den Großmaßstab sind es vor allem Bauunternehmer und Handwerker, die den Stadterweiterungskontext in Bewegung halten und hemmungslos das alte Stadtbild überschreiben.[90] Bis auf die großen Stadtkirchen lässt die Investorentätigkeit in Berlin mittelalterliche Strukturen ebenso verschwinden wie Bebauungen des 17. bis frühen 19. Jahrhunderts.[91]

Das 19. Jahrhundert beschleunigt und verstärkt die geschichtliche Entwicklung einer prinzipiellen Gesellschaftsfrage, die nun neue Sichtbarkeit erlangt und zum Ausgangspunkt neuer Konflikte wird. Die Entwicklung sorgt auch dafür, dass ab Mitte des 19. Jahrhunderts die Ökonomisierung des Wohnens zum dominierenden Mechanismus der Wohnungsversorgung aufsteigt. Die Ökonomisierung resultiert aus einem Wohnungsmarkt, der sich ab dem 18. Jahrhundert vor allem in Handels- und Gewerbestädten herausgebildet hat und der nun beginnt, Wohnraum, in Form von Kauf oder Miete, vom Gebrauchs- zum Tauschwert hin zu verschieben. In diesem Zuge entstehen, vor allem in Deutschland (im Gegensatz etwa zu England, wo das Einzelhaus verbreiteter ist), die Mietblocks und der Typus der Etagenwohnung und damit eine neue Form der räumlichen Aufteilung des Wohnens. Während der vorindustrielle Mietwohnungsbau von einer Durchmischung der Wohnbereiche und fließenden Übergängen bestimmt war, erzeugt die Etagenwohnung mit dem Verteilerstrang des Flurs eine topologische Ausdifferenzierung von Wohnungen ebenso wie Zimmern: „Vom Depot zum Refugium ist also die Kurzbeschreibung eines langfristigen Prozesses, in dessen Verlauf die Gesellschaft – nach dem Ver-

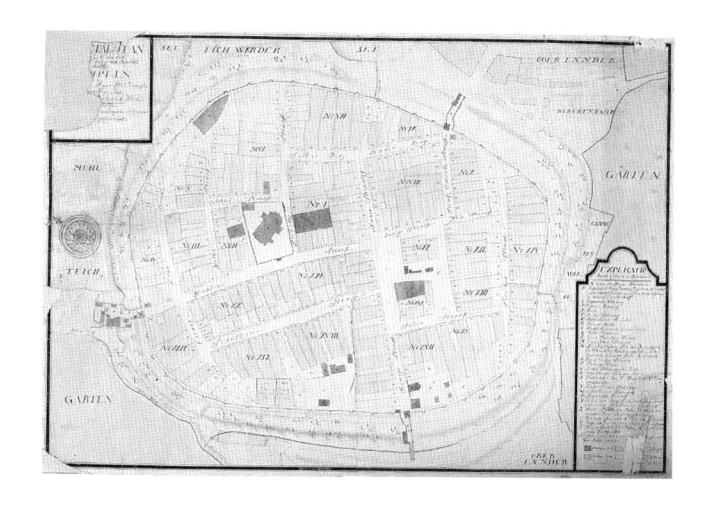

↑ Specialplan Templin, kolorierte Handzeichnung von Ch. D. Wanckenheim, 1725
→ Dismar Degen: Das Retablissement Friedrichstadt in Berlin, um 1735
↓ Peter Joseph Lenné: Plan der projectierten Schmuck- und Grenzzüge von Berlin und nächster Umgegend, 1840

lust der Einheit von Wohnen und Arbeiten – auf dem Weg zur Institutionalisierung eines neuen Wohnmodells für eine veränderte Familienstruktur war. Nachdem sich das anfänglich propagierte Einfamilienhausmodell als ein Fehlschlag herausstellte, wurden der siegreichen Etagenwohnung die zentralen Elemente bürgerlicher Wohnkonzepte zugeschrieben: die strikte Abtrennung von Dritten durch eine individuelle Schwelle und Wohnungstüre zum Schutz der Intimität und Privatheit der Familie; die Differenzierung im Gebrauch der Räume einschließlich der Trennung der Kinder nach ihrem Geschlecht; der Ausschluß aller Familienfremden. Wir finden hier also genau die Elemente wieder, die als typisch für den Modernisierungsprozeß gelten: Disziplinierung, Differenzierung und Rationalisierung in der Ausgestaltung der sozialen Kontakte wie der Raumbenutzung und Beherrschung."[92]

Topologie des Wohnens

Der wilhelminische Staat sieht zunächst, bis auf Rodungsarbeiten der Terraingesellschaften zur Umwidmung von Ackerflächen zu Bauland, von der Intervention in die Wohnungspolitik ab und überlässt sie Investoren und sozialreformerischen bzw. mäzenatischen Akteuren. Die Reformkräfte zielen vor allem auf die hygienischen Bedingungen und die Seuchengefahr in sanierungsfälligen Stadtteilen. Ihnen gilt das Wohnungselend, das heterogene „Durcheinanderwohnen" der städtischen Massen als Form sozialer Verwahrlosung: „So nötigt die heutige Gesellschaft die unteren Schichten des großstädtischen Fabrikproletariats durch die Wohnungsverhältnisse mit absoluter Notwendigkeit zum Zurücksinken auf ein Niveau der Barbarei und Bestialität, der Rohheit und des Rowdytums, das unsere Vorfahren schon Jahrhunderte hinter sich hatten. Ich möchte behaupten, die größte Gefahr für unsere Kultur droht von hier aus. Die Lehren der Socialdemokratie und des Anarchismus werden erst gefährlich, wenn sie auf einen Boden fallen, der so entmenschlicht und entsetzlich ist"[93], lautet Gustav von Schmollers „Mahnruf in der Wohnungsfrage" aus dem Jahr 1887. Derlei Vorstellungen konturieren auch baulich eine Absetzbewegung zur Stadt. Aus England importiert, steht der „Gartenstadt"-Gedanke für eine Dorfarchitektur des Städtischen, für eine konsensfähige Versöhnung von Natur und Industrie. Das zuerst von Ebenezer Howard ausgearbeitete städtebauliche Ideal, dessen typische Wohnform das Reihenhaus mit Garten darstellt, soll durch die genossenschaftliche Organisationsform gemeinschaftliche Lebensformen fördern und gegen Mietwucher angehen.[94]

Bis ins 18. Jahrhundert funktioniert Wohnen noch im Modell des sogenannten „Ganzen Hauses ", das Arbeiten, Wohnen und Leben ebenso verbindet wie die sozialen Schichten. Das untere Segment der Gesellschaft kann es sich ökonomisch nicht leisten, außerhalb des Ganzen Hauses einen eigenen Hausstand zu gründen und findet sich daher räumlich integriert. Neben höher stehenden Kernfamilien wohnen Verwandte, Dienstpersonal, Lehrlinge, Tagelöhner und weitere zeitlich befristete Mitbewohner zusammen unter einem Dach. Die noch unterentwickelte Arbeitsteilung spiegelt sich in der räumlichen Organisation. Strukturell fließen die Räume, als Durchgangszimmer, ineinander und gestalten sich, mit Ausnahme des Küchenbereiches, multifunktional: „Um in einen bestimmten Raum zu gelangen, mußte man also jeweils andere Räume durchqueren und damit automatisch am Leben der dort sich aufhaltenden Personen teilnehmen."[95] Mit den ökonomischen Grundlagen der Industrialisierung, der zunehmenden Arbeitsteilung, der Expansion des wirtschaftlichen Handels und der Steigerung der Produktion, den neuen Arbeitsstätten (Manufakturen und später Fabriken) isoliert sich die Wohnstätte nach außen hin von der Arbeit. Damit wandelt sich auch die innere Ökonomie des Hauses. Die neuen Bereiche der Warenzirkulation, unter die auch Nahrungsbereitung, Versorgung, Kleidung fallen, lösen die autarke Vorratswirtschaft des Ganzen Hauses ab. Konsumgüter des Marktes versorgen von nun an die Etagenwohnung.[96] Weil in diesem Zuge Lohnarbeit zunehmend Hausarbeit ersetzt, fallen auch die Arbeiten zur Instandsetzung des Hauses und zur Kultivierung und Bebauung des Grundes an professionelle Lohnarbeiter. Indessen wandelt sich der Wohnraum zur monofunktionalen Einheit der bürgerlichen Familie. Die Privatsphäre, die sich gegen den öffentlichen Austausch und die Kapitalzirkulation des Marktes absetzt, wird erfunden. Das gesellschaftliche Segment Familie bildet das lebensweltliche Pendant zur instrumentellen Welt der zweckhaften Rationalität von Arbeit und Kapital. „In der Aufwertung und Kultivierung der familiären Szene drückt sich das Bestreben aus, den beruflichen und geschäftlichen, von der ‚Rationalität des Betriebes' geprägten Verkehrskreis freizuhalten von den als störend angesehenen affektbetonten Verhaltensweisen und Triebregungen. Die Privatisierung und räumliche Verdrängung der Lust und Unlustregungen in den Wohnbereich erwies sich als ein Mittel, um den Triebhaushalt wirksamer als zuvor zu beherrschen und zu entschärfen."⁹⁷ Es wird Ziel der Wohnpolitik des 20. Jahrhunderts sein, das Leitbild bürgerliche Wohnung (von der Toilette auf halber Treppe bis zur Massenstandardwohnung) auch den untersten Schichten zu ermöglichen.

Wir sagten: Zunächst ist Wohnungsbau im Deutschland des 19. Jahrhunderts strukturell vorwiegend Angelegenheit privater Träger. Als Puffer für sozial Schwache wirken, an verschiedenen lokalen Stellen, karitative Einrichtungen. In dem Bereich treten vor allem die Sozialreformer hervor, die, inspiriert von den Beschreibungen englischer Industriestädte und dem dortigen Wohnungselend, beginnen, die Frage der Verstädterung und der damit verbundenen Problematik der öffentlichen Wohnungsfürsorge zu thematisieren. Neben Persönlichkeiten wie Victor Aime Huber, Julius Faucher und Karl Knies engagieren sich der 1844 gegründete und von Adolph Lette geleitete „Verein für das Wohl der arbeitenden Klassen in Preußen" ebenso wie der später ins Leben gerufene „Kongreß deutscher Volkswirthe" im Konnex der „Wohnungsfrage", die sie als integralen Bestandteil der „Sozialen Frage" diagnostizieren. Später treten der „Verein für Socialpolitik", der „Deutsche Verein für öffentliche Gesundheitspflege", der „Bund für Bodenreform", und der „Verein für Wohnungsreform" sowie die „Deutsche Gartenstadtgesellschaft" hinzu. Aus der Debatte gehen auf der praktischen Seite kleine gemeinnützige Baugesellschaften hervor, teils auf Grundlage von Aktiengesellschaften, teils als Genossenschaften. Bereits im Jahr 1841 unternimmt der königlich preußische Landbaumeister Carl Wilhelm Hoffmann den Versuch, einen „Häuserbau-Verein" zu gründen, allerdings ohne Erfolg, weder der Berliner Magistrat noch die Bauherrenschaft zeigen Interesse. 1846 probiert es Hoffmann erneut und gründet den „Verein zur Verbesserung der Arbeiterwohnungen", für dessen konzeptionellen Überbau er die Schrift *Die Aufgabe einer Berliner gemeinnützigen Baugesellschaft* verfasst. Aus den Anstößen geht mit der „Berliner gemeinnützigen Baugesellschaft", deren Gründungsaufruf im April, die Annahme der Statuten am 15. November 1847 erfolgt, die älteste ihrer Art hervor. Mit und in der Gesellschaft, der engagierte Bürger der Stadt angehören, unter ihnen Kammergerichtsassessor Gaebler, Graf Eugen von Dönhoff, drei Stadträte, sechs Bankiers, neun Kaufleute, drei Buchhändler, fünf Fabrikanten und etwa zehn Handwerksmeister, werden bereits jene Kriterien der Gemeinnützigkeit ausgearbeitet, die viel später in das Wohnungsgemeinnützigkeitsgesetz eingehen werden. Als Kernpunkte dessen lassen sich, neben der Gewinnbeschränkung und einer Festschreibung der Dividende auf vier Prozent, die Ausrichtung auf Bedürftige, die Verpflichtung zum Bau von Wohnungen und die Zweckbindung der Mittel nennen. Wohnungsversorgung richtet sich, in den Worten Gaeblers, an die, „die noch keine eigene Wohnung, eigene Möbel und einen eigenen Hausstand, aber doch ihr notdürftiges und zwar unfixiertes Auskommen haben."[98] Bis 1850 erstellt die Gesellschaft bereits 92 Kleinwohnungen. Obgleich die hohe Bauqualität, trotz Renditeverzicht, relativ hohe Mieten verursacht, ist die Nachfrage hoch, auf jede Einheit kommen über 20 Interessenten. Das Spektrum der Klientel reicht von Handwerkern, kleinen Beamten, Pensionären und Angestellten bis hin zu Fabrikarbeitern. Zunächst als Kapitalgesellschaft konzipiert, handelt die Baugesellschaft ohne staatlichen Auftrag. Weil sich, auf Grund der Gewinnbeschränkung, die Beschaffung von Kapital als problematisch erweist, kommt es schließlich 1856 zur Gründung einer Stiftung. Die „Actien-Baugesellschaft Alexandra-Stiftung", die auf eine Spende des russischen Zaren Nikolaus I. und seiner Gemahlin Alexandra zurückgeht, soll den Kapitalbestand der Gesellschaft liquide halten. Dennoch bleibt die ökonomische Lage gemeinnütziger Baugesellschaften prekär. Sie verbessert sich erst mit der Änderung der Rechtslage durch das Invaliditäts- und Alterssicherungsgesetz vom 22. Juni 1889.

Neben den wohlfahrtsorientierten Baugesellschaften etablieren sich die Baugenossenschaften als wichtige Akteure in der gemeinnützigen Wohnungswirtschaft. Insbesondere der Erlass des Genossenschaftsgesetzes von 1868 bildet den Startschuss für zahlreiche Gründungen in Deutschland, so der Baugenossenschaft München 1871 (die älteste noch bestehende ihrer Art in Deutschland), des Bremer Bauvereins (1873), der Bau-Spargenossenschaft zu Breslau (1868), des Bauvereins zu Charlottenburg (1872) und der Baugenossenschaft zu Darmstadt (1868). Auch die gewerkschaftlichen Organisationen stützen den Aufbau von Baugenossenschaften, aus ihnen gehen Formationen wie die „Allgemeine Deutsche Schiffszimmerergenossenschaft" in Hamburg, der „Flensburger Arbeiterbauverein" und der „Spar- und Bauverein Hannover" hervor. Allerdings stehen diese Vereinigungen bis zur Aufhebung des Sozialistengesetzes 1890 unter besonderer Beobachtung der staatlichen Behörden. Wenn der Genossenschaftsgedanke zu Beginn noch die Idee der Eigentumsbildung verfolgt, lässt sich dies bald, vor allem in den Städten, ökonomisch nicht mehr realisieren. Der „Spar- und Bauverein Hannover" ist einer der ersten, die ganz auf

Mietwohnungsbau setzen, ein Konzept, das später vom „Göttinger Spar- und Bauverein" (1891) sowie dem „Berliner Spar- und Bauverein" (1892) übernommen wird. Auch hier schafft die Politik mit dem Reichsgenossenschafts-Gesetz von 1889, das die Haftungsbegrenzung der Genossenschaftsmitglieder regelt, die rechtlichen Grundlagen für die Entfaltung wohnungsgenossenschaftlicher Selbsthilfe und eine solide rechtliche Basis für die Neugründung von bis heute weit über 1000 Wohnungsbau-Genossenschaften. Der *output* der Genossenschaften ist immens, vor allem unter Berücksichtigung der Tatsache, dass sie ohne direkte staatliche Hilfe auskommen. Allein in Berlin gelingt es ihnen, von 1890 bis 1915 jährlich rund 5000 Wohnungen zu erstellen.

Weil sich die Erschließung der Stadtregion durch den Ausbau öffentlicher Verkehrsinfrastruktur stark verbessert, kommen für Neubauten unterschiedlichste Lagen in Betracht, und, je nach Lage, unterschiedliche Bautypologien. Auf diesem Weg antworten die Wohnungsgenossenschaften auch formal-baulich auf die Wohnprodukte der Spekulanten des privaten Wohnungsmarktes. Wegen der geringeren Bau- und Bodenpreise zeichnen sich die Grundstücke in der Peripherie durch eine besondere Attraktivität für die Genossenschaften aus. Dort entstehen zum einen Wohnhöfe, die, wie beispielsweise die Wohnanlage Fritschweg von Paul Mebes in Steglitz, eine geringere Bauhöhe und -dichte aufweisen als die innerstädtischen Wohnanlagen. Auch der innerstädtische Block erweist sich nicht nur für die Bürgerklientel der Terraingesellschaften als interessant (mit Wohnpalästen wie unter anderem im Bayrischen Viertel oder am Rüdesheimer Platz). Die Genossenschaften entwickeln an ihm, wie mit bescheidenen ökonomischen Mitteln funktionale Verbesserungen erreicht werden können. Beispielhaft hierfür steht hier der von Alfred Messel in Friedrichshain für die Mitglieder der „Wohnungsbaugenossenschaft 1890" entworfene Wohnungsbau, der sich erstaunlich integrativ in die innerstädtische Bebauung einfügt. Bei hoher Dichte kommt der auf der Pariser Weltausstellung von 1900 prämierte Bau, anders als der Berliner Standard-Block, ohne Hinterhäuser und Seitenflügel aus und lässt so „für jede Wohnung Licht, Luft und Sonne von der Straßenseite wie vom geräumigen Hof her zu."[99] Bautypologisch avanciert zeigt sich ebenso der von Paul Mebes für den „Beamten-Wohnungs-Verein" in Charlottenburg gestaltete Innenstadtwohnungsbau wie die von Messel entworfene und 1893–94 erbaute Reformwohnanlage Haus Sickingenstraße 7–8 in Moabit. Dort kauft die

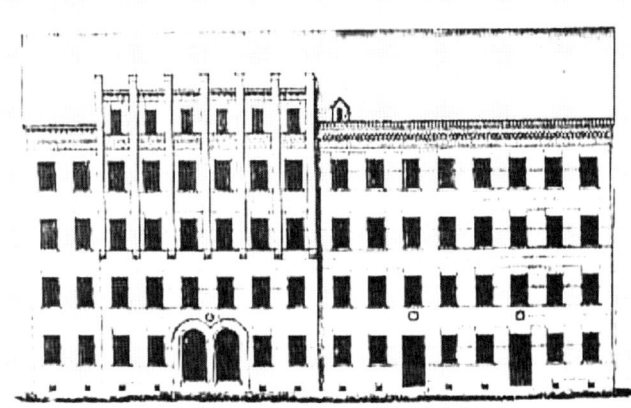

↑ Carl Wilhelm Hoffmann, Ansichtszeichnung Wohnhaus Wilhelm-Pieck-Straße 85 der „Gemeinnützigen Baugesellschaft" zu Berlin Am 1.1.1850 bezogen, sind sie die einzigen heute noch erhaltenen Gebäude dieser Baugesellschaft.
↓ Alfred Messel: Sickingenstraße 7–8 in Berlin, 1893–94

↑ Carl Wilhelm Hoffmann, Grundriss Wohnhaus Wilhelm-Pieck-Straße 85 der „Gemeinnützigen Baugesellschaft" zu Berlin

Genossenschaft nebeneinander liegende Grundstücke und ermöglicht es auf die Weise, den Innenhof geräumig und hell zu gestalten. Ein- und Zweizimmerwohnungen erhalten mit Innentoilette, Heizung und Balkon eine gute individuelle Ausstattung, ergänzt um Gemeinschaftsflächen wie Baderaum und Bibliothek, die das Motto der Genossenschaften „gemeinschaftlich und gesund leben" baulich umsetzen sollen.

Neben Genossenschaften und Baugesellschaften tritt mit dem Werkswohnungsbau ein weiterer gewichtiger Produzent von Wohnraum in der Wohnfürsorge hinzu. Unter den Bedingungen neuer Arbeitsteilung gelangt die Topologie des vormaligen Ganzen Hauses zu einem neuen Maßstab. Verteilten sich einst die Arbeitenden im Wohnraum, siedeln jetzt Unternehmen Arbeiter um die Fabriken an, stützen sich allerdings zunächst auf die Erfahrungen der Manufakturen auf dem Lande.[100] Außerhalb der Stadt erwächst den Unternehmen mit dem Werkswohnungsbau somit eine neue Möglichkeit, Stammarbeiter nicht nur mit Wohnraum zu versorgen, sondern auch sesshaft zu machen. Auf dem Weg entstehen, um die Fabriken herum, Werkwohnungssiedlungen außerhalb der Stadt. Der Erfolg der Maßnahmen führt dazu, dass die Unternehmen nun auch in den großen Städten nach und nach beginnen, Mietshäuser zu errichten. Eine von der preußischen Regierung einberufene Enquête zu freiwilligen Wohnungseinrichtungen durch Arbeitgeber von 1875 gibt Auskunft darüber, dass zum Zeitpunkt der Erhebung bereits 1655 von 4860 erfassten Betrieben wohnungsfürsorgerische Maßnahmen eingeleitet oder vorgenommen haben. Das Gros stellen preiswerte Mietwohnungen für Belegschaftsangehörige, insgesamt zählt der Bericht 8571 Häuser für 35.538 Wohnende. Auch in anderen deutschen Bundesländern, vor allem Bayern und Sachsen, zeigen entsprechende Erhebungen ähnliche Bemühungen beim beginnenden Werkswohnungsbau.[101]

Geschichte und Stadtbewusstsein

In Bezug auf die wissenschaftliche Einordnung der Wohnungsfrage geht Deutschland einen Sonderweg, auch deshalb, weil die theoretische Auseinandersetzung mit ihr zu einem Zeitpunkt beginnt, als Deutschland sich noch industriell unterentwickelt zeigt. Die Vorstellung von urbanem Wohnen und dessen Problematiken entstammt daher zumeist Darstellungen englischer, französischer und belgischer Verhältnisse. Obwohl der großmaßstäbliche Landexodus und die Stadtexplosion Deutschland noch bevorstehen, wirkt das Bild der zukünftigen Metropole in das Denken von und über Stadt hinein. Das sorgt dafür, dass die deutsche Großstadt bereits über ein negatives Image verfügt, bevor sie überhaupt existiert. So forciert der Volkskundler und Kulturhistoriograf Wilhelm Heinrich Riehl mit seinen Schriften bereits Mitte des 19. Jahrhunderts das antiurbane Ressentiment, welches sich als typisch für das gespaltene Verhältnis der Deutschen zur Stadt abzeichnet. Seinen späteren Epigonen, den Sozialtheoretikern Lorenz von Stein, Otto Ammon, Georg Hansen und Ferdinand Tönnies vorangehend, argumentiert Riehl anhand der romantisch-idealistischen Dichotomie, die das ländlich-kleinstädtische Idyll gegen gesellschaftliche Atomisierung und Entwurzelung des Einzelnen in der Großstadt ausspielt. Riehls epochales Werk *Naturgeschichte des Volkes als Grundlage einer deutschen Socialpolitik* erscheint ab 1851 in vier Bänden. Hier akzentuiert Riehl bereits jenen Organizismus, der in folgenden Generationen wirkmächtig die Vorstellung von Stadt als organischer Entwicklung bestimmen soll. Riehls Argumentation gründet auf der Parallelziehung von Natur und Gesellschaft. Gegenläufig zur Stadt als Artefakt setzt Riehl die *conditio sine qua non* einer aus natürlichen Bedingungen heraus gedeihenden „Naturgesellschaft". Die an den Prototypen London und Paris demonstrierte Großstadt hingegen gilt Riehl als Exempel für „Monstrosität": „Die gesunde Eigenart Altenglands wird in London begraben, Paris ist das ewig eiternde Geschwür Frankreichs."[102] Gegen die zersetzend wirkende Dynamik städtischen Bürgertums und Proletariats, welche der Autor unter der Kategorie „Kräfte der socialen Bewegung" subsumiert, positioniert Riehl die Ontologie der „natürlichen" Landbevölkerung, der er die positive Leistung „socialen Beharrens"[103] attestiert. Ferner ist Riehl einer der ersten, die für die neue Siedlungs- und Wohnarchitektur den Begriff der „Mietskaserne" gebrauchen.

Der Städtebau selbst hingegen erringt mit den Publikationen der Autoren Reinhard Baumeister (*Stadterweiterungen in technischer, baupolizeilicher und wirtschaftlicher Beziehung*, 1876), Camillo Sitte (*Der Städtebau nach seinen künstlerischen Grundsätzen*, 1889) und Joseph Stübben (*Der Städtebau*, 1890) diskursiv bedeutenden Status. Baumeisters Schrift, die als die erste wissenschaftliche Publikation der Disziplin Städtebau gelten kann, macht bereits mit ihrem Titel deutlich, dass es ihr um das Zusammenwirken von Technik, baupolizeilicher Gesetzgebung bzw. Regulierung und Ökonomie zu tun ist. Im Vorwort erläutert der Professor der Ingenieurwissenschaften an der Technischen Hochschule Karlsruhe, warum jetzt eine neue Epoche des baulichen Umgangs mit Stadt sich entfaltet: „Die Erweiterung der Städte erfolgt gegenwärtig nicht mehr so rasch, ja überstürzend, wie vor einigen Jahren. Um so eher ist ein planmäßiges Verfahren möglich und rathsam, durch welches die ferner zu erwartende Entwicklung zum allgemeinen Besten geleitet werden kann … Das vorliegende Buch … will theils Bestehendes schildern, Bauten und Entwürfe, Meinungen und Verordnungen, theils mit Hülfe der Kritik und der Wissenschaft für die Zukunft vorbereiten helfen."[104] Unter dem von ihm postulierten Credo des Städtebaus – „neue Wohnungen zu schaffen und den Verkehr zu erleichtern" – sucht Baumeister, nicht ohne die „malerische Architektur im Straßenraum zu stärken"[105], das Stadtbauwesen nach allgemeinen, technischen, administrativen und ökonomischen Zügen zu ordnen. Leitend ist für Baumeister eine konservativ geprägte Kritik der aktuellen Situation in den Städten. Ausgehend von Statistikanalysen erkennt der Ingenieur den Kern der Problematik in der Frage der Kapitalakkumulation und Bevölkerungskonzentration gleichermaßen. Hier ist es „die moderne Entwickelung der Technik"[106], die auf den Zuwachs der städtischen Bevölkerung einwirkt und überhaupt erst die „sociale Frage im heutigen Sinne, … Fabrikproletariat [und] übertriebenen Andrang in die städtischen Gewerbe"[107] hervorruft. „Theoretisch geht die Zunahme der Bevölkerung nach geometrischer Progression vor sich, da im Industrie- und Handels-Leben jeder neue Producent zugleich Consument wird und die Anziehungskraft einer Stadt auf diesen Gebieten etwa proportional ihrer Einwohnerzahl sein mag."[108] Baumeister bezieht sich hier auf Engels, nach dessen These „die Wahrscheinlichkeit der Vermehrung eines Conglomerats von Personen und Gütern mit seiner Grösse zunimmt."[109] Baumeister vergleicht nun den Zuzug neuer Einwohner mit den Zinsen eines Kapitals, „welche dem letzteren stets zugeschlagen werden, und die Einwohnerzahl vergrössert sich wie ein auf Zinseszins stehendes Kapital."[110] In dem Kontext gilt Baumeisters sich insbesondere in Ansichten zur Wohnungsfrage und zum Enteignungsrecht artikulierende Rüge dem grassierenden Wirtschaftsliberalismus im Stadtraum. Weil liberales Recht Eingriffe in die privaten Nutzungsrechte von Grundstücken innerhalb der Stadt nicht zulässt, kann die öffentliche Hand kaum ordnend in diese hineinwirken. Baumeister stört der „mühelos ersessene Gewinn" der

Immobilieninvestoren und er identifiziert in seiner Schrift *Wirtschaftliche Aufgaben des Ingenieurs* die Bodenspekulation als „das Grundübel der Wohnungsfrage."[111] Als Lösungsprogramm schlägt Baumeister eine Rekonturierung des Gemeinschaftsgutes Stadt vor, in der die „Regulierung von Grundstücken" ebenso wie die Expropiation das Zentrum der Überlegungen bilden: „Die in Betracht gezogenen Modificationen der geltenden Expropriationsgesetze mit Bezug auf Stadterweiterungen sollen natürlich nicht bloß der Gemeinde zu Gute kommen, … sondern jeder Körperschaft oder Privaten, welchen aus Gründen des öffentlichen Wohls das Expropriationsrecht auf städtischem Gebiet ertheilt wird. Eine Baugesellschaft in Zeiten der Wohnungsnoth, eine Wohlthätigkeitsanstalt, eine städtische Eisenbahn-Compagnie, unter Umständen selbst ein Erholungslokal, verdienen dieselbe Begünstigung. Es kommt nur darauf an, genau zu prüfen, und nöthigenfalls durch Garantieen zu sichern, daß das Gemeinwohl wirklich gefördert wird."[112] Das solche Forderungen der Öffentlichkeit radikal erscheinen können, weiß Baumeister und argumentiert in seiner Rektoratsrede an der Technischen Hochschule von 1895: „Zwar trägt dieses Verfahren einen sozialistischen Anstrich, aber ein allgemein empfundenes Bedürfnis, bei welchem der Einzelne sich gar nicht helfen kann, rechtfertigt eben auch das Eingreifen der Gemeinschaft als solcher."[113]

Mit der im Titel vollzogenen Bezugnahme auf „künstlerische Grundsätze" lassen Sittes Erörterungen zum Städtebau eine Absetzbewegung zu Baumeister erkennen. Sittes Leistung besteht in dem Aufzeigen ästhetischer Wahrnehmung von Stadträumen im Konnex einer Architekturtheorie, die, entgegen dem bis dahin gängigen Fokus auf Skulptur und Bild, auf die psychologischen Aspekte räumlicher Wahrnehmung und Gestalt abhebt. Der Stadtbautheoretiker schließt hier an physiologische Wahrnehmungs- bzw. Gestalttheorien an.[114] Im selben Zusammenhang steht ferner Sittes Kritik an der Ingenieurskunst, die die Stadt weniger als Lebens- denn als Funktionsraum betrachte. Damit prononciert Sitte, im Rückgriff auf mittelalterliche Stadtmorphologien, jene künstlerische Form der Stadtplanung, die bewirkt, dass sich „der Städtebau zu jener Zeit von einer Ingenieur- zu einer architektonischen Disziplin"[115] verschiebt. Baumeister, den Sitte als „ersten und bisher einzigen Theoretiker des deutschen Städtebaus" bezeichnet, behandelt gestalterische Fragen nur am Rande. Auf ihn antwortet Sitte mit jenem Paradigmenwechsel, dessen Betonung der „künstlerischen Grundsätze" als eine Replik auf die defizitäre Behandlung der Gestaltung im Verstädterungsprozess seit Mitte des 19. Jahrhunderts zu werten ist und der dem Verfasser den Titel „Wiederbegründer der Stadtbaukunst" einträgt.

Allerdings bleibt Sittes Strategie der Fundierung neuer Gestaltungskriterien in mittelalterlicher Stadttypologie umstritten.[116] Ebenso wie Baumeister übt sich Sittes Städtebaukonzeption in Ökonomiekritik, wendet sich gegen „das regelmäßige Parcellieren vom rein ökonomischen Standpunkte aus", die vorgebliche Ursache für das „noch immer landesübliche Blockrastrum für Stadterweiterungspläne"[117]. Sein Gegenvorschlag indessen, die Berücksichtigung des „Malerischen" im Städtebau spricht von jener konzeptionellen Dichotomie von Kunst vs. Ökonomie, die die Planer des Neuen Bauens später zu überwinden suchen. Ähnlich wie Sitte greift Stübben in seinem Buch zum Städtebau, das in erster Auflage 1890 in Darmstadt erscheint, auf Skizzen bestehender Platzanlagen zurück, ergänzt sie jedoch um Straßenpläne und -querschnitte sowie Pläne ganzer Stadtteile und Städte. Auch fügt Stübben seinen Grundsatzthesen einen Anhang gültiger Gesetze, Statuten, Verordnungen und Vereinsbeschlüsse hinzu. Während Baumeister gestalterische Gesichtspunkte noch unter den technischen Aspekten des Bauens subsumiert, konturiert Stübben städtebauliche Gestaltung bereits mit dem architektonischen Begriff des „Entwurfs". Mit der Darstellung des gesamten städtischen Systems bis in seine Einzelkomponenten hinein vollzieht Stübben auch eine Erweiterung von Sittes Überlegungen. Man wagt indes nicht zuviel, wenn man sagt: Bis zur Theoretisierung des Städtebaus durch die oben genannten Autoren sowie Ildefons Cerdà in Barcelona oder Raymond Unwin in London zeichnet sich das 19. Jahrhundert in Bezug auf den Städtebau noch durch Bewusstlosigkeit gegenüber dem urbanen Maßstab aus. Theo Hilpert wird später formulieren: „Die Stadt des 19. Jahrhunderts war eben nicht eine historische Stadt (…) sondern ihre Desartikulation – das Ergebnis eines fünfzigjährigen Prozesses."[118]

Als wichtigster Treiber städtischen Bauens und der damit einhergehenden Stadterweiterungen verfügt das Bürgertum selbst weder über die Fähigkeit zur noch über die Instrumente einer überschauenden Planung von Stadt.

Stadtbau und Gesetz

Die Kodifizierung des Städtebaus geht noch vom Staate aus. Stadterweiterungspläne werden von staatlichen Institutionen erstellt und die von ihnen vorgegebenen Rahmenbedingungen richten sich nach dem liberalen Recht. In Berlin unterstehen Städtebau und Bauwesen bis 1853 noch einer Bauordnung aus dem Jahre 1641. Sie wird ergänzt durch eine Verordnung aus dem Jahre 1763 und die sich anschließenden „Spezial-Bau-Observanzen für Berlin". Nach der baurechtlichen Neujustierung haben sich die Partikularinteressen der Bauträger bzw. Grundeigentümer an den staatlichen Bauordnungen zu orientieren, in denen vornehmlich pragmatische Aspekte wie Gefahrenabwehr eine Rolle spielen. Von dem Architekturkritiker Werner Hegemann und seinem 1930 veröffentlichten Werk *Das steinerne Berlin* stammt die eindrücklichste Phänomenologie der städtebaulichen und wohnräumlichen Auswirkungen dieses Verfahrens: „Die neue ‚Baupolizeiordnung für Berlin und dessen Baupolizeibezirk' von 1853 dachte fast nur an möglichste Sicherung vor Feuergefahr. (…) Dieser Feuerschutz war so übertrieben und stellte so kostspielige Anforderungen, dass der Bau vernunftgemäßer billiger Häuser unmöglich wurde. Dafür durfte aber an Straßen von mehr als 15 Metern Breite beliebig hoch gebaut werden; auch an Straßen von weniger als 15 Metern waren noch Gebäudehöhen von 11/4 Straßenbreite zulässig. Selbst diese ungenügende Beschränkung galt nur der Fassade. Auf den großen Hintergeländen gestattete die Regierung die berühmten Berliner Höfe; sie brauchten nur 5,3 Meter breit und 5,3 Meter tief zu sein und wurden von Hinterhäusern umgeben, die 22 Meter oder genauso hoch sein durften wie die Vorderhäuser an der Straße. Mindestens die Hälfte der Fenster dieser Häuser ging auf die kleinen Hinterhöfe. Eine Beschränkung der ausnutzbaren Baufläche gab es nicht. Die Beziehung zwischen Straßenbreite und Haushöhe war also nur eine Art Fassadenprahlerei. Auf dem Hintergelände wäre die preußische Regierung wohl auch ganz ohne Luft- und Lichtschächte ausgekommen – gegen fensterlose Räume machte sie keine Einwendungen –, wenn sie nicht vor dem Feuer Angst gehabt hätte: Die von ihr geforderten Höfe hatten gerade die Mindestbreite, die zum Umdrehen der Feuerspritze erforderlich war. Den ein- und ausfahrenden Feuerspritzen zuliebe forderte die Bauordnung auch die teuren 5,3 Meter breiten Zufahrten; doch erlaubte sie den Fenstern der fünfgeschossigen Hinterhäuser, sich benachbarten Brandgiebeln

auf 250 Zentimeter zu nähern, denn das genügte dort, wo keine Fassadenwirkung erforderlich schien, zum Durchbringen der Feuerspritze."[119] Solche Regelung erlaubt, auf einer Grundstücksfläche von 100 Quadratmetern 325 Menschen unterzubringen. Die von vielen Städten in Deutschland nachgeahmte Bauordnung besteht bis 1887. Jeder Versuch der Änderung muss den Grundbesitzern hart abgerungen werden. Auch lasten das Allgemeine Landrecht und die Ministerialentscheidung von 1840 sowie die staatliche Entschädigungspflicht für geopfertes Straßenland auf dem städtischen Haushalt. Derlei Konglomerat verdanken wir jene polizeiliche Verordnung, die verheißt, dass das Vermieten in Hinterhöfen erlaubt ist. Umgekehrt lässt sich die Polizei die Erschließungswege von den Grundbesitzern gut bezahlen. Als sie „die notwendigen Wohnstraßen"[120] weglässt, bringt sie die Grundbesitzer „zur kostenlosen Hergabe des Landes für die Verkehrsstraße sowie zur Pflasterung der (an Stelle der Wohnstraßen) entstehenden ersten, zweiten, dritten und vierten Hinterhöfe." Im Umkehrschluss ermöglicht diese Regelung den Bauherren, „sich durch fünf- bis siebengeschossige Bebauung mit Vorder-, Neben- und Hinterhäusern nebst Eskamotierung der unentbehrlichen Hausgärten überreichlich schadlos zu halten."[121] Solches sind die Grundlagen der Gründerzeit, von der Tom Sieverts unlängst sagte: „Als wir in den 60er Jahren neu über das Bauen nachdachten, war uns das Elend der Gründerzeit noch gegenwärtig."[122]
Gestaltung von Stadt ist Staatssache. In Berlin beauftragt der Polizeipräsident den Bauingenieur James Hobrecht, seit 1858 Regierungsbaumeister der Baupolizei, mit der Ausarbeitung des „Bebauungsplans der Umgebungen Berlins", der am 2. August 1862 in Kraft tritt. Der Plan ist nötig, denn im explodierenden Berlin, das zu der Zeit bereits 550.000 Einwohner zählt, grassieren Krankheiten, die hygienischen Zustände sind miserabel. Das Abwasser fließt in den Rinnsteinen, an der städtischen Peripherie hausen die Armen und Arbeitssuchenden in Bretterverhauen. Die Märzrevolutionäre setzen die Regierenden mächtig unter Druck. Vor diesem Hintergrund entwirft Hobrecht keinen konkreten Bebauungsplan, sondern eher eine strategische Folie. Neben der Kanalisation, deren Bau 1873 beginnt, enthält der Plan lediglich Straßen- und Fluchtlinienverläufe. Das Modell, an dem sich Hobrecht orientiert, ist das Modell der großen Haussmann'schen Straßendurchbrüche in Paris. Aus dem französischen Vorbild resultieren zwei Ziele: zum einen die großflächige Erschließung Berlins vermittels eines weiträumiger angelegten Nahverkehrs, zum ande-

ren das Begünstigen bauökonomischer Effekte. Das gelingt: Noch bevor die Mehrzahl der vorgesehenen Straßen überhaupt angelegt ist, sorgt der Plan bereits dafür, dass Grundstückspreise in den zur Bebauung vorgesehenen Gebieten in die Höhe schnellen. Somit resultiert letzlich das Ausmaß der vom Plan vorgesehenen Bauvolumina zum einen aus der Tatsache, dass die Finanzierung der neu anzulegenden Erschließungswege Staatsaufgabe ist, die öffentliche Hand also Geld braucht und sich dieses von den Bauherren holen will, und zum anderen daraus, dass die Eigentümer trotz Erschließungs- und Baukosten eine Rendite anstreben. Die Bebauung selbst obliegt den Entscheidungen der jeweiligen Eigentümer innerhalb des Bauordnungsrahmens (wie die Feuerspritzenregelung). Als entscheidender Faktor erweist sich die Aufteilung der Stadt in großflächige Grundstücke, auf denen nahezu die gesamte Fläche bebaut werden darf. Daraus entspringen jene nur durch enge Höfe getrennten Querblöcke zwischen Vorderhaus und Seitenhäusern, wie sie für Berlin typisch sind.

Das Ergebnis des Plans sind Großmietshäuser in Geschossbauweise mit mindestens zwölf Wohnungen, deren Innenbereich mit Hinter- und Seitenhäusern nur die geforderten Mindesthofflächen unüberbaut ließen. Diese sogenannten Mietskasernen, die „vier Millionen künftiger Berliner zum Wohnen in Behausungen verdammten, wie sie sich weder der dümmste Teufel noch der fleißigste Geheimrat oder Bauspekulant übler auszudenken vermochte"[124], sind indes nicht Hobrecht anzulasten. Die städtebauliche Extremverdichtung ist der ökonomischen Konstellation in Verbindung mit der Baupolizeiordnung von 1853 ebenso zuzurechnen wie dem Steuersystem, das die Straßen- und Kanalisationsbeiträge der Anlieger nach der Frontlänge der Gebäude und nicht nach der Grundstücksfläche oder dem umbauten Raum erhebt. *In toto* indes wirken Bauordnung und Fluchtlinienplan als „Einladung zur intensivsten Flächenausnutzung, die es je in deutschen Städten gegeben hatte."[125] Mit ihr emergieren die Terraingesellschaften als jene Investoren neuen Typs, die den Wohnraum im Konnex von Städtebau als Warenform in großem Maßstab interpretieren. Im Zusammenspiel mit den Hypothekenbanken entdecken und erfinden sie mit ihrem Stil des investiven Hausbaus das Produkt Wohnen und lösen die Bauherren ab, die bis zur Mitte des 19. Jahrhunderts Boden-eigentümer, Vermieter und Wohnenden in einer Person vereinten. Ihre Bürgerschaft, die sich mit dem Wohl und Wehe der Stadt verband, tritt nun den Wohnraum an anonyme Kapitalgesellschaften ab, die nur ein Ziel verfolgen: maximale Ausnutzung des Stadtraums als Bodenwert.[126]

Mit dem Postulat von und dem Glauben an Stadtwachstum erweist sich Hobrecht sowohl als Kind wie auch *agens* seiner Epoche. Die von ihm konzipierten breiten Straßen, der Maßstab der Stadterweiterung, die Anlage von Radialstraßen und Verbindungsstraßen weit über das bisherige Stadtgebiet hinaus (obwohl dort bis dato ländliche Strukturen vorherrschten), lassen die Planungen als für die Zeit überdimensioniert erscheinen. Sie stellten sich gleichwohl als ebenso vorausschauend heraus wie beispielsweise die Festsetzung der wichtigsten Ost- West-Achsen mit dem Straßenzug Gneisenau-, Yorck-, Bülow- und Tauentzienstraße. Überdies geht die dezentrale Struktur der Kieze, die heute noch Berlins Stadtbild auszeichnet, auf diesen Plan zurück.

Hobrechts Plan lädt die strukturelle Idee der Ausfall- und Verbindungsstraßen immer funktional auf, auch ihnen kommt im Plan Zentrumsfunktion zu. Sicherlich etwas naiv, glaubt Hobrecht selbst an jene soziale Mobilitätsfunktion der Wohnblocks, die später den Namen „Berliner Mischung" erhält. Die bauliche Struktur von Vorder- und Hinterhaus soll die Milieus zueinander führen und auf bauliche Weise sozialen Frieden herstellen: „In der Mietskaserne gehen die Kinder aus den Kellerwohnungen in die Freischule über den selben Hausflur wie diejenigen des Rats oder Kaufmanns auf dem Wege nach dem Gymnasium."[127] Nicht nur ist solche Form der sozialen Heterogenität bis heute stadtplanerisch aktuell, auch die Überschneidung von Arbeiten und Wohnen macht aus dem Wohnblock ein „Ganzes Haus." Die Überlagerung von Fabrik und Wohnanlage stellt nicht allein kurze Wege für die Arbeitenden bereit, sie artikuliert auch auf bauliche Weise eine bestimmte Stadtform der industriellen Epoche, die bis heute, in immer neuen Produktionsweisen, Geltung hat. Zudem berücksichtigt Hobrecht bereits die öffentlichen Plätze als Scharniere infrastruktureller Versorgungsknotenpunkte: „Die öffentlichen Plätze sind möglichst gleichmäßig zu verteilen; sie liegen entweder wie die Bauviertel zwischen den Straßen, oder da, wo die Hauptstraßen zusammentreffen." Solche Strategie lässt sich jedoch erst *post festum* werten.

In der Folge ermöglicht das Preußische Fluchtliniengesetz von 1875 den Gemeinden erstmals die Steuerung einheitlicher Straßenrandbebauung. Das Gesetz sorgt dafür, dass der Planung von Stadterweiterungen erstmals der Rang einer „städtischen" Aufgabe zukommt. Auch weil Bau und Unterhaltung der technischen infrastrukturellen Neuerungen wie Wasser, Gas, Abwasser und Verkehr den Bereich kommunaler Aufgaben anwachsen lassen, ermächtigt das Gesetz die Kommunen, Anlieger zur Mitfinanzierung neuer Straßen heranzuziehen und sie gegebenenfalls zu enteignen. Aus dem Fluchtliniengesetz gehen bis zur Weimarer Republik unterschiedliche Landesbauordnungen hervor, deren Umfang meist darin besteht, Bauzonen oder Klassen und Höchstmaße der Gebäude festzulegen, ohne zu einem einheitlichen Baurecht zu gelangen. Am 18. Januar 1887 tritt eine neue „Bau-Polizei-Ordnung" für den Stadtkreis Berlin in Kraft. Sie löst die Bauordnung von 1853 ab. Mit der Ordnung der Bauzonen schränkt sie die Grundstücksbebauung ein und sieht größere Abstandsflächen zwischen den Gebäuden vor. Für neue Siedlungen schreibt die Ordnung Baustil und Nutzung der Quartiere fest.[128] Auch bringt sie wesentliche Verbesserungen in hygienischer Hinsicht. Zur Einhaltung diesbezüglicher Mindestanforderungen im Bau setzt die Regierung eine Baupolizei ein. Als mangelhaft stellt sich heraus, dass die Ordnung nicht für den Bestand, sondern nur für den Neubau gilt. Rückbau erfolgt nur, wenn eklatante Sicherheitsmängel auftreten. Die Mehrzahl der Arbeiter kann das Geld für neue Wohnungen nicht aufbringen und verbleibt in qualitativ minderwertigeren Wohnräumen.

Die Wohnungsfrage

Alles in allem spitzt sich die Wohnungslage in Deutschland in der zweiten Hälfte des Jahrhunderts zu. Die deutliche Beschleunigung des Industrialisierungsprozesses setzt rapiden Bevölkerungszuwachs und massive Verstädterung in Gang. Die Märkte sehen sich nicht mehr in der Lage, genug Wohnraum zur Verfügung zu stellen. Eine verheerende Wohnungsnot ist die Folge. In Frankfurt steigt die Einwohnerzahl von 1860 bis 1914 von 70.000 auf 410.000, in Berlin von 320.000 auf 1,2 Millionen, in Dortmund von 1816 bis 1900 von 4400 auf 143.000, München zieht nach mit einer Steigerung von 100.000 Einwohnern 1852 auf 250.000 1883, um sich bis zum Jahr 1901 auf 500.000 zu verdoppeln. Auf Grund der extremen Verdichtung bei gleichzeitiger Verschlechterung hygienischer Verhältnisse kommt es zu einem Teufelskreis: Um Seuchen einzudämmen, werden informelle Notunterkünfte abgerissen, was wiederum zu Unruhen führt.[129] Das Statistische Büro der Stadt Berlin stellt 1872 in

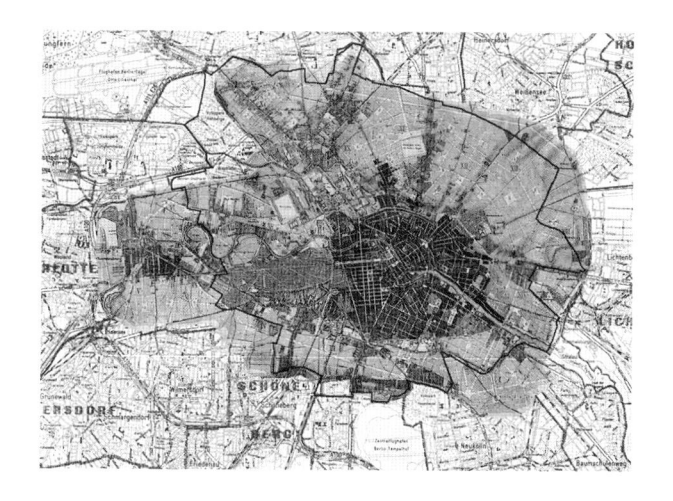

↑ James Hobrecht: Erweiterungsplan von Berlin, 1862
→ Berliner Blocktyp „geschlossener Hinterhof"
↓ aus der Gründerzeit

115

seinem Bericht fest: „Mit dem massenhaften Anwachsen seiner Bevölkerung geht Berlin Zuständen entgegen, welche der Gesundheit des Leibes und der Seele gefährlich zu werden drohen. Mehr und mehr beginnt die Wohnungsnoth einen erheblichen Theil der Bürgerschaft auf eine niedrigere Lebensstufe herabzudrücken, ja dem größten Elend preiszugeben, und Gesundheit und Sittlichkeit zu bedrohen. – Die Häuser sind voll, übervoll, aber der Strom der Einwanderung läßt nicht nach, sondern fährt fort, das Bedürfnis schneller zu steigern, als es befriedigt werden kann." Mieterschutz existiert nicht. Mietverträge gelten nur für ein viertel oder halbes Jahr, sie enden meist zum 1. April und 1. Oktober. Säumige Mieter finden sich nach Ablauf der Frist umstandslos auf die Straße gesetzt. Weil zu den Terminen zahlreiche Berliner Arbeiter mit Umzugskarren umherziehen, spricht der Volksmund von „Ziehtagen." Das *Jahrbuch für Volkswirtschaft und Statistik* von 1871 berichtet: „Am ärgsten jedoch war das Treiben in den Vorstädten, ganz besonders auf der äußeren Luisenstadt vom Halleschen Tor bis zum Lausitzer Platz. Ganze Straßen waren dort zu beiden Seiten so dicht mit Möbeln besetzt (…), daß man meinen konnte, es sei dort ein einziges Trödelmagazin etabliert worden." Für solche, die in der Wohnmigration leer ausgehen, finden sich Lösungen wie diese: „Nachdem bekannt geworden, daß das Gebäude Nr. 43 und 44 in der Mohrenstraße erst am 1. Juli zum Abbruch gelangen sollte, wurden sämmtliche noch disponible Räumlichkeiten von obdachlosen Familien bezogen – In dem Hause befand sich ein gewölbter Keller, ca. 40 Fuß lang, 9 Fuß breit, und in der Mitte sechs Fuß hoch. In demselben wohnten vier Familien ohne Licht und Luft, Kopf an Kopf auf der feuchten Erde gebettet, in der Gesellschaft von zahllosen Ratten. In einer Stellmacher-Werkstatt hatten drei, in einer Tischler-Werkstatt eine, und in einem Billard-Zimmer ebenfalls eine Familie Platz genommen. Selbst ein Pferdestall des Hauses war bezogen."
Im Nachgang des Deutsch-Französischen Krieges beginnt die Arbeiterschaft ihren Unmut bezüglich der Wohnungsfrage auch öffentlich zu artikulieren. Am 24. September 1871 versammeln sich in Berlin 6000 Menschen zu einer Kundgebung der Berliner Sozialdemokraten. Flankierend zur Demonstration erscheint folgender Aufruf: „Die Versammlung erklärt die Wohnungsnoth und Steigerung der Miethen in großen Städten als Folge der heutigen socialen Zustände, welche es den Grundbesitzern ermöglichen, durch die Bodenrente das arbeitende Volk auszubeuten und nicht der Bedürfnisse des Volkes, sondern schwindelhafter Speculationen halber den Wohnungsbau

zu betreiben (…) Die Versammlung erklärt daher, daß nur durch den socialdemokratischen Staat, wo aller Grund und Boden Gemeingut ist und den Bedürfnissen des Volkes gemäß Arbeiter-Productivgenossenschaften die Wohnungen herstellen, aber nicht nur Palliativmittel der heutigen Wohnungsnoth und den großartigen Krankheiten, welche sie in der Folge hat, ein Ende gemacht werden könne."[130] Es ist dieser Aufruf und die damit entstehende Dynamik der Arbeiterschaft, die Friedrich Engels veranlassen, im Leipziger Blatt *Volksstaat* einen Artikel zum Thema zu lancieren. Engels, dessen luzide Beobachtungen zur Wohnungsfrage vor allem aus England stammen, äußert sich gleichwohl wenig empiriehaltig zur deutschen Lage. Auch spricht er ihr die Relevanz ab – sie sei nur „sekundärer Übelstand" der kapitalistischen Produktionsweise. Er unterschätzt die Bedeutung des Zusammenhangs zwischen Bodenrente und Produktion; die Hausbesitzer seien, da sie keine Arbeitskraft kauften und keinen Mehrwert produzierten, nur als relativ harmlose „Unterart von Kapitalisten"[131] anzusehen. Würde das Problem der kapitalistischen Produktionsweise beseitigt, so die Idee Engels', wäre auch die Wohnungsfrage gelöst.

Indes verlangsamt sich mit der Gründerkrise im Jahr 1873 und dem Auslaufen der französischen Reparationsmilliarden die kurzzeitig überhitzte deutsche Ökonomie. Das damit einhergehende Ende der Periode liberalkapitalistischer Expansion in Deutschland bringt eine tiefgreifende innenpolitische Wende im eben gegründeten Deutschen Reich mit sich; sie manifestiert sich im Sozialistengesetz des Jahres 1878, der Schutzzollgesetzgebung von 1879 und in den Arbeiterversicherungsgesetzen der 1880er Jahre. „Seit 1876 trat zur Krise der Schwerindustrie eine strukturelle Agrarkrise. Die vor allem betroffenen preußischen Großagrarier – bislang exportorientiert und freihändlerisch eingestellt – schwenkten binnen kurzem auf einen antiliberalen, protektionistischen Kurs und vollzogen damit jenes für das deutsche Kaiserreich charakteristische Bündnis von feudalem Junkertum und Schwerindustrie."[132] Zum einen hat das den Rückzug der liberalen Schule der Nationalökonomie zur Folge, die sich vor allem an dem Modell der englischen Klassiker und an dem Postulat der „Naturgesetze des Marktes" orientiert hatte. Zum anderen begünstigt die Entwicklung das Erstarken der konservativen historischen Schule. Diese prägt unter anderem den aufkeimenden bürgerlich-öffentlichen Diskurs zur Bewältigung der Wohnungsfrage, der auf folgende Eckpfeiler fokussiert: erstens die ausschließliche Selbsthilfe, zweitens die Verbindung von

Selbsthilfe, Kommunalhilfe und Staatshilfe und drittens die Übernahme des gesamten Wohnungswesens in die alleinige Kompetenz des Staates.[133] Zum Grundbestand des öffentlichen Diskurses gehören nicht nur mediale Träger wie Zeitungen und dergleichen, sondern es bedarf zur Meinungsbildung auch Orten der Versammlung. Als ein solcher manifestiert sich die „Versammlung zur Besprechung der socialen Frage" in Eisenach am 6. und 7. Oktober 1872, aus der schließlich der „Verein für Socialpolitik" hervorgeht. Bald stellt sich heraus, dass die öffentliche Diskussion zur Meinungsbildung Informationen benötigt, über die sie noch nicht verfügt. Angeregt von Frankfurts Oberbürgermeister Johannes Miquel beschließt der Verein in den Jahren 1884/85 eine Enquête zu den Wohnbedingungen der unteren Schichten in unterschiedlichen deutschen Städten einzuholen. Von der Publikation des Materials versprechen sich die Verantwortlichen eine Befeuerung der Generaldebatte. Die Untersuchung umfasst die Städte Hamburg, Berlin, Leipzig, Chemnitz, Freiberg in Sachsen, Breslau, Osnabrück, Dortmund, Bochum, Elberfeld, Essen, Krefeld und Frankfurt am Main; sie zeigt zudem *case studies* aus England und Frankreich sowie vergleichende Wohnungsstatistiken deutscher Großstädte. Eine derartige Studie hatte es bis dahin in Deutschland nicht gegeben. Sie legt die wissenschaftliche Basis für eine vergleichende deutsche Wohnungsstatistik, in der „erstmals alle gedruckten städtischen Volkszählungen und die damit verbundenen Aufnahmen von Gebäuden, Grundstücken und Wohnungen in einer einheitlichen tabellarischen Übersicht erscheinen"[134] und „die Art der benutzten Quellen, der Umfang und die Methode der lokalen Erhebungen sowie die Art der vorgenommenen Aufarbeitung des statistischen Materials"[135] spezifisch ausgewiesen werden. Obschon die Untersuchung den Gegenstand nicht in seiner Totalität erfassen kann, gelingt es ihr doch, politische wie ökonomische Akteure ebenso wie die Öffentlichkeit für die Wohnungsfrage zu sensibilisieren. Auch entspringt ihr ein Maßnahmenkatalog bezüglich einer in Zukunft zu realisierenden Wohnungsreform bis hin zu einem „Reichswohnungsgesetz".

Unter dem zunehmenden Druck reagieren die Regierenden. Bereits nach der Reichsgründung durch Bismarck erfolgen in vielen Städten Verwaltungsmaßnahmen, um die städtische Bebauung zu beschleunigen und zu regulieren und den Grundbesitz zu besteuern. Im Jahr 1895 findet die erste Verhandlung über die Wohnungsfrage im Reichstag statt. Die entscheidende wohnungspolitische Wende aber kommt erst zu Beginn des

20. Jahrhunderts: Mit den Erlassen „zur Verbesserung der Wohnungsbedürfnisse" des Ministeriums für Handel und Gewerbe von 1901 macht die preußische Regierung die Wohnungspolitik zu einer Angelegenheit des Staates. Die „Magna Charta des öffentlichen Wohnungsbaus" thematisiert zum ersten Mal auf politischem Terrain die Frage, ob Staat oder Markt die Finanzierung des Wohnungsbaus übernehmen sollen. Am 6. Dezember 1904 folgt die zweitägige Konferenz des sechsten preußischen Städtetags in Berlin, in deren Mittelpunkt die Wohnungs- und Baupolitik steht. Die Teilnehmer der Versammlung sprechen sich einstimmig für ein gesetzliches Eingreifen des Staats aus, um die Missstände auf dem Wohnungssektor zu beheben. Im gleichen Jahr bringt Theodor Goecke, gemeinsam mit Camillo Sitte, die Zeitschrift *Der Städtebau* auf den Weg. Am 17. März 1906 tagt schließlich die „Erste Deutsche Wohnungskonferenz" in Frankfurt. Sie macht auf die katastrophale Wohnsituation vor allem in den Großstädten aufmerksam und organisiert politische Agitationen für Herbst und Winter 1906/07.

War Städtebau als universitäre Disziplin bereits bekannt (das erste Institut für Städtebau und Landesplanung in Deutschland wird 1862 an der Polytechnischen Schule Karlsruhe eingerichtet), setzt, ausgehend von einem grundlegenden Wandel des Verständnisses städtebaulicher Aufgaben und deren schriftlicher Fixierung im späten 19. Jahrhundert, am Anfang des 20. Jahrhunderts eine neue Welle an den Hochschulen ein. Während im Jahr 1909 die Einrichtung des Städtebaulehrstuhls an der TU München erfolgt, beginnen Felix Genzmer und Joseph Brix, beide Professoren der Technischen Hochschule zu Berlin, im Februar 1908 mit ihren „Städtebaulichen Vorträgen". Die Veranstaltungsreihe, deren erster Zyklus mit den Themen „Aufgaben und Ziele des Städtebaus" und „Kunst im Städtebau" aufwartet, sucht einen umfassenden Überblick über den Stand städtebaulichen Wissens zu geben. Ferner wirkt die Reihe als inhaltliches Vorbereitungsfeld für die 1910 in Berlin stattfindende Internationale Bau-Ausstellung, in der sich der deutsche Städtebau erstmalig öffentlich präsentiert. Die Ausstellung, die Berlin im nationalen und internationalen Kontext neuer Ordnungen expandierender Großstädte verortet und deren minutiöse Dokumentation Hegemann besorgt, wandert auch nach Düsseldorf und zur „International Town Planning Conference" in London. Auslöser der Ausstellung ist der 1908 ausgeschriebene und 1910 entschiedene Wettbewerb für Groß-Berlin. Der städtebauliche Wettbewerb gilt als der international bedeutendste seiner Zeit. Die aus ihm entspringenden Vorschläge für die drei großen Teilräume der Stadtregion gliedern sich in die Teilbereiche Umgestaltung des Zentrums in Richtung Monumentalstadt, Alternativen zur bisherigen Miethausbebauung sowie Konzeptionen für neue Gartenstädte und Kleinsiedlungen in der Peripherie. Für eine politische Voraussetzung der Umsetzung sind die politischen Konstellationen jedoch noch nicht gegeben, der stark konkurrierende private Städtebau lässt eine umfassende Strategie nicht zu.

Gartenstadt

Im Jahr 1909 baut der Möbelfabrikant Karl Schmidt in Hellerau bei Dresden eine neue Fabrik und – für die dort beschäftigten Arbeiter und Angestellten – Deutschlands erste Gartenstadt. Entworfen vom Münchner Jugendstilarchitekten Richard Riemerschmid, sieht der Stadtplan unterschiedliche Quartiere mit geschwungenen Straßen vor. Nicht nur verfügt die Stadt über eine Ladenpassage am Marktplatz sowie die ländlichen Reihenhäuser der Arbeiter, auch von Heinrich Tessenow, Hermann Muthesius und anderen entworfene Bürgerhäuser, Villen und eine Schule gehören dazu. Anders als im bisherigen Werksbau strebt der Bauherr die Realisierung eines sozialreformerischen Experiments an – Arbeiter, Bürgerliche und Unternehmer wohnen in Form einer gemeinnützigen Gesellschaft zusammen und verwirklichen gemeinsam das neue Leitbild eines ganzheitlichen, naturnahen und geselligen Wohnens, das sich gegen die Konkurrenz, die Individualisierung und die schlechte Luftqualität der Großstadt absetzt. 1910 wohnen bereits 60 Familien zur Miete in Hellerau, drei Jahre erreicht die Siedlung mit fast 2000 Einwohnern ihre volle Funktionsfähigkeit.

Der aus England stammende Impuls der Gartenstädte wirkt auch ins Ruhrgebiet, wo die Stadtbildung bereits in vollem Gange ist: Von den Siedlungskernen um die Zechen herum ausgehend, wuchert Stadt in großem Stile durch die Landschaft, bis hin zur Bildung der Agglomeration. Gerade weil im Ruhrgebiet die ländliche Struktur den Ausgang des Werkswohnungsbaus bildet, bietet sich das Gartenstadtmodell hier *grosso modo* an. Als prominentes Beispiel gilt die von Margarethe Krupp anlässlich der Hochzeit ihrer Tochter Bertha gestiftete Siedlung Margarethenhöhe. Entworfen und gebaut durch ein Mitglied des Deutschen Werkbunds, den

Architekten Georg Metzendorf, wird die Gartenstadt, wie Hellerau, durch einen Regierungserlass von allen Bauvorschriften befreit. Zur ihr gehört zeitweise eine Künstlerkolonie, zu deren Bewohnern auch der Fotograf Albert Renger-Patzsch zählt. Die Einhaltung der vom Auftraggeber vorgegebenen *low-budget*-Zielsetzung gelingt Metzendorf durch ein spezielles typenbasiertes Verfahren. Der Entwurf eines beschränkten Satzes an Bauelementen, die sich unterschiedlich kombinieren lassen, gewährleistet die Individualität der Häuser, ohne jedes Haus einzeln konzipieren zu müssen. Auch das Finanzierungsmodell ist beispielhaft, die ökonomische Grundlage der Siedlung wird durch die „Margarethe Krupp-Stiftung für Wohnungsfürsorge" sichergestellt.

In Berlin ist es vor allem der genossenschaftliche Wohnungsbau, der sich dem Erstellen neuer Gartenstadt-Siedlungen widmet. Ökonomisch nimmt hier die Anwendung des Erbbaurechts gemäß der Regelungen des BGB von 1900[136], auf dessen Grundlage die Genossenschaften günstig zu Bauland kommen, eine vorgeordnete Rolle ein. Die Gartenstadt Zehlendorf an der Berlepschstraße, errichtet zwischen 1913 und 1930 nach Entwürfen von Paul Mebes und Paul Emmerich sowie Franz Tonndorf, entsteht im Auftrag des „Beamten-Wohnungs-Vereins" zu Berlin und der Wohnstätten GmbH. Sie gilt als eine der ersten genossenschaftlichen Gartenstädte Berlins, die, ausgehend von dem englischen Modell, vor allem den Typus der gartenbezogenen Mietwohnung in niedriggeschossiger Bauweise und Zeilen von Doppel- und Reihenhäusern hervorbringen. Als weitere Gartenstädte entstehen die Siedlung Falkenberg von Bruno Taut, die Gartenstadt Staaken von Paul Schmitthenner (eine Werkssiedlung, die 1914 bis 1917 gebaut wird und deren Grundstück – auf Initiative des Staatssekretärs Adolf Scheidt – das Reichsamt des Inneren finanziert) oder die Siedlung Hakenfelde von Steil Architekten. Das gemeinnützige Bauen erreicht hier eine Vielfalt, die den Bauhistoriker Julius Posener dazu verleitet, von einem „Höhepunkt der Architektur" zu sprechen. Sie sei „ohne Präzedenz: die einmalige Antwort fortschrittlich-kritischer Tendenzen auf die einmalige Ungeheuerlichkeit der Mietskasernenstadt."

Das neue Wohnen. Staat, Wohnpolitik und Städtebau

Nach dem Ersten Weltkrieg gerät der wohnungspolitische Diskurs erneut in Bewegung. Die Gesetzgeberseite überarbeitet die inzwischen veralteten und wohnpolitisch unzureichenden Straßenfluchtlinienpläne und Baupolizeiordnungen, um sie durch effizientere Pläne wie das preußische Wohnungsbaugesetz von 1918 zu erneuern. Das Wohnungsbaugesetz, an dessen Verabschiedung wiederum Adolf Scheidt entscheidenden Anteil hat, sieht sowohl die Trennung von Gewerbe- und Wohngebieten als auch das Verbot der Angliederung störender Industrie an bestimmten Gemeindeteilen vor und führt zur modernen Bauleitplanung hin.[137] Mit der 1916 im Verlag der Bauwelt herausgegebenen Schrift *Heime für kinderreiche Familien* artikuliert sich der im Jahr 1913 gegründete „Groß-Berliner Verein für Kleinwohnungswesen" von bürgerlich-reformerischer Seite her auf wohnpolitischem Terrain. Es ist ein Text, der „besonders vom Standpunkt der Wehrkraft die Bedeutung dieser Sonderaufgabe der Wohnungsfürsorge beleuchtet und über Geschehenes und Vorgeschlagenes berichtet, sodann praktische Maßnahmen zur Förderung des Kleinhauses durch Einführung gut durchgearbeiteter Hausgrundformen, Errichtung einer gemeinnützigen Hypotheken-Vermittlungsstelle und Bereitstellung billigen fiskalischen Siedlungslandes empfiehlt."[138] Der Verein, dem außer Vertretern von Staat und Städten auch Bankiers, Großindustrielle, Wohnungsreformer, Terraingesellschaften und Baugenossenschaften angehören, legt im Jahr 1916 einen Haus- und Wohnungsgrundriss-Katalog aus „sämtlichen deutschen Gartenstädten und großen Siedlungen sowie [von] bekannten Architekten"[139] vor. Den neuen Gedanken der rationalisierenden Norm aufgreifend, lässt der Verein die Grundrisse formal vereinfachen und hebt so die strukturellen Merkmale hervor. Konkret: Pläne werden umgezeichnet und auf einen einheitlichen Maßstab gebracht. Anhand der daraus resultierenden Typologie ist es möglich, adäquate und normierbare Balkenprofile, Fenster, Türen und Treppen zu entwickeln. Die räumliche Analyse nimmt die Anordnung der Wohnfunktionen unter dem Gesichtspunkt einer „Bewirtschaftung des Hauses mit möglichst wenig Arbeitskräften und Arbeitsleistung" in den Blick. Daraus erwächst eine moderne Form des Redesign als Grundrissneuanordnung, die beispielsweise ohne Flur auskommt sowie „sämtliche Schmutzarbeit" funktional in einem gemeinsamen Bade-, Spül- und Waschraum konzentriert.[140] Auf diese Weise befeuert der Verein den Eingang des Fordismus und der Konzeption des Hauses als Produkt ins deutsche Architekturdenken. Der Geschäftsführer des Vereins, Erich Leyser, konstatiert: „Die Vorteile solcher Typen bestehen außer in der Verbilligung in der Aufstellung genauer Kostenanschläge ohne nachträgliche Überschreitung, in der Verkürzung der Bauzeit und damit Verringerung des Zinsverlustes, einheitlicher Bauleitung, in der genauen Bestimmbarkeit der Bauzeit, in der Bewirtschaftung einwandfreier Taxen und Erleichterung der Beleihung."[141]

Die kritische Interpretation der Wohnraumgeschichte des 19. Jahrhunderts ergibt, dass sich der Stadtraum aus der relationalen Ökonomie unterschiedlichster Vektoren entfaltet. Er ist sowohl Objekt der Begierde von Kapitalinteressen als auch Artikulationsinstrument von Arbeiterbewegung und Sozialreformern. Aus solcher Ökonomie konstituiert sich ein Kampf um die Kontrolle öffentlicher Verwaltung und die gesetzliche Steuerung des Stadtraums. In diesem Konnex markiert der Wohnraum jenen Sektor, auf dem die an dem wirtschaftlichen Druck sich orientierende Politik eben jenen an die Bürgerschaft weitergibt. Dieser Auseinandersetzungsprozess mündet nach dem Ersten Weltkrieg in einer neuen Politik des Wohnungsbaus, der in kommunale Verantwortung übergeht und sich als Teil sozialstaatlicher Vorsorge manifestiert. Stadtbau verdankt sich ab jetzt den Finanzmitteln einer neuen Steuerpolitik, die sich aus der Besteuerung von Immobilienbesitz speist.

Bei der Formulierung neuer Stadtbaupolitik tritt besonders die politische Klientel der Sozialdemokraten wirkend hervor, allerdings unter unterschiedlichen Prämissen. In Österreich, in dessen Hauptstadt Wien die Sozialdemokraten die politische Vormachtstellung innehaben, verfolgt die Politik vor allem die Planung und Realisierung des Bautyps der „Wiener Wohnblöcke", der bestehende Mietwohnblöcke in neuer Form nachempfindet. Anders im Deutschland der Weimarer Republik. Dort orientiert sich die Sozialdemokratie am Leitbild der Gartenstadt und forciert die Dezentralisierung der Großstadt. Sowohl die von Frankfurts Stadtbaumeister Ernst May von 1925 bis 1930 gebauten Siedlungen wie auch die von Martin Wagner nach Entwürfen von Bruno Taut realisierten Ensembles konstituieren ein städtebauliches Konzept, das einen Gürtel autonomer Wohneinheiten um den Kern der Stadt gruppiert. Im christdemokratisch regierten Köln und im sozialdemokratischen Ham-

burg zeichnet ferner Fritz Schumacher für ein Programm verantwortlich, das sich „Soziale Stadtbaukunst" nennt. Deren Vision, die sich auch am Siedlungsbaumodell der Niederlande orientiert (dort ist die öffentliche Finanzierung des Wohnungsbaus seit 1901 Gesetz), zielt auf die organische Anordnung von Stadtquartieren mit Gärten und Grüngürteln, in denen sich Ensembles aus öffentlichen Gebäuden und Wohnbauten verteilen. Das Durchdringen von Städtebau und Landschaftsgestaltung ermöglicht den Entwurf neuer Stadtkörper unter Einbezug topografischer Spezifika. Mit dem Einbruch der Weltwirtschaftskrise von 1929 wird allerdings offenbar werden, wie sehr die wohlfahrtsstaatliche Bauoffensive im Deutschland der Epoche Stresemann auf Schulden basiert. Über dem Land, das noch unter den Reparationszahlungen des Ersten Weltkriegs leidet, geht im Jahr 1924 mit einem Mal die „Dollarsonne" auf. Der Dawesplan und die darin verhandelten Auslandsanleihen ermöglichen, dass Deutschland frisches Geld aus den USA erhält. Damit steht Deutschlands Wirtschaftshausse auf keiner soliden Basis, wie der Ökonom Arthur Rosenberg berichtet: „Der Aufschwung wäre ohne die fremden Gelder nicht möglich gewesen (…) Deutschland war jetzt zu einer Art Kolonie der New Yorker Börse geworden (…) das Geschick Deutschlands im ganzen war von jeder Schwankung der amerikanischen Prosperität abhängig."[142] Dennoch wird das Geld in vollen Zügen ausgegeben: In der Zeit nach 1924 scheint Geld für die Bauverwaltungen keine Rolle mehr zu spielen, das Neue Bauen hat und befeuert die Konjunktur: „So wurden alle möglichen öffentlichen Bauten, Unternehmungen usw. begonnen, die aber der wirklichen Lage Deutschlands nicht entsprachen."[143]
Bereits im Jahr 1919 inszeniert Taut das „Neue Wohnen" weltanschaulich mit der symbolischen Utopie der „Stadtkrone." In der gleichnamigen Schrift heißt es: „Der Sozialismus im unpolitischen Sinn, fern von jeder Herrschaftsform als die einfache, schlichte Beziehung der Menschen zueinander, schreitet über die Kluft der sich befehdenden Stände und Nationen hinweg und verbindet den Menschen mit dem Menschen. Wenn etwas heute die Stadt krönen kann, so ist es zunächst der Ausdruck dieses Gedankens." Die Stadtkrone soll jetzt die symbolisch ordnende Kraft übernehmen, die einst die Kathedrale innehatte. Sie lässt die Stadtbewohner „fühlen, was sie als Menschen einander zu geben haben und führt den Herdentrieb, die Urkraft des Zusammenschlusses, zur Veredelung."[144] Indes bringt es das Konzept mit sich, dass in Deutschland eine merkwürdige

Hybridisierung urbaner und anti-urbaner Strategien sich artikuliert: die Vermengung von sozialutopischen Gartenstadtmodellen mit der tayloristisch beeinflussten Bautechnik standardisierter Bauelemente.

Das Leitbild der Neuen Sachlichkeit führt zur Zielsetzung, gebaute Umwelt objektiv aufzufassen. Das Gebäude erhält seine Gestalt aus dem Ergebnis funktions- und materialgerechter Untersuchung. „Die Form ist nicht das Ziel, sondern das Resultat unserer Arbeit (…) Es liegt uns gerade daran, die Bauerei von dem ästhetischen Spekulantentum zu befreien und Bauen wieder zu dem zu machen, was es sein sollte, nämlich BAUEN"[145], schreibt Mies van der Rohe 1923 in der von ihm mit herausgegebenen Zeitschrift G. Neben den bekannten formgebenden Elementen wie einheitliche Details oder ornamentlose Fassaden ermöglicht vor allem die Variierung grundlegender Einheiten Vielfalt im Wohnungsbau. Auch im Städtebau spiegelt sich solche Vorgehensweise: Neue strukturelle Verfahren werden erprobt, von der mehrgeschossigen Großwohnsiedlung („Weiße Stadt", Berlin) bis zur rural geprägten Siedlung (Dessau-Törten), von der lockeren Bebauung (Werkbundsiedlung Wien) über urbane Blöcken (Siemensstadt Berlin) bis zum Zeilenbau (Haselhorst, Dammerstock). Große Prominenz wird vor allen Dingen der offenen Bauweise des Zeilenbaus, wie ihn May im Frankfurter Neuen Bauen propagiert, zuteil. Der Begriff Zeilenbau benennt den neuen Bautypus langer, schmaler Wohngebäude, deren Erschließung quer zur Straße über Fußwege erfolgt. Im Kontrast zur Blockrandbebauung mit ihren schlecht durchlüfteten Hinterhöfen zielt der Zeilenbau unter dem Motto der Moderne – „Licht, Luft, Sonne" – auf eine optimale Ausrichtung des Wohnkörpers, die Querlüftung und gleichmäßige Besonnung erlaubt; die Zwischenräume erhalten durchgehende Begrünung.

May hospitiert bei Raymond Unwin in London und arbeitet dort an der Gartenstadt Hampstead mit. Die intensive Kooperation mündet in Mays Übersetzung von Unwins Buch *Grundlagen des Städtebaues* ins Deutsche im Jahr 1910. Nach seinem Studium wirkt May von 1919 bis 1925 als Technischer Leiter der Schlesischen Landgesellschaft, die vor allem rurale Siedlungen plant und realisiert. Vor dem Hintergrund seiner Engländerfahrungen legt May für Breslau einen städtebaulichen Entwurf vor, der das Wachstum der Stadt nicht ungezielt in die Fläche wuchern lässt, sondern, in maßstäblicher Transposition der Gartenstadtidee, über einen Grüngürtel in Trabantensiedlungen gliedert. Der Entwurf verschafft May schließlich den Ruf nach Frankfurt, wo er von 1925 bis 1930 als Stadtbaurat amtiert. Unter dem Titel „Neues Frankfurt" entwickelt May nun für die Mainmetropole ein dem Breslauer Gedanken korrespondierendes städtebauliches Konzept. Mit ihm erwächst ein immenses Bauprogramm, in dem auf der ökonomischen Basis der Hauszinssteuer rund 12.000 Wohnungen realisiert[146] und die Kostenkalkulation auf neue Weise in den Blick genommen wird. Techniken des seriellen Wohnungsbaus stehen im Fokus, deren Entwicklung Mays Büro in Zusammenarbeit mit der „Reichsforschungsstelle für Wirtschaftlichkeit im Bau- und Wohnungswesen" vorantreibt. Günstige Kalkulation impliziert nicht nur Massenfabrikation von Wohnungen, sondern auch eine Rekonzeptionalisierung des Grundrissdenkens. Maximale Funktion auf minimaler Fläche lautet das Credo. Mit vereinheitlichten Wandelementen, Türen, Baubeschlägen, Öfen, Beleuchtung und Sanitärem verläuft der Innenausbau standardisiert und aus einem Guss. Die Möbelproduktion inkludiert ein Beschäftigungsprogramm für Arbeitslose.[147] Mit der Zeitschrift *Das Neue Frankfurt. Monatsschrift für die Fragen der Großstadt-Gestaltung*, die von 1926 bis 1933 erscheint, positioniert sich das Frankfurter Modell auch im theoretischen Städtebaudiskurs.[148] Darüber hinaus gelingt es, Frankfurt 1929 zum Tagungsort der zweiten CIAM-Konferenz zum Thema „Die Wohnung für das Existenzminimum" zu machen. Schließlich konturiert das Neue Bauen einen ideologischen Wandel, der nicht nur eine neue Qualität des Wohndenkens hervorbringt, sondern auch inhärente Widersprüche aufweist. Zum einen soll sich von nun an der Städtebau an den Wohnbedürfnissen der Menschen und, in Absetzbewegung zur Schule von Camillo Sitte, weniger an ästhetischen Gesichtspunkten und kapitalistischen Verwertungsinteressen orientieren. Die funktionale Raumorganisation und die Anwendung rationeller Bauweisen dient der Schaffung gesunder und behaglicher Lebensverhältnisse. Zum anderen aber forciert dieser Modus des Denkens, weil er Rationalität betont, selbst die Produktförmigkeit des Wohnens. Das Verhältnis des Bauens zur industriellen Gesellschaft als Lebensform gerät aus dem Blick. Wie Paul Wolffs Dokumentarfilm zum Frankfurter Neuen Bauen mit dem Titel *Die Häuserfabrik der Stadt* eindrücklich belegt[149], vollzieht sich hier der Wandel zur Interpretation des Hauses als industriell Produziertes, als im Fabrikmodus herstellbare Wohneinheit.

Einen Sonderweg der Verknüpfung moderner Bauauffassung und eines sorgsamen Umgangs mit dem Bestand geht Theodor Fischer in München.

I.   II.   III.   IV.

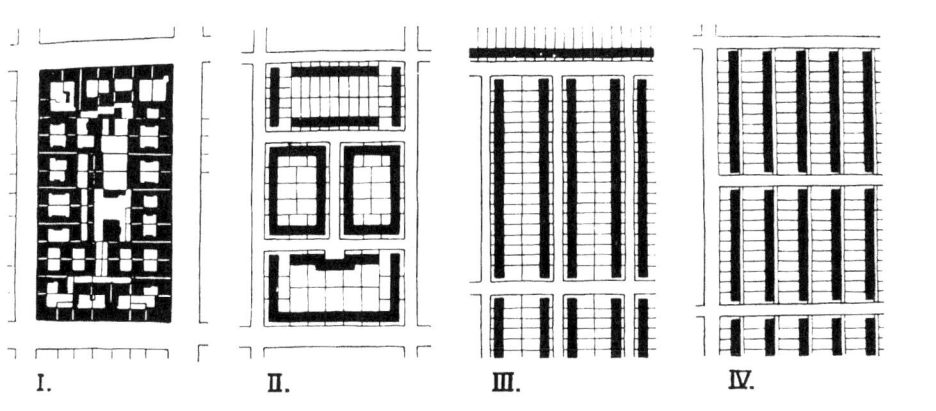

↑ Ernst May: Schematische Darstellung der Entwicklung des Bebauungsplans 1930
→ Plan der Arbeitersiedlung Alte Heide, Skizze von Theodor Fischer, 1918–1929

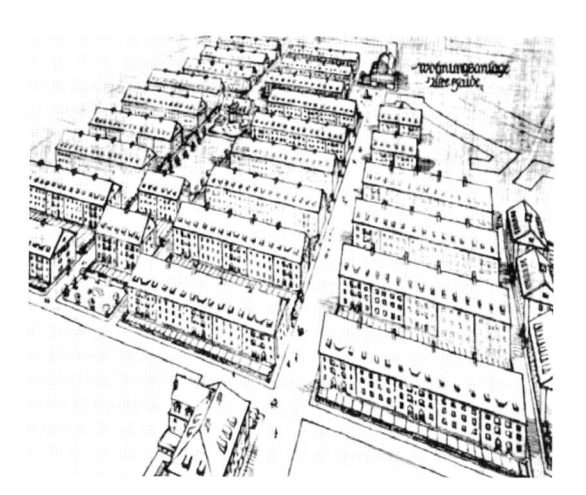

Im Juni 1890 spendet dort der Bauunternehmer Jakob Heilmann 10.000 Mark für die „Herstellung eines Stadterweiterungsplanes auf dem Wege der öffentlichen Ausschreibung" und gibt damit den Anstoß für einen städtebaulichen Wettbewerb, aus dem schließlich vier Sieger hervorgehen. Dem Preisgericht, das vier Entwürfe gleichrangig prämiert, sitzen neben Mitgliedern der städtischen Kollegien auch Sitte, Baumeister und Stübben bei. Um dem Patt, das aus der Entscheidung resultiert, zu begegnen, ruft der Leiter des Stadtbauamtes Wilhelm Rettig ein Stadterweiterungsbüro ins Leben. Vor der konzeptionellen Folie der Wettbewerbsbeiträge soll das Büro „rechtsgültige *alignments* oder Baulinienpläne"[150] erstellen. Das Verfahren sieht vor, aus kleinteiligem Vorgehen zu übergeordneten Generalplänen zu gelangen und in detaillierten Einzelprojekten nach und nach die Stadtquartiere abzuarbeiten. Zum Vorsitz des Büros beruft Rettig Theodor Fischer, der in den Folgejahren – pragmatisch und auf den Kostenrahmen für die Kommune bedacht – an zahlreichen einzelnen Baulinienplanungen (die Anlässe entspringen meist direkten Bauanfragen) sowie an drängenden städtebaulichen Projekten wie Straßendurchbrüchen und Verkehrsverbindungen arbeitet. In welchem Konnex die lokalen Lösungen mit einem möglichen Generalplan stehen, formuliert Stadtbauamtsleiter Rettig bereits 1894. Er empfiehlt, „in der bisher schon geübten Weise, nur in weit ausgiebigerem Maße die Art der Bebauung je nach ihrer Lage zu bahnen (…), zu beschränken oder freizugeben."[151] Damit vollzieht sich ein Wechsel von der zonenweisen, in den Randbezirken der Stadt zunehmenden Einschränkung der Grundausnützung hin zu einer Darstellung, die die Höhenentwicklung der Gebäude in Staffeln unterteilt. Die sogenannte Münchner Staffelbauordnung, als frühe Form der Bauleitplanung, regelt von 1904 bis 1979 mit der einem „einfachen Bebauungsplan" ähnlichen Rechtsqualität die Bebauung der Grundstücke, flächendeckend für die bebauten bzw. zu bebauenden Grundstücke im Stadtgebiet. Mit ihrer Einteilung in neue Staffeln gewährleistet die neue Bauordnung die Option, die bauliche Dichte der Stadtteile je nach Bedarf spezifisch anzupassen und auch in Einzelfällen an der Peripherie Ensembles in geschlossener Bauweise zu erlauben.

Als Architekt prononciert sich Fischer mit dem ersten Werkswohnungsprojekt im Zeilenbau, der Siedlung Alte Heide. Als deren Bauträger fungiert die „Gemeinnützige Baugesellschaft Alte Haide", ein Konsortium der im Münchner Norden befindlichen Industrien, dem neben Krupp, der Bayerische Flugzeugwerke A.G., der Bergmann Elektrizitätswerke A.G. und der Lokomotiv-Fabrik J.A. Maffei auch der „Verein zur Verbesserung der Wohnungsverhältnisse e.V." angehört und das für den Bau von etwa 750 Mietwohnungen 9,525 Millionen Mark zur Verfügung stellt. Der Grund, auf dem die Siedlung ab 1919 gebaut wird, ist Eigentum des Ingenieurs August Ungerer und bietet mit seiner Lage im nördlichen Randbereich der Stadt eine räumlich günstige Anbindung an die Betriebs- und Produktionsstätten der am Projekt beteiligten Unternehmen. Hier verwirklicht Fischer seine Konzeption vom billigen Bauen in hoher Qualität, dessen innovative Dringlichkeit, auch bezüglich neuer Grundrisse, er mit den Worten erläutert: „Die Notwendigkeit, Kleinwohnungen zu schaffen, deren Miete auch von den Geringstbemittelten gezahlt werden könnte, führt zu immer kleineren Wohnflächen und immer kleineren Raummaßen. Das erlaubte Maß solcher Verkleinerungen scheint mir schon überschritten, (…) nicht mehr gerechtfertigte Forderung ist die eigene Zugänglichkeit jedes Raumes vom Vorplatz aus. In anderen Landesteilen hat man sich längst damit abgefunden, dass das Schlafzimmer hinter der Wohnküche liegt. Das ist ein glatter Gewinn brauchbaren Raumes gegenüber dem unbrauchbaren, der für den Vorplatz verschwendet wird." Die von Fischer entworfene Siedlung umfasst insgesamt 786 Zweizimmerwohnungen mit Wohnküche und WC mit Wohnflächen zwischen 49 und 60 Quadratmetern, aufgeteilt in zwei bis vier Räume, für maximal 4000 Bewohner. Mit dieser Raumstrategie rehabilitiert Fischer die Zweiraumwohnung: „So vorteilhaft die dreiräumige Wohnung (Wohnküche, Zimmer und Kammer = 42 qm) sein mag, sollte doch die zweiräumige Wohnung (Wohnküche und Zimmer = 36 qm) nicht unterdrückt werden, sofern nur die Räume groß genug sind." Die Anordnung der Gebäude verläuft als in Reihen versetzt angeordnete Zeilen, in deren mittigen Blickachsen sich Gemeinschaftsbauten wie das Konsumhaus und das Verwaltungsgebäude, das auch eine Kleinkinderschule beherbergt, befinden. Das Grün ist eher spärlich, kleine Privatgärten und Erschließungswege dienen der Auflockerung des Ensembles. Minimalgrundrisse sorgen für gut belüftete und mit Tageslicht versorgte Wohnungen.

Stadtproduktion und Taylorismus

Der geschichtliche Rückblick lässt erkennen, dass sich das Denken von gebauter Umwelt in Produktionsweisen bzw. -verhältnissen spiegelt. So steht der Städtebau des 19. Jahrhunderts vor allem unter dem Einfluss eines liberalen Wohnmarktes, städtebauliche Visionen verfügen noch nicht über den urbanen Maßstab. Obgleich die Verstädterungsprozesse sowohl als Voraussetzung wie auch Folge der Industrialisierungsprozesse wirken, bleibt das Verhältnis zwischen Industrie und Stadt seltsam ungeklärt. Der Metropole kommt zunächst eine Containerfunktion zur Aufnahme von Arbeitskräften zu. Mit dem Stadtbild dessen, was wir die Moderne nennen, erfährt der Städtebau jedoch einen Bruch. In Bezugnahme auf die wissenschaftliche Konzeption des Taylorismus steigt die Fabrik nicht nur zum Modell für die Architektur auf, sondern auch für die Stadt selbst, deren Neuausrichtung nun die räumliche Entsprechung fordistischer Arbeits- und Vergesellschaftungsverhältnisse bilden soll. In diesem Kontext markiert die Gründung der Congrès International d'Architecture Moderne (CIAM) den prominentesten Ausgangspunkt der Stadtentwicklung der Moderne. Die CIAM, an der 28 europäische Architekten teilnehmen und deren Begeisterung für die Interpretation von Stadt als Maschine sich als konzeptionelles Kernmerkmal erweist, konstituiert sich 1928 im Chateau de la Sarraz in der Nähe von Lausanne. Bekanntheit erlangt die Arbeit der CIAM insbesondere durch die 1933 verabschiedete Charta von Athen und deren Leitbild der funktional gegliederten Stadt. Neben der Zonierung der Stadt in die vier Funktionsbereiche – Wohnen, Arbeiten, Erholung, Bewegen – fordert die Charta gleichwohl auch eine Bodenreform aus kollektivem Interesse. Mit den Planungselementen Flächennutzungsplan und Bauleitplanung forciert der funktionale Umbau der Stadt jene wirkmächtigen städtebaulichen Regulierungsinstrumentarien, die noch heute die administrative Steuerung von Stadtentwicklung bestimmen. Sie bilden die Grundlage dafür, die baulichen Strukturen (deren äußerliches Merkmal in der Aufgabe der geschlossenen Blockrandbebauung zugunsten einer halboffenen und offenen Bauweise besteht) dem Kriterium der Nutzungsbedürfnisse entsprechend in Zonen anordnen zu können. Idealiter sieht die Zonierung vor, der Innenstadt Verwaltung, Handel, Banken, Einkaufen, Kultur zuzuweisen. An einen Gürtel rund um die Innenstadt, der in separaten Zonen Industrie, Gewerbe und Wohnen versammelt, docken

Satellitenstädte mit reiner Wohnfunktion an. Raumstrategisch strebt die neue Planung die Gliederung und Auflockerung durch Licht, Luft, Grün ebenso an wie die Begrenzung der Wohndichte und die Orientierung an öffentlichen Nahverkehrsmitteln. Kleinteilige „Nachbarschaftseinheiten" gelten als strukturelle Stadtelemente, die gegen großstädtische Anonymität wirken sollen. Ebenso führt das neue Denken die Forderung mit sich, Städtebau und Wohnungsbau als kommunale Aufgabe zu begreifen.

In Deutschland findet die tayloristische Raumstrategie (Normung, Typisierung und Dezentralisierung) unterschiedliche wirkmächtige Protagonisten. Zunächst, wider Willen, in Werner Hegemann. Er hatte während des Krieges einige Zeit in den USA verbracht und dort gemeinsam mit dem Landschaftsarchitekten Elbert Peets an dem Buch *The American Vitruvius* gearbeitet, das 1922 erscheint. Zurück in Berlin übernimmt Hegemann die Redaktion der *Wasmuths Monatshefte für Baukunst und Städtebau*. Zeitnah veröffentlicht er, aus Anlass der gleichnamigen Ausstellung in Berlin, das Buch *Amerikanische Architektur und Stadtbaukunst*. Hier übernimmt er redaktionelle Darstellungstechniken aus den USA, beispielsweise die indexikalische Zusammenschau von Bildern und Plänen auf einer Druckseite. Das ermöglicht eine komparative synchronische Analyse bzw. ein diagrammatisches Vorgehen, das dem fragmentarisierenden Charakter des Taylorismus entspricht. Hegemanns Werbung für amerikanischen Städtebau gilt vor allem einer Stilkunde der amerikanischen Stadtbaukunst und sieht nicht im Mindesten das vor, was etwa zeitgleich mit dem Stadtbaurat Martin Wagner in Berlin entsteht. Als Leiter der DEWOG, eines Gewerkschaftsunternehmens zur Förderung und Koordination gemeinnütziger Bauwirtschaft, entwirft Wagner gemeinsam mit Taut die Hufeisensiedlung in Berlin-Britz. An diesem Projekt kann er erstmals seine Vorstellung der Typisierung, Normierung und Rationalisierung im Wohnungsbau testen. Ferner gestattet die unter Wagners Ägide 1924 eingeführte Hauszinssteuer ein umfangreiches Wohnungsbauprogramm (das insbesondere Großsiedlungen fördert). Wagners Buch *Amerikanische Bauwirtschaft*, das 1925 nach einer Reise in die USA erscheint, behandelt praktische Aspekte der Rationalisierung in der amerikanischen Bauindustrie. 1929 bereist Wagner die USA ein zweites Mal. Erneut studiert er die „Produktion" amerikanischer Städte, insbesondere das Verkehrsmanagement und den rapiden Wertverlust kommerzieller Gebäude: zwei Aspekte, die Wagner mit seiner Konzeption von Berlin als Weltstadt auch in der von ihm und Adolf Behne redigierten Zeitschrift *Das neue Berlin* niederlegt. Wagners Vorstellung von Stadt findet ihren medialen Ausdruck in der Berliner Bauausstellung 1931 (gegen die Hegemann massiv mobil macht) und in der Ausstellung „Sonne, Luft und Haus für alle" im Jahr 1932[152], ihre bauliche Realisierung unter anderem mit der „Weißen Stadt."

Auf dem Weg entsteht unter dem Schlagwort „Neues Wohnen" neben der Gartenstadtbewegung ein neues Bild städtischer Gesellschaft. Mit dem von Behne formulierten Grundsatz „Neues Bauen setzt voraus ein neues Wohnen – neues Wohnen aber setzt voraus den neuen Menschen"[153] emergiert eine Strategie, die darauf zielt, die Fabrik auf den Wohnungs- und Siedlungsbau zu transponieren. Viele Städte, neben Berlin, Hamburg, Köln, Frankfurt und München auch Hannover, Celle, Magdeburg, Braunschweig und andere, setzen, abgesehen von einer kleinen Zahl an Einzelprojekten, auf relativ geschlossene Siedlungen bis zu einer Größe von 1500 Wohneinheiten. Sie gelten als Prototypen des Neuen Wohnens, das, neben der Transformation des Wohnalltags, in Form des Sozialen Wohnungsbaus auch den Interventionsstaat wohnpolitisch in Szene setzt. Das ökonomische Vehikel stellen die gemeinnützigen Wohnungsbaugesellschaften (in Form von Kapitalgesellschaften und Genossenschaften) dar, denen, mit dem Ziel der Überwindung eines an der Rendite orientierten Kalküls und der Befreiung der „Wohnung" vom Warencharakter, eine neue prominente Rolle im Wohnbau zugeschrieben wird. Paradoxerweise unterhält solches Überwinden eine gleichsam unreflektierte Sympathie mit der (tayloristischen) Objektivierung des Wohnens, die den Bewohner weitestgehend als ein aus benennbaren Bedürfnissen sich konstituierendes Objekt interpretiert. „Die Wohnungsverwaltungsgesellschaften reglementierten die Bewohnerschaft ihrerseits in starkem Maße, wozu offensichtlich das neue, relativ gleich geartete Massenmietverhältnis in besonderer Weise verlockte. Die Regelsetzungen erfolgen durch Mietverträge, Hausordnungen und verbindliche Veröffentlichungen in den so genannten Siedlungszeitschriften: Oftmals rigide zugreifende Hausverwalter sorgten für die Einhaltung der gesetzten Regeln."[154] Ins Wohnen als geregeltes Alltagsleben hält Einzug, was Adorno später treffend als „verwaltete Welt" bezeichnen wird. Deren Kanonisierung schreibt sich fort in den zahlreichen Siedlungszeitschriften und kulminiert in „direkten Beratungsgesprächen ‚in der Wohnung', manchmal verbunden mit Wohnungskontrollen seitens der sogenannten Wohnungspflegerinnen."[155] Ferner misslingt die mit der Gartenstadt entstehende und mit dem Funktionalismus sich artikulierende Idee der Trennung der Stadtfunktionen und der Entkoppelung des Produktions- vom Reproduktionsbereich *in realiter*, weil der Bezug einer Neubauwohnung meist an die Gehaltsebene der Produzierenden gebunden ist. Außer den Mittelschichten gelingt es allenfalls gehobenen Facharbeiterfamilien, die Miete für einen solchen Wohnraum aufzubringen. Gleichwohl erwächst mit der Gartenstadt auch ein neues Bild von Stadtwohnen in der Großwohnanlage als „nah am Grün", „nah an der Natur". Insofern spielen die Siedlungen durchaus eine Rolle in der stadträumlichen Vergesellschaftung einer Erholungsfunktion von Wohnen. Deren Bedingung, die rationalverregelte Lebensführung geschlossener kleinfamilialer Lebensweise, wird dabei nicht als Widerspruch empfunden, ja, sie erhält Vorbildfunktion im Hinblick auf jene gesellschaftliche Schichten, die sich solche Wohnqualität mit fließendem Wasser noch nicht leisten können und die noch „vielfach in Teilen der Altstadt oder in den älteren Arbeitervierteln wohnten."[156]

Weil der Nord-Süd-Zeilenbau eine *tabula rasa* zur Voraussetzung hat, die sich oftmals unter den gegebenen stadträumlichen und wirtschaftlichen Bedingungen nicht realisieren lässt, geraten auch andere Bebauungsformen in den Fokus des Interesses. In den 1920er Jahren entstehen so auf neue Bautypologien ausgerichtete Grundrissforschungen, die Sonneneinfallswinkel und Luftzirkulation in unterschiedlichsten Typen offener und geschlossener Bauweisen untersuchen. Darunter finden sich auch die Arbeiten von Alexander Klein, einem der konsequentesten Vertreter des Funktionalismus, der sein Werk vor allem auf den Wohnungsbau konzentriert. Hauptargument Kleins bildet die Forderung, die Baukörpertiefe von den damals gängigen zwölf bis 13 Metern auf acht bis zehn Meter zu reduzieren. Nur auf diese Weise könnten sinnvolle Raumproportionen und funktionale Raumgruppierungen von Kleinwohnungen ermöglicht werden. Jede Verringerung der Tiefe birgt jedoch aufgrund der geringeren Fläche ökonomische Defizite. Hier erfindet Klein mit neuen Baukörpertypen Lösungen, die auf geringer Tiefe die Ausnutzung des jeweiligen Grundstücks erhöhen. Von Klein stammt beispielsweise der Vorschlag, Zeilenbebauung in Zweispänner zu falten und so die Wohnungsanzahl zu erhöhen. Andere typologische Neuerungen bestehen in der sägezahnförmigen Zeilenbebauung mit Vierspännern, welche die Wohnungen in versetzter Anordnung gruppiert und zweiseitige Belichtung und Belüftung erlaubt. Für die Variante mit Hofbildung und Blockrandschließung schlägt Klein den

Wabentypus vor, der Y-förmige Haustypen addiert. Mit dem Dreispänner-Typ können tiefe Baugrundstücke so verdichtet werden, dass dennoch alle Wohnungen über Querlüftung und gute Lichtverhältnisse verfügen. Neben der Erhöhung der Flächenausnutzung zielt Kleins Arbeit auch auf Versuche, die Erschließungsflächen im Gebäude zu reduzieren und so Kosten einzusparen. Als Beispiel hierfür können die Laubenganghäuser gelten, bei denen für eine größere Zahl von Wohnungen weniger Treppen benötigt werden, „ohne daß sich Belüftung und Belichtung verschlechtern. Vielmehr können sogar alle Aufenthaltsräume nach Süden orientiert werden, was bei Gebäuden mit reiner Treppenerschließung nicht möglich ist."[157] Wegweisend ist ferner Kleins variantologische Untersuchungsweise selbst. Für ihn steht im Vordergrund, den Entwurf so lange wie möglich offenzuhalten, und bereits im Entwurfsstadium Kriterien für eine große Variante an Grundrisslösungen zu erstellen. Vermittels dieser Auseinandersetzung mit dem Wohnen entwickelt Klein somit eine spezifische Analysemethode, die auf unterschiedliche Weise danach fragt, was ein jeweiliger Grundriss „kann". Das ist wichtig, denn: Eine Entwurfszeichnung gibt noch keine unmittelbare Auskunft darüber, welche Formen des Gebrauchs ein Grundriss ermöglicht. Kleins Grundrissarchäologie sucht diese im Grundriss enthaltenen Gebrauchsformen sichtbar und durch grafische Verfahren darstellbar zu machen. Als Parameter speist Klein funktionelle Bewegungsabläufe und Raumorganisation (durch Analyse der Grundrisse, durch Darstellung von Ganglinien und Bewegungsflächen, von Blickbeziehungen, Raumproportionen sowie Licht- und Schattenwirkung) ebenso ein wie den Flächenverbrauch. „Mit Hilfe einer grafischen Methode variiert er die Grundrissgeometrie solange, bis er für ein gefordertes Wohnprogramm eine minimale Fläche bei zugleich angenehmen Raumproportionen und funktionaler Raumgruppierung erhält."[158] So ergibt sich eine Art relationaler Grundrisspartitur, die Grundrissfläche, Bautiefe und Baubreite typo- und topologisch zueinander in Beziehung setzt. Mit dem Aufsatz „Beiträge zur Wohnungsfrage als praktische Wissenschaft" antwortet Klein 1930 auf das „Grundrissforschungsprogramm der Reichsforschungsgesellschaft für Wirtschaftlichkeit im Bau- und Wohnungswesen", welches im Jahre 1929 neun Architekten aufgefordert hatte, sich an der Forschung zu Wohnungsgrundrissen zu beteiligen. Klein erachtet die Aufgabenstellung als zu schematisch, sie biete „keinen Spielraum zur freien Entwicklung einer selbständigen Idee und einer vollwertigen Leistung", könne auch „die Lösungen

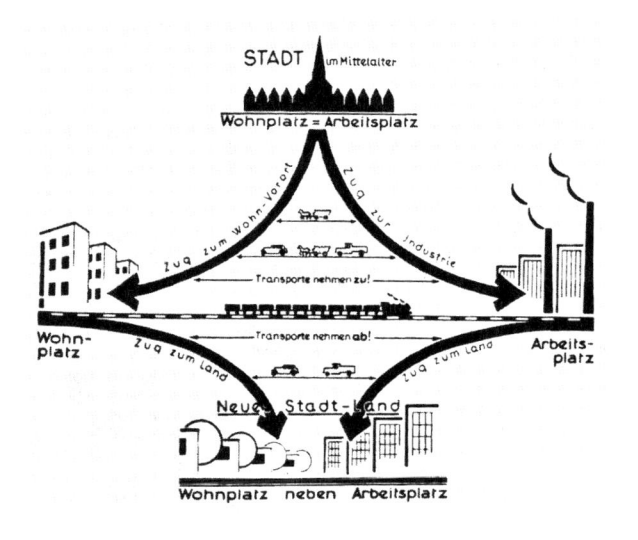

← Stadt-Land-Diagramm von Martin Wagner, 1932
↓ Alexander Klein: Grundrissforschung, Untersuchung eines Grundrisstyps bei wachsender Bautiefe und Nutzfläche, 1930 (Typ 1: Treppe nach Osten, Typ 2: Treppe nach Westen)

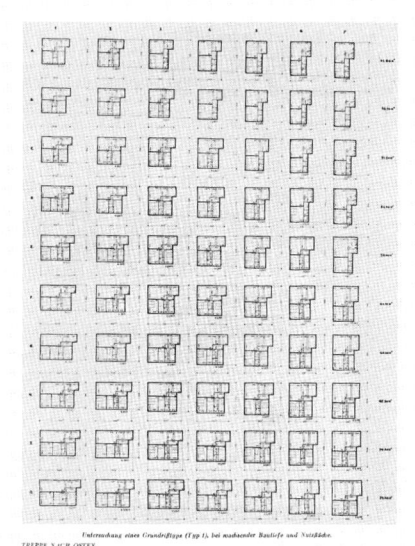

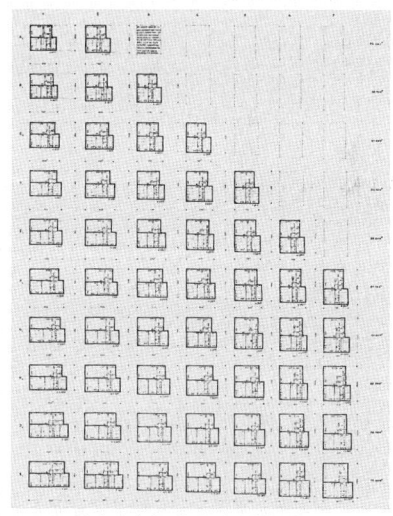

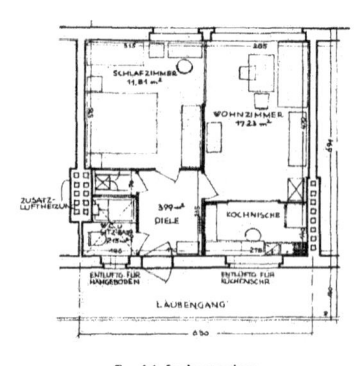

Typ I A, Laubenganghaus.
Nutzfläche 35,95 m²; 2½ Betten.

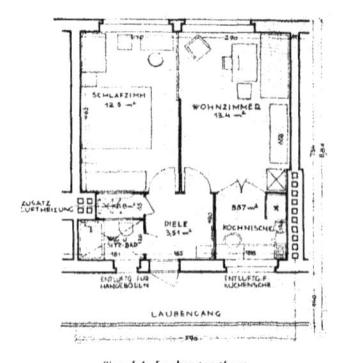

Typ I A, Laubenganghaus.
Nutzfläche 35,95 m²; 2½ Betten.

250

↑ Alexander Klein, Laubenganghausstudien, 1930
↓ Alexander Klein, Entwurf Reihenhäuser, 1926

Abb. 36 und 37 / Reihenhäuser in Dahlem / Entwurf 1926 / Architekt: Alexander Klein, Mitarbeiter: E. Serck
Fliegerbild (oben) und Lageplan (unten)

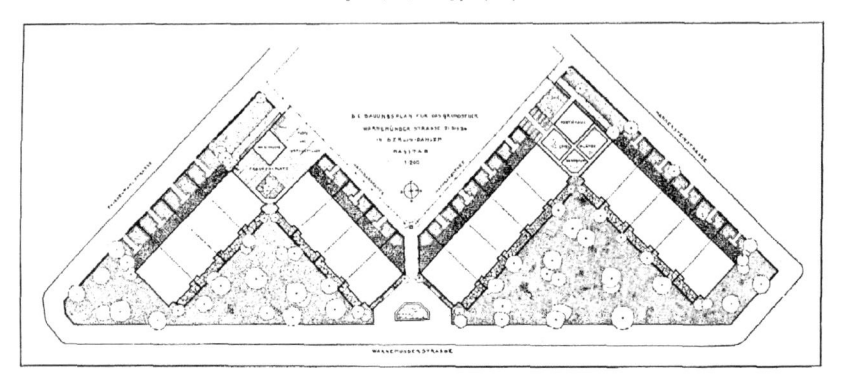

136

von neun verschiedenen Aufgaben"[159] nicht untereinander vergleichen und mache so Forschung unmöglich. Klein zeigt in der *Zeitschrift für Bauwesen* eine Methode auf, wie, am Beispiel von zwei Grundrisstypen (Typ 1 mit Treppe nach Osten, Typ 2 mit Treppe nach Westen), verschiedene Nutzflächen und Bautiefen entwickelt und, in diagrammatischer Form, so dargestellt werden, dass sie aufeinander beziehbar werden.

Wohnen, Stadtbau und Gesetz

Ist staatliche Wohnungsbaupolitik des 19. Jahrhunderts zunächst Hygiene- und Gesundheitspolitik, entstehen nun, mit Beginn des 20. Jahrhunderts, Rechtssysteme, mit denen Mieter vor der Willkür der Hausbesitzer geschützt wurden. Man steht am Anfang eines Jahrhunderts des Staatsdirigismus im Wohnungsbau, der seitdem unterschiedlichste Vorgehensweisen installiert: Mietenstopp zum Ersten Weltkrieg, Wohnraummangelverordnung von 1920 (darunter das erste Mieterschutzgesetz als Novum des sozialen Mietrechts), staatlich verordnete Zwangseinweisungen sowie Zwangsbewirtschaftungsmaßnahmen, das Reichsheimstättengesetz (das als Artikel 155 der Weimarer Verfassung dem heimkehrenden Soldaten eine eigene Heimstätte mit Garten für Gemüseanbau und Kleintierhaltung erhalten sollte). Mit dem Artikel 151 bindet die Verfassung der Weimarer Republik Ökonomie an Gemeinwohl. Der Artikel 153 schafft den Grundsatz der Sozialbindung des Eigentums und auf ihn folgt schließlich mit Artikel 155 die Anerkennung des Rechts auf Wohnen: „Die Verteilung und Nutzung des Bodens wird von Staats wegen in einer Weise überwacht, die Missbrauch verhütet und dem Ziele zustrebt, jedem Deutschen eine gesunde Wohnung und allen deutschen Familien (…) eine ihren Bedürfnissen entsprechende Wohn- und Heimstätte zu sichern."[160] Damit reagiert die Weimarer Republik auf die immense Wohnungsnot, die in Deutschland nach dem Ersten Weltkrieg herrscht.

Der Staat nimmt nicht nur umfangreiche Interventionen in den Wohnungsmarkt, die Wohnungsversorgung und Stadtentwicklung vor, auch der Anteil der Sozialausgaben am Bruttosozialprodukt steigt von 17,7 Prozent 1913 auf 36,6 Prozent 1932. Indes sorgt neben der schwachen wirtschaftlichen Entwicklung und der klammen Haushaltslage auch der Mangel rechtlicher Voraussetzungen für staatliche Eingriffe in das private Immobilieneigentum dafür, dass viele Vorhaben keine Umsetzung erfah-

ren. Des Weiteren resultiert aus der Erzbergerschen Reichsfinanzreform von 1920 eine starke Einschränkung der Handlungsautonomie der Kommunen. Das bewirkt eine ökonomische Abwärtsbewegung, die durch hohe Sozialausgaben, Kreditverpflichtungen und sinkende Zuweisungen im Nachgang der Wirtschaftskrise 1929 die Zwangsverwaltung in 600 Gemeinden (darunter Berlin) im Jahr 1932/33 zur Folge hat.[161]
1924 entspringt dem Reichsheimstättengesetz die Idee der Spargenossenschaften: Selbsthilfegemeinschaften von Sparern und Bausparkassen. Der Fokus des Heimstättenbaus liegt auf Eigentum und Selbsthilfe sowie Subsistenzwirtschaft – ein Drittel der deutschen Bevölkerung lebt noch auf dem Land unter zum Großteil misslichen Bedingungen. Mit insgesamt 80.000 Kleinsiedlerstellen bleiben die Maßnahmen jedoch ohne durchschlagende Wirkung. Dann kommt die große Inflation. Sie bringt 1924, per Notverordnung, die Hauszinssteuer. Die Währungsreform und der darauf folgende Wirtschaftsboom verschaffen kurz Luft zum Atmen. Indes zeigt sich einmal mehr die widersprüchliche Wechselwirkung von Wohnen und Ökonomie, Finanzkrise und Wohnungskrise: Die Preise und Mieten schießen in exorbitante Höhen, zahlreiche Wohnungsgesellschaften gehen bankrott und werden von der öffentlichen Hand übernommen. Sparer verlieren ihr Erspartes. Der Staat entschädigt nicht, sondern zieht mit der Hauszinssteuer private Hypothekenschuldner zur öffentlich geförderten Wohnungspolitik heran. Die Hauszinssteuer ermöglicht einen immensen Bauboom mit einer Bauleistung von 318.000 Wohnungen. 1929 bringt der Schwarze Freitag eine scharfe ökonomische Zäsur mit sich, die Wohnbaumaßnahmen kommen zu einem brüsken Halt. Aus dem „Reichsprogramm zur Förderung der vorstädtischen Kleinsiedlung" resultiert, durch die Unterstützung des Baus von Kleinhäusern in Stadtrandlagen, eine Synthese von Wohnungsversorgung und Zersiedelung – der Weg geht zurück zum Selbstbau und zur Selbstversorgung. Auf baurechtlicher Ebene sollen die Entwürfe zu einem preußischen Städtebaugesetz von 1925, 1926 und 1929 eine vorausschauende Planung durch regionale und überregionale Flächenaufteilungspläne ermöglichen.[162] In der Folge der Veröffentlichung der „Reichsrichtlinien für den Wohnungsbau" durch das Reichsarbeitsministerium (1929) legt der Mannheimer Stadtbaudirektor Gustav Adolf Platz den Entwurf zu einem Reichsbaugesetz vor. 1930/31 erstellt das Reichsarbeitsministerium daraufhin Entwürfe zu einem Reichsstädtebaugesetz.[163] Diese wird die SPD 1932 in den Reichstag

einbringen. Das Reichsgerichtsurteil vom 28. Februar 1930 weist an, dass die Gemeinden nach dem Fluchtliniengesetz für in Anspruch genommene Grundstücke Entschädigungen zu zahlen haben. In der Folge eröffnet die 2. Notverordnung vom 5. Juni 1931 den Gemeinden Planungen und Festsetzungen von Fluchtlinien gegen Entschädigung in angemessener Höhe. Diese Regelung bleibt bis in die Kriegszeit bestehen.

Überblick der städtebaulichen Gesetzgebung 1794 bis 1931

Jahr	Gesetz	
1794	Preußisches Allgemeines Landrecht	Baupolizei, Baurecht, Baugenehmigung
1853	Bauordnung Berlin	Art und Maß baulicher Nutzung
1862	Württembergisches Fluchtliniengesetz	
1868	Badisches Fluchtliniengesetz	
1874	Preußisches Enteignungsgesetz	
1875	Preußisches Fluchtliniengesetz	
1887	Baupolizeiordnung Berlin	
1891	Zonenbauordnung Frankfurt a. M.	Franz Adickes

Jahr	Gesetz	
1899	Telegraphenwegegesetz (DR)	
1900	Sächsisches allgemeines Baugesetz	
1900	Bauzonenplan Flächennutzung	
1902	Gesetz betr. die Umlegung von Grundstücken Frankfurt a. M	sog. „Lex Adickes"
1904	Staffelbauordnung München	Theodor Fischer
1918	Preußisches Wohnungsgesetz	Sozialer Wohnungsbau
1920	Reichsheimstättengesetz, Wohnraummangelverordnung	
1924	Hauszinssteuer	
1931	Notverordnung zum Reichstädtebaugesetz	

Die Verordnung über das Verbot von Preiserhöhungen vom 26. November 1936 treibt private Investoren in Scharen aus dem Wohnungsbau.[164] Mit dem Führererlass von 1940 wird wieder gegengesteuert. Die Reichsregierung zwingt die 3500 gemeinnützigen Wohnungsbaugesellschaften dazu, das Vorkriegsbauvolumen von 300.000 neuen Wohnungen im Jahr zu verdreifachen. Um dieses Vorhaben zu organisieren, wird die „Neue Heimat" als erstes überregional tätiges Bauunternehmen gegründet, das, via Typenbildung und Normung, das Bauen rationalisieren soll. Das heißt, auch wenn sich nationalsozialistische Wohnungspolitik als Bruch zu ihrem Vorgänger inszeniert, übernimmt sie doch viele Aspekte der Weimarer Regierung. Das gilt nicht nur baulich, sondern auch für die Wohnökonomie, welche die neue Regierung als Feld der Arbeitsbeschaffung und Konjunkturbelebung einsetzt.[165] Somit geht das soziale Bindemittel der Weimarer Zeit, die Entproletarisierung durch Eigentumsbildung, ebenso in die nationalsozialistische Wohnpolitik ein wie das Rationalisieren und Typisieren von Bauformen. Auch die organizistisch inspirierte Sozialhygiene des Neuen Bauens erweist sich für die „Rassenhygiene" als nahtlos anschlussfähig. Werner Durth und Niels Gutschow[166] haben nachgewiesen, dass die Ablehnung der für die Großstadt typischen Merkmale sozialer Differenz und Heterogenität die Weimarer Republik mit dem „Dritten Reich" verbindet. Solches lässt sich beispielsweise an dem städtebaulichen Konzept der Addition identischer, homogener Siedlungseinheiten (Nachbarschaften) ablesen, das unter den Nazis „Ortsgruppe als Siedlungszelle" heißt und noch für die „aufgelockerte Stadt" der Nachkriegszeit hinein prägend wirkt.

Nachkriegszeit und Wohnungsnot

Wohnungspolitisch hatte der Erste Weltkrieg nicht nur große Teile der Bevölkerung ohne Obdach gelassen, sondern auch die öffentliche Hand in eine prekäre finanzielle Lage gebracht. Trotz der Anstrengungen des Neuen Bauens gelang es der Weimarer Republik letztlich nicht, die enorme Wohnungsnot zu beseitigen. Nach dem Zweiten Weltkrieg schließlich steht es mit den öffentlichen Finanzen wiederum nicht zum Besten. In der Bundesrepublik[167] geht die „Neue Heimat" in Gewerkschaftseigentum über. Schnell Marktführer unter den etwa 2000 gemeinnützigen westdeutschen Wohnungsunternehmen, beginnt die Wohnungsbaugesellschaft, Großwohnsiedlungen um die Städte herum zu bauen – mit verheerenden städtebaulichen Wirkungen. Alles muss schnell gehen, denn: 1950 verfügen fast zehn Millionen Haushalte über keine eigene Wohnung. Die neu gegründeten wohnungspolitischen Institutionen Wohnungsbauministerium und staatliche Wohnungsfinanzierungsbank (KfW) eröffnen eine Trias wohlfahrtstaatlicher Wohnungspolitik: öffentlich geförderter sozialer Wohnungsbau, steuerbegünstigter und frei finanzierter Wohnungsbau.

Mit dem sozialen Wohnungsbau Deutschlands der 1950er und 60er Jahre findet, im Zuge des Wiederaufbaus, die in den 20er Jahren begonnene staatliche Wohnfürsorge ihren Höhepunkt. Die Wohnpolitik zielt ursprünglich nicht nur darauf, sozial Schwache zu fördern, sondern nimmt, mit dem Wohnbaugesetz von 1950, die gesamte Mittelschicht in den Blick. Schon allein, weil der private Kapitalmarkt darniederliegt, investiert der Staat in das Wohnen. Doch bereits 1956 sinkt der Anteil der öffentlichen Mittel an sämtlichen Wohnbauinvestitionen auf weniger als 30 Prozent. Das neue Konzept, das die Regierung jetzt dem frei finanzierten Wohnungsbau gegenüberstellt, heißt „Eigentum bilden": mit zinsverbilligten Baudarlehen, Aufwandszuschüssen, Aufwandsdarlehen und Steuerabschreibungen. Unter diesem Prinzip entstehen bis heute neun Millionen Sozialwohnungen. Während die meisten Bundesländer sich in Bezug auf Aufwandszuschüsse und -darlehen zurückhalten, schlägt Berlin, das von 1969 an auf diese Förderart fokussiert, einen Sonderweg ein.

Auch baurechtlich geht die Entwicklung voran: Bereits 1942, noch unter nationalsozialistischer Ägide, hatten die damaligen Ministerialbeamten Wilhelm Dittus und Ludwig Wambsganz einen Entwurf des Reichsarbeitsministeriums zu einem „Deutschen Baugesetzbuch" vorgelegt, der allerdings unveröffentlicht blieb.[168] In Anlehnung an den Entwurf konzipiert Dittus fünf Jahre später, nun als Akteur des neu begründeten Wohnungsbauministeriums, die Vorlage zu einem Baugesetzbuch für die Bundesrepublik Deutschland, das 1950 zur Veröffentlichung gelangt. Der Entwurf ist Gegenstand heftiger Auseinandersetzungen um die Eigentumsfrage und, mit ihr, die „Sozialpflichtigkeit des Eigentums". So gibt es Streit darüber, ob Bodenwertsteigerungen bedingungslos dem Eigentum zuzurechnen und so „verdient" seien oder als „unverdiente" Vorteile von der Planungsrecht gewährenden Gemeinde abgeschöpft werden dürften. Aus dem Disput resultiert, dass der vorgesehene grundstücksbezogene Planungswertausgleich aufgrund des heftigen Widerstandes entfällt. Ferner bleibt die Zuständigkeit des Bundes für die Baupolizei und die Bauplanung umstritten. Ein Gutachten des Bundesverfassungsgerichts vom 16. Juni 1954 spricht dem Bund die Gesetzgebungskompetenz zur Regelung der städtebaulichen Planung, der Baulandzusammenlegung sowie des Bauverkehrsrechts zu.[169] Das Bundesbaugesetz wird erst im Jahr 1960 die Baupolizei in die Bauaufsicht als „Verwaltungseinheit ohne Polizeibefugnisse" umwandeln.

Um 1950 sind die Trümmer des Krieges weitgehend beseitigt und die Aufbauplanung, die sich auf die in den meisten Bundesländern inzwischen erlassenen „Aufbaugesetze" stützt, kann beginnen. In deren Blickfeld geraten auch neue städtebauliche Ansätze, die sowohl der Bewältigung des akuten Wohnbedarfs wie auch der Neuausrichtung langfristiger Planung dienen sollen. Ihnen entspringt, als prominentestes Leitbild nach dem Krieg, die spezifische Form der aufgelockerten und gegliederten Stadt. Sie zeigt sich inspiriert von dem britischen Programm der Gründung „Neuer Städte", insbesondere zur Entlastung Londons. Als wichtigster Vertreter des Ansatzes gilt Johannes Göderitz, dessen Modell ein hierarchisches Stadtgefüge vorsieht, das sich aus sogenannten Nachbarschaftseinheiten (= 5000 Einwohner) zusammensetzt. Während die Wohnbereiche um die Zentren der Nachbarschaftseinheiten angeordnet sind, gruppieren sich die Arbeitsstätten bandförmig an einem Stadtrand. Die Erschließung findet durch ein anbaufreies Achsenkreuz und davon ausgehende Schleifenstraßen statt. Vier Nachbarschaften konstituieren, in Relation zur Zahl der Wohnungen, eine Stadtzelle. Drei bis vier solcher Stadtzellen bilden wiederum einen Stadtbezirk, der die wichtigsten zentralörtlichen Funktionen (Einkaufszentrum, Verwaltung etc.) fasst. Das Dichteverhältnis sieht 200 E/ha vor. Ziel des Modells ist es, anhand eines strukturellen Prinzips soziale Räume zu definieren und eine klare Zuordnung von privaten und öffentlichen Räumen zu ermöglichen. Seine Legitimation findet es in der Rede von räumlicher Identität und der Zugehörigkeit zu räumlichen Kategorien auf verschiedenen Ebenen (Zelle, Bezirk, Stadtteil, Stadt).[170]
Analog dem medizinischen Prinzip von „Diagnose, Prognose, Therapie"[171] argumentiert Göderitz mit dem Postulat einer Sanierungsbedürftigkeit der „kranken" Stadt. In dem Buch *Stadterneuerung. Organisatorische, wirtschaftliche und rechtliche Voraussetzungen für die Sanierung ungesunder Wohngebiete*, einer von 1955 an durchgeführten und 1962 veröffentlichten Forschungsarbeit, welche das Bundesministerium für Wohnen, Städtebau und Raumordnung im Hinblick auf ein beabsichtigtes Sanierungsgesetz in Auftrag gegeben hatte, heißt es: „Eine besondere Aufgabe des Städtebaus ist (…) der Stadtumbau, da alles von Menschenhand Geschaffene im Laufe der Zeit einer Erneuerung bedarf. Das bestehende Alte ist aber aus Gründen, die zu untersuchen sein werden, im einzelnen und im ganzen mit vielen Krankheitserscheinungen behaftet, die leider bisher viel zu wenig erkannt und beachtet

worden sind. Somit muß die Stadtgesundung als eine der wichtigsten Aufgaben des neuzeitlichen Städtebaus angesehen werden."[172] Was aber als „gesunde" Stadt angesehen werden soll, bleibt Gegenstand heftiger Diskussionen.[173]

Die in dem gleichnamigen Standardwerk von Göderitz propagierte gegliederte und aufgelockerte Stadt gilt bald als Konsens eines sinnvollen Stadtgefüges. Dass in ihrer Form der Neuaufbau der Städte vonstatten gehen soll, manifestiert und betont auch die 1957 abgehaltene Internationale Bauausstellung „Interbau" in Berlin. Auf Trümmerflächen entsteht das sogenannte Hansaviertel, das in seiner Raumorganisation Ansätze aus Neubaugebieten in England und Schweden aufgreift. Städtebaulich pointiert sich so der Wiederaufbau mit dem Thema der „Stadt von morgen". Die Bauausstellung wendet sich von der dicht bebauten Stadt des 19. Jahrhunderts ebenso ab wie von der Monumentalarchitektur der 1930er bis 50er Jahre. Allerdings überlagert sie das stadtlandschaftliche Modell der aufgelockerten und gegliederten Stadt mit einer neuen Dichte bei gleichzeitig intensiver Durchgrünung. Punkt- und Scheibenhochhäuser, Zeilenbauten, Mehrfamilien- und Einfamilienwohnhäuser ordnen sich in eine begrünte Landschaft ein und zeugen, trotz der Auflockerung durch fließende, offene Räume zwischen den Häusern, die man als Absetzbewegung zur Blockrandbauweise der „Mietskasernenstadt" versteht, von einem städtischen Zentrumsgedanken, der sich in Verdichtung, Masse und Höhenentwicklung ausdrückt. Im gleichnamigen Buch zur Ausstellung von 1959 heißt es: „Die Stadt von morgen muß so geplant werden, daß sie zur ordnenden Lebenshülle wird, in der der einzelne, die Familie und die nachbarliche Gemeinschaft schützende und formende Lebensbedingungen erhalten. Bei dieser Planung ist von der Familie als der wichtigsten Gemeinschaft der Menschen auszugehen. Die Familie ist gleichsam die kleinste Planungszelle, ihr Dasein das grundlegende Gestaltungsmaß. Mehrere Familien gruppieren sich in nachbarlicher Berührung und Ergänzung zu überschaubaren Wohngruppen (…) Die Stadteinheiten bilden die gemeinsame Stadt, die sich um ein wirtschaftliches und kulturelles Zentrum ordnet (…) In solcher Umwelt wird auch die Verpflichtung des einzelnen zur Mitverantwortung gegenüber der Gemeinschaft im Sinne echter Demokratie gedeihen."[174] Aus dem Text spricht die Situation der Nachkriegszeit und ihrer städtebaulichen Maxime, in denen

↗ Die autogerechte Stadt: der Friedrich-Engels-Platz in Leipzig nach der Umgestaltung, 1971
↙ Johannes Göderitz: Gegliederte und aufgelockerte Stadt, 1957

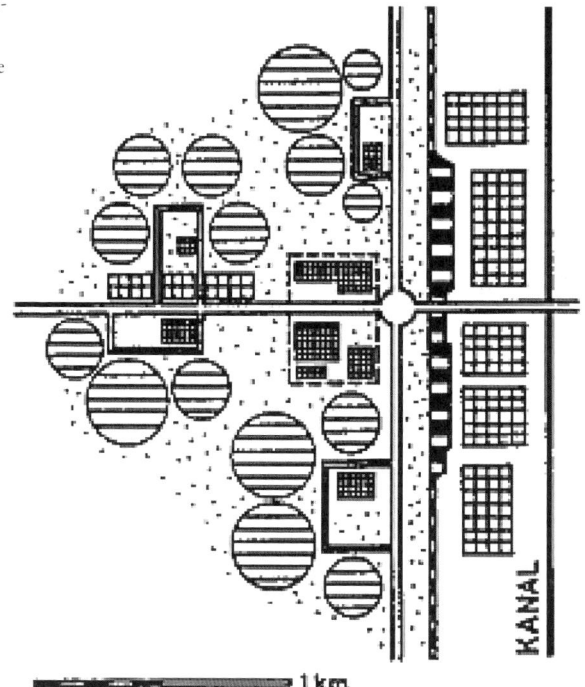

bereits alle Kritikpunkte an der Großstadt, wie sie die 1920er Jahre hervorgebracht hatten, kulminieren. Mit dem Thema Stadterneuerung gilt es nun, gesundheitsschädigende Umweltbedingungen zu beseitigen, zu hohe Bevölkerungskonzentrationen zu vermeiden, um Armut und sozialer Unbotmäßigkeit vorzubeugen, neuen Mobilitätsanforderungen gerecht zu werden. Die Stadt macht und ist krank, sie muss geheilt werden. Solche Punkte, gemischt mit einer latenten Großstadtfeindschaft, fließen zu einer Mixtur an neuen Stadtideen zusammen, in deren Zentrum die Erneuerung der Stadt als Voraussetzung der Erneuerung der Gesellschaft steht.

Leitbilddiskussion und Baugesetz

Mit dem Planungs- und Bodenrecht von 1960 erfährt die städtebauliche Planung eine Vereinheitlichung auf Bundesebene, während das Bauordnungsrecht weiterhin in den Landesbaugesetzen geregelt ist. Mit dem Gesetz, das „noch immer das Einzelinteresse über die lebensnotwendigen Interessen der Gesamtheit" stellt, wie Fischer und Ratsherr bemerken[175], beginnt ein neues Bewusstsein der Politik über Stadt, das sich in immer neuen Leitbildern artikuliert. Markstein dieser Entwicklung bilden zwei Neugründungen: die des Instituts für Städtebau (ISB) in Berlin 1961 und die des Instituts für Städtebau und Wohnungswesen in München 1960. Vor allem das Münchner Institut, das in den folgenden Jahren die Debatte über Städtebau in Deutschland befeuern wird, formuliert sein Ziel darin, „die Ausbildung und Fortbildung von Fachleuten auf dem Gebiete des Städtebaus, des Wohnungswesens, des Planungs- und Baurechts zu fördern und in Verbindung damit praktische und wissenschaftliche Arbeiten und Veröffentlichungen anzuregen und zu unterstützen."[176] Der Anstoß für ein solches Institut geht von Johannes Göderitz aus, der in der Akademie für Städtebau und Landesplanung zur Flankierung des neuen Gesetzes und der aus ihm erwachsenden Anforderungen den Vorschlag für eine neu zu gründende Institution macht. Göderitz übernimmt auch, bis ihm Gerd Albers 1962 folgt, die Institutsleitung. Die Neugründung trägt der spezifischen geschichtlichen Situation der Städtebauer Rechnung, die sich in Bezug auf das neue Gesetz als unbeteiligte Zuschauer empfinden: „Das Bundesbaugesetz geht über die Bühne, genau genommen ohne uns, die wir mehr oder weniger danebenstehen. Andere Kreise erörtern Landankaufgesellschaften, eine verdammt gefährliche Waffe, mit der man den Städtebau und uns ganz hübsch aufs Kreuz legen kann, ohne dass wir Gelegenheit nehmen, den Ursachen zu Leibe zu rücken, die letztlich bewusst oder unbewusst auch anderen Leuten klar werden und sie zum Handeln veranlassen"[177], klagt Hillebrecht im Jahr 1959.

Gesellschaftlich und ökonomisch vollzieht sich in den 1960er Jahren mit dem Aufkommen und Anstieg sogenannter Dienstleistungsarbeitsplätze ein Wandel, der auch auf die städtebauliche Diskussion einzuwirken beginnt. Bereits auf dem Städtetag 1960 in Darmstadt stellt Hillebrecht eine Studie zu Hannover vor, die einen drastischen Anstieg an Dienstleistungsjobs anzeigt. Hillebrecht spricht von einer neuen „Konzeption der Stadt im Raum", einem „neuen Stadttypus des 20. Jahrhunderts", der weniger von der „Marktstadt" oder der „erweiterten Stadt" geprägt sei, sondern neue Formen der Ballung über die Stadtgrenzen hinaus produziert und das Terrain für „die Entfaltung freier Unternehmerinitiative" konstituiert. Mit dieser Diagnose kommt eine Diskussion um die städtische Dichte in Gang. Für Hillebrecht ist in dieser Perspektive Ballung eher positiv als negativ zu beurteilen. Danach charakterisiert die Ballung „siedlungsmäßig betrachtet, vielfältig gegliederten und wirtschaftlich mannigfaltig strukturierten Raum." Dessen Ursachen liegen „in der ökonomischen Struktur, dem soziologischen Charakter und der zivilisatorischen wie kulturellen Attraktion der Ballung. Der Weg zu einem neuen Stadttypus führe nur über die „Schau des gesamten Raumes". Solche Anschauung von Stadt steht jedoch quer zu jeglichen monokausalen Leitbildern von Verstädterung. Verdichtung sieht größere kommunale Räume vor, deren Organisation „im Selbstverwaltungsprinzip"[178] vonstatten gehen soll. Mit derlei Debatten kommt ein neuer Begriff zum Zuge, der die gesellschaftliche Blickrichtung, welche der Städtebau bereits in den 1920er Jahren aufgenommen hatte, selbst typisiert: der Begriff Leitbild. Im Leitbild konvergieren materielle Stadtvorstellung und gesellschaftlich bestimmte bzw. ausgehandelte Werte. Mit ihm ist annonciert, dass ein Städtebau, der beispielsweise den Terminus „Dienstleistungsgesellschaft" als Legitimationsinstrument einsetzt, bereits eine Überlagerung bzw. Wechselwirkung von gebauter Umwelt und deren typologischen Aspekten und gesellschaftlicher Struktur voraussetzt oder voraussetzen kann. Gerade weil sich Leitbilder als Gegenstand konfligierender Interessen erweisen, stehen sie immer auch im Kreuzfeuer baugesetzlicher Debatten.

Um im Jargon zu bleiben: Das Bundesbaugesetz (BBauG) richtet sich selbst nach einem Leitbild aus, nämlich dem Leitbild der funktionalen Stadt. Wenn das Gesetz mittels Bauleitplänen „eine geordnete städtebauliche Entwicklung"[179] sicherstellen will, meint es mit Ordnung den *tabula-rasa*-Ansatz der Moderne, das heißt erstens den Abriss der Bausubstanz des 19. Jahrhunderts als Voraussetzung, um statt ihrer eine „gesunde Stadt" im Sinne einer „menschenwürdigen Umwelt" ins Werk zu setzen, und zweitens die Trennungsordnung der Stadt in unterschiedliche Funktionen. Was dem „Neuen Bauen" nicht gelang, ist nun, auch auf Grund der Zerstörungen durch den Krieg, möglich. Ingrid Krau, von 1995 bis 2010 Leiterin des Münchner Instituts für Städtebau und Wohnungswesen, zieht rückblickend das Resümee: „Das Bundesbaugesetz von 1960 fußt auf den Grundsätzen und Leitbildern der 1. Moderne aus der Zwischenkriegszeit: Funktionstrennung mit monofunktionalen Gebäudetypen und zugleich mit monofunktionalen Gebietstypen, also WR (reine Wohngebiete), GE (Gewerbegebiete), GI (Industriegebiete), Sondergebiete; das WA (Allgemeine Wohngebiete) unterscheidet sich mit den äußerst eingeschränkten zusätzlichen Funktionen kaum vom WR; von der zulässigen Mischung in Mischgebieten (MI) wird nur selten Gebrauch gemacht; die Kategorien Kern- und Dorfgebiet gelten kaum für Neubaugebiete."[180] An dem neuen Baugesetz entfacht sich folglich auch die Debatte um seine eigene Gründung bzw. deren Bedingungen und Vorstellungshorizonte. Während Farenholtz 1962 (die Baunutzungsverordnung (BauNVO) war gerade eingeführt) auf den leitenden Gedanken der Verordnung mit den Worten: „Das Leitbild, das zur Baunutzungsverordnung geführt hat, deutet sich an in den Formulierungen der Charta von Athen und findet sich konkretisiert in dem Begriff der ‚gegliederten und aufgelockerten Stadt'"[181] hinweist, rückt der Soziologe Bahrdt bereits das Hinterfragen der Konstitution von Leitbildern selbst in das Blickfeld städtebaulicher Diskurse und zieht auf dem Weg deren Naturalisierungstendenzen ideologiekritisch in Zweifel: „Welche Normen, Leitbilder, Ideologien spielen, (…) in unseren Planungstheorien und auch in konkreten Plänen eine Rolle? Woher stammen sie, entsprechen sie den Interessen bestimmter gesellschaftlicher Gruppen, falls ja, wie ist es gekommen, daß wir diese Interessenbedingtheit, wie es uns ja oft geht, nicht mehr sehen? Wie haben sie sich eigentlich durchgesetzt? Zweitens gilt es zu überprüfen, ob die in den Leitbildern enthaltenen bzw. stillschweigend vorausgesetzten Tatsachenbehauptungen auch zutreffen. Es handelt sich ja (…) nicht um abstrakt formulierte Werte, die also irgendwo am Wertehimmel hängen, sondern um Verquickungen von Wertvorstellungen und Wirklichkeitsbildern. Letztere lassen sich natürlich überprüfen auf ihre Richtigkeit."[182] Strukturell nimmt die BauNVO von 1962 die Unterscheidung in vier Arten von Bauflächen vor, die sich nach der Ordnung in die Hauptfunktionen Wohnen, Arbeiten, Verkehr und Erholen gruppieren. Daraus leitet sie zehn Arten von Baugebieten für die Darstellung und Festsetzung der besonderen Art der baulichen Nutzung ab. Solches, auf Funktionstrennung basierendes städtebauliches Ordnungsprinzip, das das zulässige Maß der baulichen Nutzung auf untere, der Auflockerung verpflichtete Werte beschränkt, erweist sich in den Folgejahren als maßgeblicher Treiber der städtischen Zersiedelung.[183] Diese Entwicklung bremst das 1965 verabschiedete Raumordnungsgesetz (ROG), mit dem der Gesetzgeber versucht, die unzureichende Handhabe des BBauG gegen die zunehmende Ausdehnung der Siedlungsgebiete zu korrigieren, kaum ab.

In regulationstheoretischer Perspektive wirkt das ROG als nationalstaatliches Instrument, das den Industrialisierungsprozess gleichmäßig auf das ganze Territorium des Staates zu verteilen sucht. Unter der Maßgabe „gleiche Lebensverhältnisse für alle" sollen jene Regionen, in denen Lebensbedingungen „im Verhältnis zum Bundesdurchschnitt wesentlich zurückgeblieben sind"[184], besondere Unterstützung erfahren. Weil die meisten Städte zu Beginn der 1960er Jahre ein starkes Bevölkerungswachstum und einen hohen Beschäftigungsstand aufweisen, fokussiert die Praxis des ROG vor allem auf rurale Regionen. Das ROG unterteilt das Territorium in vier geografische Gruppen: Verdichtungsräume, die sich durch eine hohe Konzentration von Einwohnern und Arbeitsplätzen auszeichnen; nicht näher spezifizierte ländliche Raume; zurückgebliebene Gebiete; und das Zonenrandgebiet nahe der Grenze zur DDR und der Tschechoslowakei. „Es waren die innerstaatlichen Peripherien, in denen (…) das Problem der Unterentwicklung wurzelte, das sich vor allem im Gegensatz von Stadt und Land ausdrückte."[185] Hinter solcher Raumordnungspolitik steht die vom Fordismus geprägte Annahme, das staatliche Territorium stelle jene geografische Größe dar, innerhalb der, mit Henri Lefèbvre gesprochen, „die unendliche Ausdehnung der Zentren, Kernregionen und Wachstumspole"[186] das Problem der uneinheitlichen geografischen Entwicklung beheben kann. Das Credo „Urbanität durch Dichte" steht nicht nur für die maximale bauliche Konzentration, sondern ebenso für die von Arbeitskraft und Kapital. Ziel ist die Urbanisierung des gesamten Staatsterritoriums, das sich in einem nationalen Netzwerk zentraler Orte entfaltet und das Problem „zurückgebliebener" Regionen beseitigt. Solche Perspektive setzt voraus, dass die Entwicklung und Stärkung von Zentralität auch das Hinterland berührt. „Aus dieser Perspektive stellte sich die wachsende urbane Konzentration auf nationaler Ebene als notwendige Entwicklungsstufe für die weitere Entwicklung des Kapitalismus dar."[187] In dem Zuge wächst den Gemeinden die Aufgabe zu, als „Pufferzone" zu dienen, wie es Offe formuliert, die den Staat vor sozialen Konflikten und Legitimationskrisen schützt.[188]

Betongold, Partizipationsdebatte und Strukturwandel des Städtebaus

„Die Miete ist ein politischer Preis."   *Der Spiegel*, 1972

„Das größte Gegenwartsproblem sind nicht Ostpolitik
und Mitbestimmung, sondern Mieten und Wohnungen."
     Heinrich Böll, 1972

Im Ganzen markiert der Antagonismus zwischen den städtebaulichen Leitbildern den immer neuen Kristallisationspunkt planerischer Debatten um neue Wohnformen. Als dessen bauliche Manifeste etablieren sich, unter wohlfahrtsstaatlicher Ägide, die von 1963 an entstehenden hoch verdichteten Großwohnsiedlungen. Sie sollen das Leitbild „Urbanität durch Dichte" forcieren. Dabei gerät meist die Frage aus dem Blick, was eigentlich unter Urbanität zu verstehen sei (ein Punkt, den Lefèbvre in seiner Kritik des Urbanismus aufnehmen wird[189]).
Der Inflation und den damit einhergehenden Mietsteigerungen Anfang der 1970er Jahre folgt die Flucht ins „Betongold". Allein im Jahr 1971 werden mehr als 700.000 Wohnungen realisiert. Das bedeutet Weltrekord für Deutschland: 2000 Wohnungen am Tag. Alle wollen bauen, wollen das Geld in der Immobilie sichern. Das bringt die Finanzzirkulation des Wohnmarktes auf spektakuläre Touren. Die Bausparkassen haben einen Zulauf, von dem die Kreditbranche sonst nur träumen kann: 1969 steigert sich das Neugeschäft mit Bausparern, die aus der Miete flüchten wol-

len, gegenüber dem Vorjahr um 51 Prozent, 1970 um weitere 35 Prozent. Mitten in der Wirtschaftskrise boomt die Bauindustrie 1971 mit Profitraten um 100 Prozent. „Obgleich der Tiefbau erlahmte, wuchs durch das Wohnungsgeschäft der Gewinn der großen Baufirmen pro Aktie um zwölf Prozent. Die Beton- und Monierbau AG erhöhte ihre Dividendenzahlung von 6 auf 16 Prozent. Die Frankfurter Philipp Holzmann AG steckte im Geschäftsjahr 1971 rund 5,6 Millionen Mark in die Rücklagen und warf dennoch wieder 18 Prozent Dividende aus"[190], weiß *Der Spiegel* zu berichten. Indes treibt die Inflation Bau- und Bodenpreise im Mietbau in die Höhe, Eigentümer nehmen höhere Mieten bei gleichzeitigem Mangel an Wohnungen. „Obwohl seit 1948 über zehn Millionen Wohnungen gebaut wurden, ermittelten Statistiker vor vier Jahren überraschend, daß noch immer 800.000 Wohnungen fehlten. Und obwohl seit dieser Erhebung jährlich etwa 500.000 Wohnungen von privaten und öffentlichen Bauherren hochgezogen wurden, schätzt Bundeswohnungsbauminister Lauritz Lauritzen den Fehlbestand heute immer noch auf eine Million."[191] Vor allem der Bodenpreis treibt die Baukosten hoch, Preissteigerungen um 100 Prozent innerhalb weniger Jahre werden auf dem Bodenmarkt zur Normalität. Während in München die Bodenpreise seit 1950 um 2036 Prozent stiegen, wird Bauland in nordrhein-westfälischen Städten bereits so gut wie nicht mehr gehandelt. Von den 17.477 verkauften Grundstücken im Jahr 1971 liegen nur 2405 in innerstädtischen Lagen. Eigentümer profitieren von der wachsenden Differenzialrente, während sie durch das Steuerrecht begünstigt werden. Wer günstig Boden erwirbt und ihn später zu einem Mehrfachen des Anschaffungspreises verkauft, muss den Veräußerungsgewinn nicht versteuern. Der Deutsche Städtetag von 1972 nennt Zahlen: Nach Schätzungen verursacht die Umwandlung von Ackerland in Bauboden 1960 bis 1969 eine Wertsteigerung von 50 Milliarden Mark.[192]

Auf Grund der Explosion der Bau-, Boden- und Kapitalkosten stellt die „Neue Heimat" den sozialen Wohnungsbau weitgehend ein. Ferner sinkt die Zahl der jährlichen Sozialneubauten im Zeitraum von 1959 bis 1970 von 301.000 auf 134.000 Einheiten und der Anteil der Sozialwohnungen am gesamten Wohnungsbau von 51 auf 28 Prozent. Vor dem Hintergrund stark steigender Wohnkosten durch Inflation und Sachwertflucht artikuliert sich auch auf Mieterseite Widerstand. Eine Welle von Hausbesetzungen durchzieht die Republik. Die erste Hausbesetzung findet

am 10. April 1970 in Köln statt, dort besetzt der Verein „Sozialpädagogische Sondermaßnahme" mit Jugendlichen und geflohenen „Fürsorgezöglingen" ein Haus in der Roßstraße „instand". Am 19. September folgt Frankfurt a. M. mit der Besetzung der Eppsteinstraße 47. Die Bewegung breitet sich über die bundesdeutschen Städte aus. Der Staat greift durch. Am 3. Juli beendet die Polizei in Berlin die Besetzung der Mariannenstraße 13. Bereits fünf Monate später jedoch wird erneut ein Haus am Mariannenplatz besetzt: das inzwischen berühmte „Georg-von-Rauch-Haus".[193]
Auch auf den Straßen macht sich Widerstand gegen die Preiserhöhungen bemerkbar. Der *Spiegel*-Artikel mit dem Titel „Mieten in Deutschland: Not im Wohlstand" vom 30. Oktober 1972 beschreibt die neue Wohnmisere: „In Düsseldorf mangelt es an 21.000 Wohnungen. In Hamburg sind bei den Bezirksämtern rund 10.000 ‚Dringlichkeitsfälle' registriert. Knapp 12.900 Familien warten in München auf eine Sozialwohnung; mit dem Vermerk ‚akute Not' sind in der Olympia-Stadt 2900 Fälle aktenkundig. Johann Kautnick vom Münchner Wohnungsamt: ‚Was wir wegbringen, wächst wieder nach.' Neben dem Fehlbestand erweist sich der Bestand als vernachlässigt, mehr als eine halbe Million Wohnende leben in Baracken und Nissenhütten. In den Sanierungsgebieten der Großstädte, so ergab die Wohnungszählung 1968, wohnen mehrere Millionen Menschen in mehr als einer Million abbruchreifer Unterkünfte."[194]
Die Inflation ruft das nächste Rechts-Instrument hervor: Es ist das ab dem 25.11.1975 geltende Wohnraumkündigungsschutzgesetz, das den Bestandsschutz des Mietverhältnisses gewährleisten und Mieterhöhungen erschweren soll. Es ist zeitlich begrenzt gedacht, existiert aber heute immer noch. Und es manifestiert die soziale Konzeption von Wohnraum, mit der gilt: Wohnen ist nicht nur ökonomisches, sondern auch soziales Gut. Städtebaulich treten mit dem öffentlichen Sanierungswillen die „integrierte Stadtentwicklungsplanung" und mit ihr die ersten Schritte stadtplanerischer Deregulierung in den Vordergrund. Der konzeptionelle Entwurf für solches Planen kommt aus England, hier wirkt insbesondere der Bericht *The Future of Development Plans* von der Planning Advisory Group aus dem Jahr 1965[195], dessen Vorschläge auch in den ersten Städtebaubericht der Bundesregierung vom 1. Dezember 1970 eingehen. Das dort formulierte Ziel heißt: „ein grundsätzliches Planungsdokument anzubieten, das in der Lage ist, in klarer und integrierter Form die politischen Zielsetzungen und Maßnahmen darzustellen, die die Zukunft der

Stadt gestalten." Angestrebt ist eine Art Metaplan, der nach bestimmten Verfahren aufwendige Datenanalysen zusammenführt und so „politische Entscheidungen, Ziele und Bewertungskriterien" zu fundieren hilft. Gleichzeitig thematisiert der *Future of Development Plan* die Frage nach der Partizipation lokaler Gemeinden und damit die deregulierende Entlastung staatlicher Kontrollinstanzen. Der auf Stadtplanung spezialisierte Jurist Desmond Heap kommentiert: „Now one of the major things which this Report advised was a good deal of load-shedding from Whitehall onto the shoulders of local government authorities throughout the land. Well, why not? After all, local government authorities throughout the land were constantly carping and criticising the control which they received from the central government, constantly asking to be given greater autonomy and more and more powers. The Planning Advisory Group thought the time had come to give them more powers and thereby relieve pressure at central government level."[196] Der Städtebaubericht des Bundes zeigt an, wie sich die Städtebaupolitik des Bundes hin zu einer kommunalen Stadtentwicklungsplanung verschiebt. Aus ihr geht die ämterübergreifende „Ressortkoordination" und die „bürgerschaftliche Mitwirkung" hervor, die jedoch noch zaghaft in die Tat umgesetzt wird. Mit dem „Münchner Modell" führt die Stadt München 1968 unter Hans-Jochen Vogel als erste deutsche Stadt die Stadtentwicklungsplanung ein. Vogel zufolge steuern die Städte auf eine Katastrophe zu, „wenn wir unser Gesellschaftssystem nicht in wichtigen Punkten reformieren. (…) Die Stadt ist nicht länger mehr ein Zustand, sie ist ein Prozeß. Und dieser Prozeß ist kein Naturereignis (…), vielmehr ist er steuerbar und in steigendem Maße steuerungsbedürftig geworden (…) richtig verstanden, gibt es heute nicht nur verfassungswidrige Gesetze, Urteile und Verwaltungsakte – es gibt auch verfassungswidrige Zustände, verfassungswidrige Städte."[197]

Nach den Leitbilddiskussionen der 1960er Jahre erkennen die Planer, dass sie für das dynamische Wachstum der Städte nur dann zukunftsfähig planen können, wenn sie politische Gremien ebenso überzeugen können wie die Bürger. Es zeichnet sich ab, dass die Methode der Bedürfnisbefriedigung durch Beseitigung von gebauter und genutzter Substanz nicht in allen städtebaulichen Situationen funktioniert bzw. auf Widerstand der Nutzer stößt. Die bis dahin geltende Unanfechtbarkeit des B-Planes steht zunehmend in Abrede und der Umgang mit dem wohnenden Bürger gerät in den Blick. Zur Nedden bemerkt, dass Abbruch „auch einen schweren

Eingriff in bestehende sozioökonomische Strukturen" impliziert, „dessen Tragweite und Nebeneffekte (...) oft nur schwer zu erfassen sind (...) Als Fazit aus den bisherigen Erkenntnissen der derzeitigen sozioökonomischen Strukturen scheint sich in überwiegenden Teilen eine wohlüberlegte schrittweise Umstrukturierung zu empfehlen, um Schäden am Gesamtgefüge zu vermeiden."[198] Oft ist nun von den „Sanierungsbetroffenen" die Rede. Besonders in Berlin, wo sich schließlich, im Jahr 1975, der Berliner Senat dazu veranlasst sieht, die Einbeziehung der Betroffenen zur Förderung des gegenseitigen Verständnisses bei Sanierungsvorhaben zur Pflicht zu machen.[199] Auch der Entwurf zum Städtebauförderungsgesetz von 1970, der die Erneuerung als „Beseitigung städtebaulicher Mißstände, insbesondere durch Beseitigung baulicher Anlagen und Neubebauung" versteht, gerät zunehmend zum Stein des Anstoßes. Viele Kritiker sehen darin eine Pseudo-Beteilungsstruktur, die die „Aufklärung der Bevölkerung über die damit beabsichtigten politischen und ökonomischen Konsequenzen" nur betreibt, um die Betroffenen zum Mitwirken am bereits Beschlossenen anzuhalten.

Indessen gerät der Modus Leitbild selbst von jener städtebaulichen Bewegung unter Beschuss, die sich selbst die wissenschaftliche nennt und vereinfachende Setzungen durch Logik und Rationalität ersetzen möchte. Es dringt durch, dass Leitbilder immer Fragen der städtebaulichen Ordnung (von der das Bundesbaugesetz im §1 spricht) berühren, die sich auch von gesellschaftlicher Ordnung durchdrungen zeigt und deren Fundierung nun infrage steht. Als Ersatz sollen jetzt wissenschaftliche Leistungsdaten herhalten, die als „objektive sachliche" Maßstäbe gelten. Auch haben neue Untersuchungen kleinteiliger zu agieren, die große Lösung ist sowohl zur Bestimmung der Ordnung einer Stadt wie zur Identifizierung von Stadttypen obsolet geworden. Ziel ist nun, auf der Grundlage allgemeiner und empirisch gewonnener methodischer Einsichten fallbasiert zu arbeiten. Der Soziologe und Inhaber des Instituts für Strukturforschung an der TH Stuttgart Felix Boesler thematisiert bereits im Jahr 1964 die problematische Wechselwirkung zwischen aktuell kursierenden Leitbildern und den Entwürfen des Bundesraumordnungsgesetzes, „das von „gesunden" und „ausgeglichenen" Strukturen spricht, ohne dafür irgendwelche Kriterien, Merkmale oder Schwellenwerte anzugeben: „Alles das zeigt, daß wir mit unserer Gesetzgebung im Grunde nicht am Abschluss, sondern bestenfalls am Anfang einer Epoche stehen, der der planerischen Ratio. Sie wird weniger mit Formeln als mit Alternativen, nicht mit starren ‚Leitbildern', sondern mit dynamischen Entwicklungsvorstellungen arbeiten."[200] Wie widersprüchlich die Diskussion sich entwickelt, zeigt der Tatbestand, dass die dem Wissenschaftspostulat entspringende strukturanalytische Variante des Städtebaus angesichts der Komplexität realer urbaner Wirklichkeit bald wieder vor dem Ende steht. Der Konflikt um die Stadtentwicklungsplanung und ihr Niedergang in den späten 1970er Jahren erschüttern „den Glauben an für objektiv gehaltene Bewertungssysteme, die Einsetzbarkeit der Entscheidungstheorie zum Rationalitätsgewinn, die Operationalisierung der Planung über Informationssysteme und die mathematische Modellabbildung der Realität."[201]

Auf Bürgerseite gehen Teile der Studentenbewegung eine Koalition mit den sogenannten „Sanierungsbetroffenen" ein. Mit dem Motto „Noch ist Kreuzberg nicht verloren" erwächst das Sanierungsbüro Kreuzberg-SO36, das sich gegen den konzertierten Abriss des Altbaubestandes zur Wehr setzt. Mit der politischen und mitunter konfrontativen Artikulation des Interesses am Erhalt preiswerten Wohnraums und des sozialen Gefüges entstehen infolge des Städtebauförderungsgesetzes (das in widerständigen Kreisen auch „Lex Neue Heimat" heißt) in vielen Städten Bürgerinitiativen gegen Sanierungsprojekte. Resultat ist das seltsame Gemisch eines planerischen Auflösungsprozesses, der sich aus staatlicher Deregulierung, die den freien Wohnungsmarkt forciert, ebenso speist wie aus der Deregulierung von unten, die eine Transparenz und Bürgermitwirkung fordert. Mit letzterer konvergiert eine neue kritische Planungstheorie, die, unter anderem in Bezugnahme auf Habermas' Einlassungen zum „Strukturwandel der Öffentlichkeit", den Verwaltungen den Vollzug staatlicher Planungen und Funktionen abspricht. Nun sei es an der Zeit, so Rittel und Offe, dass der einzelne Bürger und seine gesellschaftlichen Organisationen selbst in eine exekutive Funktion einrückten. Der Bürger wird zum letzten und entscheidenden Vollzugsorgan staatlicher Politik und Verwaltung überall dort, wo die anstehenden Aufgaben von Politik und Verwaltung von einer Art sind, dass sie mit den klassischen Mitteln von Strafandrohung und Zuteilung von Sachwerten, also mit positiven und negativen Anreizen, nicht gelöst werden können, sondern „wo es auf eine aufgabenspezifische Mobilisierung der Basis und deren Kooperationsbereitschaft ankommt."[202]

Solche Individualisierung bzw. Subjektivierung von Planung berücksichtigend, formuliert Rittel sein berühmtes Plädoyer für die „offene Planung":

„daß also hier aufgerufen ist, sich an der Planung zu beteiligen, wer etwas beizutragen vermeint (…) man hat es also zu tun mit der Verteiltheit des Wissens und erst in zweiter Linie mit gesellschaftspolitischen Sollvorstellungen." Habermas'sche Vorstellungen eines widerspruchsfreien Diskurses aufgreifend, fordert Rittel, „Wissensbehauptungen gegen widersprechende Wissensbehauptungen zu stellen und sie miteinander argumentieren [zu lassen], bis man zu der Meinung kommt, ja der hat recht."[203]

Das neue Leitbild „integrative Planung" entfaltet sich vor einem ebenfalls neuen gesellschaftlich-ökonomischen Horizont. Ölkrise und massive Entlassungen im Zuge der Deindustrialisierung lassen Arbeitslosigkeit nicht mehr als Ausnahmezustand, sondern als normativen Teilbestand demokratischer Gesellschaften erscheinen. Am Stadtbild zeichnet sich der Verkehrskollaps ebenso ab wie der Zersiedelungswucher durch Einfamilienhäuser auf der einen und Großwohnsiedlungen auf der anderen Seite, in denen die Wohnwirtschaft ungehindert vom Bundesbaugesetz ihre Typologien in die Stadtlandschaft zieht. Wachstumsideologie sorgt, ebenso wie Deregulierung (mit Thatchers Großbritannien als Vorreiter) dafür, dass sich Gemeinden jetzt als Unternehmer gerieren, die, um Ansprüche auf möglichst hohe Finanzzuweisungen sicherzustellen, überdimensionierte Flächennutzungspläne in die Welt setzen. Die Behauptung von Einwohnerzuwächsen und dem darauf gründenden Wohnbedarf vor sich her tragend, sieht sich kaum eine Gemeinde genötigt, die extremen Siedlungsflächenausweisungen zu bereinigen. Auf der anderen Seite stehen weiterhin die Boden- und Eigentumsfrage und mit ihnen die Ziele des sozialräumlichen Ausgleichs zur Disposition. Schwindende Spielräume kommunaler Handlungsautonomie stehen der Problematik, inwieweit Eingriffe in Wirtschaftssystem und Bodenordnung politisch vertretbar sind, gegenüber. Mit der Erkenntnis, das Entscheidungsfähigkeit und Koordinierbarkeit von Verwaltungen begrenzt sind, setzt sich der Trend zu einer Baupolitik der kleinen Schritte und der Reversibilität durch. Für den Vorgang, dass der öffentlichen Hand vorbehaltene Planungsaufgaben an privatrechtliche, aber gleichwohl staatlich gesteuerte Institutionen übergehen, findet sich gar ein neues Wort: *Quango (Quasi non-governmental organization)*.

Im Konnex des Städtebauförderungsgesetzes erweisen sich Eigentumsformen wie Wohnungseigentum oder Genossenschaften als in der breiten Bevölkerung ebenso wenig akzeptiert wie die Beteiligung der „Betroffenen" an den Verfahren. Auch zeigt sich, wie sehr das Städtebauförderungsgesetz an Fragen des Bodenrechts geknüpft ist. Mit der flächenhaften Erneuerung soll, via rechtlich abgesicherter Eingriffe in die städtebauliche Struktur, ein ökonomisches Wachstum entsprechender Altbauquartiere einhergehen. Das Gesetz resultiert auch daraus, dass, vor allem in Klein- und Mittelstädten, freiwillige Einigungen über Parzellengrenzen hinweg selten zu erzielen sind. Nicht nur ist die Flächensanierung (die öffentliche Hand kauft Gebäude in einem Sanierungsgebiet auf, reißt sie ab und baut auf verändertem Stadtgrundriss neu auf) zum Zeitpunkt der Verabschiedung des Gesetzes nicht mehr relevant (die neue Gegenwart verlangt vielmehr situationsspezifische Lösungen), auch bleibt die Eigentumsfrage selbst ein konfliktbehafteter Gegenstand. „Das eigentliche Problem ist das Dilemma zwischen breiter Eigentumsstreuung und der eingeschränkten ökonomischen Effizienz der gegebenen Strukturen. (…) In die fehlende Beweglichkeit bürokratischer Durchführung stoßen sehr bald die Sanierungsträger vor, teilweise als neue Sachwalter von Sachzwängen."[204] Damit einher gehen Fragen zum Reglement von Wertsteigerungen durch Sanierung. Das Gesetz schließt aus, Eigentümer für erwartete Bodenwertsteigerungen zu entschädigen. In der Auseinandersetzung des Gesetzgebers mit der Sozialisierung und Enteignung, Sozialgestaltung durch Besteuerung in den Verfassungsgesetzen sozialistischer Staaten und der dort postulierten Abschaffung des „bürgerlichen Eigentums" deutet sich hier eine rechtspolitischer Wechsel weg von der substanziellen, hin zur funktionellen Deutung von Eigentum an. Das heißt: „Die mit der Eigentumsgarantie gesetzte Prämisse der funktionellen Deutung ist aber, daß der Gesetzgeber nicht schrankenlos über das Vorhandensein und die rechtliche Ausformung des privaten Eigentums verfügen kann."[205] „Funktionseigentum" bedeutet dann, dass Eigentumskategorien durch ihre „funktionsgerechte" oder „situationsgerechte" Verwendung gebildet werden. Der Jurist Peter Badura führt als Beispiel das von der Urbanisierung erfasste Grundeigentum an. Hier zeichnet sich ab, dass die Bauleitplanung, die die vom Interesse des Eigentümers abhängig bleibende bauliche Nutzung nur ordnet, von der umfassenden Stadtentwicklungsplanung abgelöst wird. Badura nimmt an dieser Stelle Bezug auf *Bauleitplanung und Eigentum* von Götz aus dem Jahr 1969, auf den Städtebaubericht sowie Schmidt-Aßmanns *Grundfragen des Städtebaurechts* von 1972. Mit ihnen formuliert er ein baurechtliches Konstrukt, das den Grundsatz der Baufreiheit endgültig aufhebt, dennoch funktionsgebundene Nutzungsoptionen für den Eigentümer wahrt. „Eine derartige Gestaltung des Grundeigentums bleibt mit der Eigentumsgarantie vereinbar, wenn sie sachgerecht und verhältnismäßig geregelt wird und wenn sie den Planungsträger hinsichtlich des Zeitpunktes der Planung angemessen bindet."[206] Solche Rekonturierung städtebaulichen Grundeigentums geht nicht ohne Berührung der Bodenwertfrage ab. Für Badura ergibt sich: „Die Eigentumsgarantie zwingt den Gesetzgeber nicht, dem Grundeigentümer Wertsteigerungen zu belassen, die aus öffentlichen Planungs- und Erschließungsakten hervorgehen und in dem Sinne eine „unverdiente Bodenrente" darstellen.[207] Bodenwertsteigerungen auf ein Grundstück, für die der Eigentümer weder Arbeit noch Kapital aufwenden muss, sind also der Allgemeinheit nutzbar zu machen. „Diese Art der Bodenlenkung", folgert Badura, „kann allerdings nicht allein durch eine den Verkehrswert des Grundstücks unterschreitende Bemessung der Enteignungsentschädigung geschehen, sondern nur durch eine Markordnung, wie sie im Städtebauförderungsgesetz vorgesehen ist."[208] Die Planer verbinden mit dem Gesetz die Hoffnung, dass mit ihm eine neue Auffassung des Bodenrechts Einzug erhält, die die „Unterordnung der Marktelemente unter die Planung"[209] vollzieht, eine Hoffnung, die bereits mit den Wirtschaftskrisen der 1970er und 80er Jahre schwindet und mit der Liberalisierung der 90er fast vollständig zum Erliegen kommt. Aus dem Zusammenbruch der Ökonomie des Sozialismus resultiert ein neuer Glaube an den Markt, der die Problematik der Abschöpfung von Bodenwertsteigerungen verdrängen hilft, ohne deren Brisanz zu beseitigen.

Mit dem Postulat der „Grenzen des Wachstums" durch den Club of Rome und der Ölkrise geht auch die Ära der Großsiedlungen zu Ende: Am 20. September 1969 weiht Ministerpräsident Kühn das Leverkusener „Forum" ein, in Frankreich endet 1971 das Projekt „Le Mirail" von Candilis, Josic, Woods im politischen Wahldebakel. Das 1963 begonnene und 1974 fertiggestellte Märkische Viertel löst eine derart vehemente mediale Kritik aus, dass sich Architekten wie Oswald Matthias Ungers veranlasst sehen, Ende der 1960er Jahre den Weg in die innere und äußere Emigration zu suchen.[210] Die Hamburger Großwohnsiedlung Steilshoop von Candilis, Josic, Woods, Suhr, Frick ist 1976 fertiggebaut, Münchens Entlastungsstadt Neu-Perlach sieht sich immer neuen Disputen ausgesetzt und kommt 1978 zum Ende des ersten Bauabschnitts. Die Leitbilder der Urbanität durch bauliche Dichte in Neubaugebieten und der verkehrsgerechten bzw. autogerechten Stadt gelten als gescheitert. Während von links

Kritik an einer von ökonomischen Interessen geleiteten Planerideologie geübt wird, kritisieren konservative Kreise die „Vermassung des Wohnens" in den Großsiedlungen. Ab Mitte der 1980er Jahre werden die sozialen Folgen der Großwohnsiedlungen sichtbar und bleiben bis heute ein planerischer Problembestand. Indes setzt mit der „Erhaltenden Erneuerung" eine Neuentdeckung historischer Stadtkerne ein. Das Denkmalschutzjahr von 1975 markiert jenen Wendepunkt, nach dem sich stadtstrukturelle Konzeptionen fortan mehr am Bestand als an Zukunftsszenarien orientieren. Von der Gegenwart enttäuscht, wendet sich das Bauen der Vergangenheit zu. Als spektakulärstes Beispiel dafür gelten die Fachwerkbauten am Frankfurter Römerberg, deren Erstellung Neubauten der Nachkriegszeit weichen müssen. 1980 schließlich ist es Konsens, die überwiegend aus dem 19. Jahrhundert datierenden Gebiete nun als „Gebiete ohne städtebauliche Mißstände" zu bezeichnen.[211]

„Europäische Stadt". Pluralisierung, Funktionsmischung und Wechsel von objekt- zu subjektorientierter Förderung

Der neue Umgang mit dem Bestand evoziert neue Themen der Nutzung, die das funktionstrennende Prinzip der Baugesetzgebung auf die Probe stellen. Vor allem in Bestandsgebieten sieht man sich ab Beginn der 1980er Jahre mit Funktionsgemengelagen konfrontiert. Bereits die Baunutzungsverordnung (BauNVO) von 1977 hatte versucht, mit einem neuen Instrumentarium die Mischung und Schichtung baulicher Nutzung zu restrukturieren. Sie hatte jedoch den Bestand noch nicht im Blick. Erst 1990 kann der Gesetzgeber eine Novelle der BauNVO verabschieden. Die Zulassung von Räumen für freie Berufe in allgemeinen Wohngebieten findet hier Eingang, indes, der typisierte Ordnungsrahmen der „allgemeinen Zweckbestimmung des Baugebiets" bleibt bestehen, Funktionstrennung wandelt sich im geregelten Nebeneinander zur Funktionsordnung. Ferner erhält die Sanierung durch das Leitbild der „behutsamen Stadterneuerung" und der Altbau-IBA in Berlin zu Beginn der 1980er Jahre Auftrieb. Sie zeigt deutlich die Verschiebung der Wertmaßstäbe. Bisher stand Stadterneuerung fast ausschließlich unter dem Leitbild der Transformation der alten Blockstruktur. Die durch die behutsame Erneuerung vorgenommenen Sanierungsmaßnahmen richten sich auf deren weitgehende Erhaltung unter strategischer Integration von Bürgerbeteiligung ebenso wie neuer Formen der public-private-partnership; dafür wird das neue Rechtsgebilde des „städtebaulichen Vertrages" zwischen Gemeinde und privatem Entwicklungsträger konzipert. So kommt es zur schrittweisen Annäherung an die heute den städtebaulichen Diskurs normativ beherrschenden Leitbilder der Stadtform, welche mit der historischen Stadt beginnt und über die Vorstellung städtebaulicher, ortsgebundener Identitätsbildung schließlich in dem Begriff „Europäische Stadt" kulminiert. Dieser Begriff steht fortan für die Behauptung von Dichte, Nutzungsmix, vermeintliche städtebauliche Qualität, aktive, funktionierende Öffentlichkeit und Nachhaltigkeit: „Als Bild steht die europäische Stadt des 19. Jahrhunderts ohne ihre Nachteile und mit den Ausstattungsqualitäten vor Augen."[212] Indes verschwindet jene Ungewissheit, die einst den Ausgangspunkt des Städtebaus bildete – die Wohnungsfrage –, fast vollständig aus dem Zentrum des Interesses.

In den 2000ern gelten die Errungenschaften von damals als „normal", reale Wohnungsnot herrscht nicht. Bis auf wenige städtische Zentren beginnt sich sogar ein Überangebot an Wohnraum einzustellen, Wertzuwachs für Immobilien wird zweifelhaft. Gleichzeitig ziehen sich Bund und Länder aus dem sozialen Wohnungsbau zurück und verkaufen ihre Wohnungsbaugesellschaften. Die objektorientierte Förderung durch den Staat sinkt bis in die 2000er hinein kontinuierlich, von 341.000 Wohnungen im Jahr 1955 (im alten Bundesgebiet) auf 34.000 Wohnungen im Jahr 2001. Mit dem 1. Januar 2002 und dem ersten Wohnraumförderungsgesetz schwenkt der Gesetzgeber von der objekt- zur subjektorientierten Förderung. Diese Form der Unterstützung basiert auf den Belegungsrechten, die es der öffentlichen Hand erlauben sollen, geförderten Wohnraum in frei finanzierten Gebäuden anzubieten. Als Gegenstand der Förderung erweist sich nun nicht mehr das gebaute Objekt, sondern das mit bestimmten Eigenschaften versehene Wohnsubjekt (Behinderte, Geringverdiener oder Arbeitslose). Damit verstärkt sich die bereits in den 1960er Jahren begonnene Verlagerung der Verantwortlichkeit von Bund und Land auf die Ebene der Städte und Gemeinden. Letztere müssen jetzt dafür Sorge tragen, dass kaufkräftige Klientel sich ansiedelt oder zumindest nicht abwandert. Mehr und mehr werden gesellschaftliche Konflikte in den Kommunen ausgetragen. In die öffentliche Debatte geraten diese jedoch meist nur als Subjekte kommunaler Selbstverwaltung oder als Objekte des Transfers zusätzlicher sozialer Aufgaben durch Bund und Länder, nicht aber als kooperativer Partner im Sinne des Transfers zusätzlicher Mittel. Staatliche Zuweisungen in entsprechendem Maße bleiben aus, Zweckzuweisungen binden das restliche kommunale Investitionspotenzial.

Das erzeugt Widersprüche. Politisch kommt Städten und Kommunen keine eigene Staatlichkeit zu, das Primat tragen Bund und Länder. Jedoch erweisen sich in der Folge die Kommunen als die ausschlaggebenden Arenen der Politik. Dort entscheidet sich die Qualität des Lebens für die Bürger. Beruht der Nationalstaat auf dem Prinzip des territorialen Ausschlusses, der relativen Homogenisierung und der Abgrenzung eines Binnenraums, so ist die Stadt im Wesentlichen offen. Ihre Stabilität erwächst gerade aus den Wirkkräften relativer Dichte, die die Elemente der Stadt affizieren. Deshalb lassen sich gerade die Folgen der Globalisierung auf lokaler Ebene ablesen: Neue Formen des Wohnens und Arbeitens, Brüche in den Biografien, zunehmende Migrationsbewegungen und prekäre Produktionsverhältnisse verursachen soziale Torsionen und mit ihnen Folgekosten gerade in Städten und Gemeinden. Ansprüche an die Lebens- und Arbeitsqualität der Städte werden höher und die sozialen Widersprüche härter. Räumliche Polarisierungen durch demografischen, ökonomischen wie sozialen Wandel und damit das lokale Konfliktpotenzial nehmen zu. Soziale Spaltung und Fragmentarisierung stellen immer größere Herausforderungen an Transformations- wie Funktionsfähigkeit von Stadt.[213] Die Verlagerung sozialer Konflikte in die Stadtpolitik führt zu einer gleichzeitig zunehmenden Politisierung des Raums, die aber (noch) nicht in einem Regelwerk sichtbar wird. So sieht sich Stadtpolitik mehr und mehr ihrer Instrumente beraubt, Kommunen drohen zu Stätten der Endlagerung sozialer Lasten zu verkommen. Der Erwerbstätigkeit bricht in Teilregionen zunehmend die Basis weg, treibt die öffentliche Hand immer mehr in die finanzielle und damit auch raumpolitische Handlungsunfähigkeit. Es verschiebt sich auch die Frage der Wohnungspolitik gegenläufig: War zu Zeiten der Industrialisierung der Wohlfahrtsstaat größter Bauherr, so ist die heutige Stadt damit konfrontiert, dass sie nur noch über wenig Eingriffsmöglichkeiten in die Flächen verfügt. Gleichzeitig bündelt sich der internationale Wettbewerb um die Standortbedingungen in den städtischen Räumen. Städte sind immer weniger Akteure im Interesse der Lebensqualität der Bürger als vielmehr Spielbälle globaler

Marktinteressen. Das vordringlichste Steuerungsproblem der Städte besteht nicht mehr in der Verteilung von Wachstum innerhalb der Stadt, sondern in der Aufgabe, selbst Wachstum zu erzeugen.[214] Die Immobilienwirtschaft folgt dem Trend zur Zentralisierung. Die Zahl der Standorte, die als sichere Investitionsstandorte gelten und das verlangte Maximum an Standortvorteilen bieten können, nimmt beständig ab. Aus dem Kampf um Standortfaktoren gehen zwischenzeitlich die Städte Hamburg, München, Düsseldorf und Frankfurt als Sieger hervor, Berlin wird später mit dem Hipness-Faktor aufschließen. Ferner erzeugt die Bodenknappheit der Innenstadtlagen ein Wachsen in die Regionen hinein.[215] Die Wirtschaft beginnt solche Territorien als Metropolregionen zu bezeichnen, noch bevor daraus im Folgegang das steuerungs- und kulturpolitische Leitbild der Metropolregion erwächst. Mit dem Terminus ist eine wirtschaftlich erfolgreiche, verdichtete Kernregion benannt, die als Wachstumsbeschleuniger zentripetal in ihre Peripherie wirkt. Unter dem unternehmerischen Druck, der nun auf ihnen lastet, versuchen zahlreiche Gemeinden, das ihnen zustehende Realsteueraufkommen durch Stärkung der Wirtschaftskraft vor Ort zu mehren. Das „heizt den Wettbewerb benachbarter Kommunen um Unternehmensansiedlungen an, zum einen über das Absenken der Gewerbesteuer-Hebesätze, zum anderen über infrastrukturelle Investitionen, deren langfristiger Nutzen, Umweltwirkungen und Folgekosten lange Zeit nur bedingt entscheidungsrelevant werden."[216] Getrieben von der Konkurrenzsituation reduzieren Städte ferner ihr Selbstverständnis zunehmend auf die Verwaltung des Mangels, während die Zivilgesellschaft als Ausgleichsfaktor marktökonomischer Folgekosten und damit einhergehender staatlicher Einsparungen angerufen wird. Die Menschen, die in der Planung wenig bis selten vorkommen, sollen nun leisten, was Markt und Kommunen nicht mehr schaffen. Es ist paradox: Gerade zur Sicherung des Status quo des Wohlfahrtstaats, der nicht in der Lage ist, über sich selbst hinauszuweisen, sollen sich zivilgesellschaftliche Akteure in der Gewährleistung der alltäglichen Daseinsgrundfunktionen und -bedürfnisse üben. In dem Prozess ist vor allem eines zu beobachten: die Planlosigkeit des Festhaltens an Planung derer, die nichts mehr zu planen haben. Wenig ist sicherer als der Tatbestand, dass auf diese Weise nie und nimmer Surplus-Effekte aus bürgerschaftlicher Beteiligung in die Gemeinschaft eingehen können. Statt einer lernenden Stadt, die sich selbst prozessual zum Prozess verhält und damit die eigene Transformation kritisch in den Blick nimmt, erleben wir ein „weiter so", das staatliche und zivile Akteure vor dem Hintergrund des Totschlagarguments „Wettbewerbsfähigkeit" gegeneinander ausspielt. Es fehlt an einer strukturierten offenen Planungsweise, die ermöglicht, dass sowohl formelle wie auch informelle Akteure von möglichen Synergien profitieren. Stattdessen werden die Menschen, ausgerüstet mit einem *Mind-Set*, das noch aus der Industrialisierung stammt, ohne ein Konzept und die Befähigung zur Konzeption offener Handlungsprozesse in die Selbstständigkeit entlassen, um dort allein auf sich gestellt dem Druck der ökonomischen Torsionskräfte standzuhalten. Gerade in einer Zeit, in der Markt und Staat sich in Wettbewerbsfragen (bei gleichzeitigem Erhalt des politischen Status quo) erschöpfen, fehlen neue Formen der Kooperation, die es den (durchaus jetzt schon überbeanspruchten) urbanen Akteuren ermöglichen, ihre Humanressourcen in die Stadt- und damit Raumproduktion einzubringen. Es fehlt ebensosehr an neuen Herangehensweisen, um proaktiv mit diesen neuen Bedingungen umzugehen, wie an einer Reinterpretation der bestehenden Situation.

Wohnen als Praxis

Nimmt die Politisierung des städtischen Raums zu, wird die Wohnungsfrage wieder virulent. Zunächst nicht als Wohnungsnot, sondern als Frage: Wie wird Wohnen als Kulturform zum Faktor der Erneuerung sozialer Strukturen? Können neue Wohnformen Werte infrage stellen? Wie können praktische Ansätze zum Einüben neuer Kooperationsformen gefunden werden, die die stagnierende Stadtentwicklung wieder in Gang bringen? Mit der verstärkten Verschmelzung von Leben und Arbeiten im Wohnen erweist sich Letzteres selbst als zentraler Hebel zukünftiger gesellschaftlicher (Stadt-)Entwicklungsprozesse. Es zeigt sich, dass der Maßstab des Wohnens selbst in Erweiterung begriffen ist, Wohnen rekonturiert sich als gelebte Praxis. Bereits der Funktionalismus wusste: Aus der Kategorie Wohnen können Funktionen wie Notdurft, Essen, Schlafen, Hygiene, Sexualität abgeleitet und rückgeführt werden. Heute dreht sich die Sache herum: Von der Untersuchung des Gebrauchs her bestimmen sich die Strukturen des Wohnens – Wohnen ist daher weniger territorial denn als performativer Vorgang zu denken. Hier hilft ein Blick auf das japanische Modell zur Rekonturierung des Begriffs: Wohnen kann in Japan auch heißen, „seine" Wohnung, seine private Lagerfläche zu verlassen, um Orte aufzusuchen, an denen Wohnangebote ausgelagert sind. Die Funktion und Fläche der

Angebote kompensiert ein Minus an privatem Wohnraum. „Das ‚Wohnen' findet in Form von mehreren isolierten, temporären Ereignissen statt, die nicht unbedingt mit einem bestimmten Ort oder Platz verbunden werden."[217] Die Grundlage dafür bildet ein bestimmtes kulturell-performatives Verständnis von Wohnen: Raum ist ein strukturelles Feld an Möglichkeiten, zu dem man sich verhalten kann, und nicht die Erfüllung vorgegebener Programm- und Funktionsschemata. Daraus folgt, dass Wohnfunktionen nicht unbedingt an spezifische Orte gebunden sein müssen. „Zum Schlafen wird der Futon ausgerollt, zum Essen stellt man sich ein Tischchen auf. Gebadet wird außerhalb, im Sento, dem Gemeinschaftsbad, das als eine Art kommunales Zentrum fungiert." Eine europäische Denkweise von Stadt kann hier lernen, wie das, was in ihr bereits im Gange ist, neu formulierbar wäre: es gälte dann, die Funktionen vom Gebrauch und nicht von der Form her zu lesen und so eine generative Diagrammatik zu gewinnen, die sich von den Ökonomien des Wohnens leitet. Das Bewusstsein vom Wohnen würde, als eine Art Metawohnen, auf sich selbst angewendet.

Wie Norbert Elias in seiner Studie *Prozess der Zivilisation* zeigt, gehört die kontinuierliche Transformation der und die Auseinandersetzung um Lebensstile zum Grundinventar der neuzeitlichen Epoche. Es ist zu beobachten, wie sich dieser Vorgang in der zweiten Hälfte des 20. Jahrhunderts extrem beschleunigt. Durch die rasanten Veränderungen ökonomischer, technologischer und kultureller Rahmenbedingungen „haben sich größere Wahlmöglichkeiten für die Lebensgestaltung des Einzelnen ergeben."[218] Unter Lebensstil wird eine bestimmte Form der Organisation des Alltagslebens, bestimmte Neigungen und Gewohnheiten und vor allem ästhetische Standards und Codierungen verstanden. In dem Begriff spiegeln sich sowohl kulturelle Trends als auch sozialstrukturelle und lebensphasenspezifische Faktoren. So stehen zum Beispiel die 1990er Jahre unter dem Paradigma des *cocooning*, des Sicheinspinnens ins sichere Private als Gegensatz zum unsicheren Außen. Damit ist immer auch Substitution gemeint: Das Eigentliche wird im Außen vermutet, in der Welt der Arbeit. Erst der IKEA-Spruch „Wohnst du noch oder lebst du schon?" läutet eine Wende der Wohninnenraumperspektive ein und verspricht deren Dynamisierung und Intensivierung. Im Moment beobachten wir eine Amalgamisierung der Stränge Innen und Außen, das Wohnen wird – auch als Teil von Arbeit oder umgekehrt – zum Laboratorium zukünftiger Lebensgestaltung.

Das bedeutet auch: Die Pluralisierung der Lebensstile drückt sich in der Nachfrage nach Wohnungen im Hinblick auf Zuschnitt, Größe und Ausstattung sowie die Anforderungen an das Wohnumfeld aus: „Folgte früher dem Auszug aus dem Elternhaus und der Ausbildungsphase, in der man häufig zur Untermiete oder in Heimen wohnte, recht schnell die eigene Familiengründung und damit oftmals der Umzug an den Stadtrand, so zeigt sich heute ein anderes Bild: Die Phase der Postadoleszenz hat sich erheblich ausgedehnt und die Gründung einer Familie erfolgt oftmals später oder überhaupt nicht. Die ‚neuen' kinderlosen Haushalte stellen andere Ansprüche an ihr Wohnumfeld: Grünflächen, Spielplätze und eine ruhige Lage der Wohnung sind weniger wichtig als die Nähe zu Freunden, Restaurants und Kultureinrichtungen"[219], so eine Studie der Schader Stiftung.

Da der Kernfamilie in der Perspektive der Statistik nur noch eine untergeordnete Bedeutung zukommt, verlieren in baulicher Hinsicht auch Standardgrundrisse ihren Wert. Gefragt sind jetzt bedürfnisgerechte Wohnungszuschnitte mit tragbaren Wohnkosten ebenso wie der flexible Grundriss in *low-budget*-Bauweise: „Die neuen Haushaltstypen", weiß das Institut für Wohnungswesen, Immobilienwirtschaft, Stadt- und Regionalentwicklung in Bochum, „sind nicht nur durch von denen der Kleinfamilie abweichende Wohnbedürfnisse gekennzeichnet, sondern auch durch eine Differenzierung und Unbeständigkeit der Wohnbedürfnisse innerhalb der eigenen Gruppe. So stellen zum Beispiel kinderlose Ehepaare und Lebensgemeinschaften als neue Haushaltsformen zum Teil nur Übergangsformen in Kleinfamilien dar. Auch können sich nichteheliche Lebensgemeinschaften urplötzlich in Singlehaushalte oder auch Familien verwandeln und umgekehrt, wodurch sich quasi über Nacht die individuellen Wohnbedürfnisse ändern. Erstes Gebot ist daher die Flexibilität „nicht nur des Wohnungsangebotes insgesamt, sondern auch der Wohnungsgrundrisse und -zuschnitte."[220] Hinzu kommt, so das Institut, dass sich der Wandel des Lebens und Arbeitens auf die Wohnungsnachfrage der Zukunft auswirken wird. Aufgrund der Bestandslage mit wenig flexiblen Grundrisstypen treten neue Haushaltsformen zunehmend mit Kleinfamilien in Konkurrenz um konventionell geschnittene und dimensionierte Wohnungen. Aufgrund der gestiegenen Wohnkosten drängen indes auch viele Ältere im Segment der kleineren und verkleinerbaren Wohnungen auf den Wohnungsmarkt. Als eine der Ziele optimaler Bestandsnutzung macht die Bochumer Studie daher die „Synchronisierung von Haushalten und Wohnungsgrößen"[221] aus.

Wie reagiert bisher der Wohnungsbau? Die Soziologen Häußermann und Siebel[222] zeigen auf, wie heute unter dem Postulat eines marktgerechten Bauens an den neuen Lebensstilen, den Wünschen und Bedürfnissen der urbanen Akteure meist vorbeigebaut und -geplant wird: Obwohl sich die Lebensstile ebenso gewandelt haben wie demografische Realitäten, halten die Bauträger meist am herkömmlichen Küche-Ess-Wohnraum-Eltern-Kinder-Schlafzimmer-Bad/WC-Schema fest. Nach Häußermann und Siebel sind in den europäischen Städten nur noch zehn bis zwölf Prozent der Haushalte diesem Schema zuzuordnen. Das Wohnen als Praxis hat sich bereits geändert, nur die Planung bleibt die gleiche – und der Wohnungsbaumarkt ziellos zurück. Allen Entwicklungen zeitgenössischer Lebensformen zum Trotz hält sich das statische „Zwei-Erwachsene-zwei-Kinder-Schema" hartnäckig als Ziel öffentlicher Förderung wie privater Bauträger. Die Quadratmeter-Zahl steht im Vordergrund, ohne Berücksichtigung der Frage, welche Lebensform welche Aktivitäten hervor- und ins gemeinschaftliche Gefüge einbringt; Gemeinschaftsflächen und -nutzungen bleiben außer Acht, die Frage nach der Verbindung zwischen Wohnwandel und Wohnungswandel ungestellt.

War das Eigenheim traditionell eine Investition auf Lebenszeit, so entwickelt es sich zunehmend zur zeitlich begrenzten Anlageform – der Immobilienmarkt der Zukunft ist ein Markt der Bewegung. Im Jahr 2004 ziehen in Deutschland 3,7 Millionen Menschen um, Tendenz steigend. 150.000 verlagern ihren Wohnsitz ins Ausland. Hauptgrund für den Wohnortwechsel ist der Wechsel des Arbeitsplatzes. Bei Menschen im Alter über 60 Jahren wollen sich mehr als 60 Prozent irgendwann von ihrer Immobilie trennen, weil sie annehmen, dann nicht mehr in der Lage zu sein, den Haushalt zu bewältigen. Immerhin 30 Prozent der unter 30-Jährigen lehnen den Kauf einer Immobilie ab, weil die momentanen Angebote eher die gewünschte Flexibilität verhindern.[223] Auch die mit dem Hauskauf verknüpften Erwerbstypen ändern sich. Basierend auf der Einwohner- und Verbraucherstatistik des Statistischen Bundesamtes (EVS) von 1998, in der die Ergebnisse von 45.000 Haushaltsbefragungen ausgewertet wurden, kommt Empirica zu dem Ergebnis: „Der Typ des klassischen Familienversorgers, der jeden Pfennig und viele Stunden Arbeit in sein Zwei- bis Drei-Generationen-Häuschen investiert, es als den Mittelpunkt der Welt ansieht und um keinen Preis aufgeben möchte, gehört offenbar der Vergangenheit an." An seine Stelle treten sieben zum Teil neue Erwerbertypen, unter anderem der „Lebensabschnittserwerber" und der „Weichensteller". Beiden ist eigen, dass sie die Immobilie nicht fürs Leben, sondern erst einmal für eine bestimmte Phase erwerben.[224]

Reflexive Stadt? Wohnen zwischen Individualisierung und Vergemeinschaftung

Einhergehend mit neuen räumlichen Ordnungen, zunehmender Mobilität und Heterogenität der Stadt lässt sich ein Trend zu Kontingenz und Unübersichtlichkeit beobachten. Lebensformen gestalten sich weniger linear, zeichnen sich durch Brüche aus. Als Beschreibung dieser Vervielfältigung der Optionen von Lebensgestaltung kristallisiert sich der Begriff „Individualisierung" heraus. Der Begriff bezeichnet ursprünglich den aus der Industrialisierung resultierenden Prozess des Übergangs gesellschaftlicher Akteure von der Fremd- zur Selbstbestimmung, eine Bewegung, die sich im urbanen Zeitalter deutlich ausdifferenziert. Nach Ulrich Beck, einem ihrer prominentesten Apologeten, meint Individualisierung „erstens die Auflösung und zweitens die Ablösung industriegesellschaftlicher Lebensformen durch andere, in denen die einzelnen ihre Biographien selbst herstellen, inszenieren, zusammenflickschustern müssen."[225] Konfrontation und Auseinandersetzung mit den eigenen Wünschen und denen der Anderen wird zu dem reflexiven Element von Gesellschaft. Wobei Beck einräumt, dass Individualisierung keine neuzeitliche Erfindung sei, sondern dass es individualisierte Lebensstile auch in der Renaissance, in der höfischen Kultur des Mittelalters, der Askese des Protestantismus oder auch bei der Befreiung der Bauern aus der Leibeigenschaft und der Auflösung der Familienbindungen im ausgehenden 19. und beginnenden 20. Jahrhundert gegeben habe.[226]

Vor diesem Hintergrund erodiert der naturalistisch-konservative Ansatz der Wohnanforderungen im Rückgriff auf Obdach, Schutz, Intimität und Privatheit. Die Berufung auf anthropologische Konstanten greift nicht mehr, Wohnen erweist sich vornehmlich als in gesellschaftliche und soziale Wandlungsprozesse eingebettet und aus ihnen hervorgehend und damit auch an die Transformation aller Lebensverhältnisse gekoppelt. Grundmuster des Wohnens wie die klassische Kernfamilie verlieren an Bedeutung, die

Zahl der Familien mit Kindern geht zurück. Bereits im Jahr 1994 entsprechen nur noch „8% aller Haushalte dem Typus der Standardfamilie mit zwei Kindern unter 18 Jahren, in Ballungszentren wie München sind es nur noch 4%. Die Normalfamilie wird statistisch zur Ausnahme. Ehepaare mit drei oder mehr Kindern machen sogar nur noch 2,7% aller Haushalte aus, Familien mit einem Kind unter 18 Jahren 11%. Familie und Partnerschaft stehen zwar weiterhin an erster Stelle der Wertehierarchie und trotz der Erosion der Normalfamilie verlieren familiäre Bindungen nicht generell an Wert. Doch ändert sich die räumliche Verteilung von Familie. In jedem Fall sind größere Familien zunehmend schlechter mit Wohnraum versorgt und die familienbezogene Infrastruktur in Wohngebieten erodiert."[227]

Im Zuge der Pluralisierung steigt die Anforderung an die Wohnsubjekte, ihre Lebensführung reflexiv selbst zu gestalten. Solche Führung des Selbst dient der Identitäts- und Sinnproduktion individueller Leistung und verstärkt wiederum die Pluralisierung von Lebensstilen. Auf den Wohnraum wirkt dies vor allem als Singularisierung zurück: Haushaltsgrößen schrumpfen, während der Flächenbedarf zunimmt. An das Alleinwohnen knüpfen sich bestimmte Stile des Lebens – Verhaltensweisen, Bedürfnisse, Interessen –, die wiederum auf die Infrastruktur in den Städten einwirken. Wohnen verlagert sich nach außen, Funktionen wie Cafés und Imbissmöglichkeiten, Restaurants mit Mittagstisch, Yogastudios und Modeboutiquen bestimmen die Erdgeschosse zu den Straßen hin, die Hinterhöfe quellen über mit Dienstleistungen aller Art. Bereits 2008 wohnen, so das Statistische Bundesamt, 38 Prozent der Deutschen allein, wobei sich Berlin mit einem Anteil von 52 Prozent als „Singlehauptstadt" prononciert.[228] Solche Zahlen geben jedoch nicht unbedingt ein analytisch einwandfreies Bild ab, weil das Statistische Bundesamt die Beziehung zwischen den Statistiken von Haushaltsstruktur und Bevölkerungsstruktur nicht berücksichtigt. Obschon die Haushaltsstatistik eine Überschätzung des Alleinwohnens nahelegt, ein urbanes Phänomen ist es doch: In deutschen Großstädten ist bereits jeder zweite Haushalt ein Einpersonenhaushalt. Solches Wohnen ist, vor allem bei Personen im Alter zwischen 20 und 40 Jahren, temporär. Viele ziehen je nach Lebenslage auch wieder mit anderen Personen zusammen. Die meisten von ihnen bezeichnen die Vorstellung vom Singlewohnen nicht als Wunschwohnform, sondern interpretieren sie als Übergangsphase zu Gemeinschafts- oder familiären Wohnformen. Das zweite Segment der Einpersonenhaushalte entstammt dem demografischen Faktor, immer mehr Menschen im Alter wohnen allein. Weil auch und gerade viele Ältere individuelle Bedürfnisse ausbilden und bis ins hohe Alter agil bleiben, funktionieren traditionelle Altenheime nicht mehr. „Beim Thema Wohnen ist in den Lebensentwürfen 50+ ein neuerlicher Variantenreichtum an die Stelle von Altenheim oder Pflege innerhalb der Familie getreten. Zwei populär diskutierte Modelle für das Wohnen im Alter sind die Alten-Wohngemeinschaft und das Mehrgenerationenhaus. (…) 60 Prozent unserer Befragten halten das Mehrgenerationenhaus (…) für hoch attraktiv. Nicht weil sie derzeit einen besonderen Bedarf dafür hätten, sondern weil es unter der Perspektive schwindender Familiensolidarität eine echte Alternative darstellt. Das Modell findet jedoch aus einem weiteren Grund bei der Zielgruppe 50+ breite Unterstützung: 88 Prozent der Menschen zwischen 50 und 70 Jahren würden nie oder nur im Pflegefall in ein Altenheim gehen."[229]

Die Versingelung ganzer Stadtteile wirkt sich gravierend auf die soziale Infrastruktur (Kindertagesstätten, Altenhilfeeinrichtungen) aus, während Stadtpolitik und Bauordnung noch an alten Funktionsmodellen hängen. Zukünftig stehen vor allem multifunktionale *hubs*, nutzbar ebenso als Sozialstationen wie zum Beispiel als Kinderbetreuungs- und Freizeitstätten, im Zentrum der Debatte. Multifunktionalität gilt nicht nur für Versorgungseinrichtungen, sondern als Kriterium für Wohnungen überhaupt. Wohnunterversorgung resultiert auch aus dem Tatbestand, dass subjektive Wohnwünsche nicht immer mit objektiven Wohnbedürfnissen konvergieren. Mit den Haushalten verkleinern sich nicht automatisch die Wohnungen. Weil zum Beispiel Rentnerhaushalte ihren Wohnstandard erhalten wollen, weisen sie teilweise einen ähnlichen subjektiven Wohnbedarf auf wie Familien mit Kindern. Das ruft für die Wohnungswirtschaft das Problem hervor, wie angesichts des Trends zur Singularisierung das Problem der Unterbelegung (insbesondere durch Ältere) bei steigenden Wohnkosten gelöst werden kann. Modulare Zuordnung von Räumen zu Wohnungen und der flexible Grundriss werden in Zukunft mehr und mehr an Relevanz gewinnen. Beispielsweise das Altenwohnen erzeugt aufgrund sozialökonomischer und wohntechnischer Herausforderungen neue Überschneidungen zwischen Sozialpolitik und Wohnungswirtschaft/Wohnungspolitik. „An die Sozialpolitik wird künftig die Anforderung herangetragen, neue Wohnmodelle als Alternativen zur Heimunterbringung zu entwickeln, die einerseits die Nähe der Generationen zueinander ermöglichen, andererseits deren Selbstständigkeit. Zu den denkbaren Modellen gehören Tandem-Wohnungen alter und junger Bewohner unter einem Dach."[230]

Es zeigt sich: Lösungen für die Heterogenisierung des Wohnens bieten vor allem integrative Wohnprojekte wie Mehrgenerationenwohnen, Baugenossenschaften und Baugruppen. In den letzten Jahren verzeichnen diese Wohnformen hohe Zuwachsraten. „Die Präferenz für einzelne Modelle oder mögliche Mischformen zwischen ihnen ergibt sich aus den sozialen Milieus des jeweiligen Ortes und aus den ideellen Zielvorstellungen der Projekte. Tendenziell befördern Genossenschaften stärkere soziale Mischungen als rein private Baugruppen."[231] Explodierende Miet- und Kaufpreise in den Innenstädten bewegen vor allem die Mittelschicht dazu, sich in privaten Baugruppen zu formieren und so von der freien Verfügbarkeit und damit Wertsteigerung des Wohneigentums zu profitieren, ein ökonomischer Aspekt, der beim Genossenschaftsprinzip nicht gilt. Zwar tragen Baugruppen zur Individualisierung von Wohnstilen bei, sie selbst sind aber Ausdruck eines homogenen Milieus. Erste Studien hinsichtlich des Mehrgenerationenwohnens weisen auf, dass die Verbindung von Alten und jungen Familien mit Kindern noch selten gelingt. „Die MGW-Bewegung ist noch ein Generationsprojekt der älter werdenden mittleren Generation, genauer der Babyboomer."[232]

Der Trend zur Individualisierung zeitigt nicht nur integrative Modelle, sondern auch solche, die sich gegenläufig dazu positionieren. Solche Wohnprojekte rekurrieren vor allem auf Exklusivität, *gated communities*, Wachpersonal rund um die Uhr und residenzielle Serviceangebote. Identitätsproduktion entspringt hier einem Wohnen, das sich als „symbolische Ressource in alltäglichen Kommunikationspraktiken, als Mittel der Distinktion"[233] artikuliert und in dem soziale Statusbedürfnisse mit individuellen Nutzungsanforderungen konvergieren. *Gated communities* entstammen einem spezifischen stadträumlichen Verhältnis, welches die Individualisierung und mit ihr der Wandel des Wohnens erzeugt. Der Begriff erlangt Ende der 1980er Jahre mit den in der Stadtforschung beispielsweise als *quartered city* (Peter Marcuse) beschriebenen neuen sozialräumlichen Spaltungen der Städte Prominenz. In ihm zeichnet sich die These von der stadträumlichen Disparität ab, in der die Auseinandersetzung mit nichtöffentlichen und ummauerten Wohnanlagen ihren Ausgang nimmt. Als eines der prominentesten Beispiele können die „Prenzlauer

Gärten" in Berlin gelten. In bester Innenstadtlage, 60 Reihenhäuser umfassend, konfiguriert die Neubausiedlung mit ihren Kopfbauten ein Tor, das sie weithin sichtbar als „Stadt in der Stadt" markiert.

Wenn Individualisierung grundlegend in die Neuformulierung städtischer Wohnverhältnisse hineinwirkt, gerät auch ein Aspekt in den Blick, der hier bisher eine untergeordnete Rolle einnahm, der Wandel des Arbeitens selbst. Von Berufstätigen, ob angestellt oder freiberuflich, wird zunehmend umfassende Mobilität und damit Multilokalität erwartet; die Verbindung von Arbeit und Mobilität erweist sich als zeitgenössische Grundbedingung von Erwerbsarbeit. Aus dieser Grundbedingung resultiert ein Phänomen, das sich als multilokales Wohnen äußert und neue Wohnformen des Mobilseins hervorbringt. Eingelassen in das multilokale Wohnen ist eine spezifische Organisationsform, die über die Organisation von Arbeit hinausgeht und in die des Lebens hineinragt und so eine spezifische Praxis des Wohnens konstituiert. Moderne Arbeitsmigranten bewegen und orientieren sich permanent in einem Spannungsgefüge zwischen Sesshaftigkeit und Mobilität. Dieses Gefüge wirkt dermaßen auf Wertungen von Wohnen und Wohnfunktionen der Städte ein, dass die sozialräumliche Forschung diese Praxis bereits „gleichberechtigt neben Migration und Zirkulation"[234] stellt. Wohnen ist im Begriff, sich, mit der Arbeit, zu dezentralisieren. In diesem Kontext meint Multilokalität, „dass neben der ursprünglich bestehenden Wohnung eine zweite Behausung verfügbar ist, die als Ankerpunkt des Alltagslebens an einem zweiten Ort genutzt werden kann."[235] Beck spricht von „Ortspolygamie: Mit mehreren Orten verheiratet zu sein."[236] Solche Polygamie bleibt Gegenstand eines Forschungsfeldes, das in seinem Beginn die Relationen zwischen Arbeiten, Leben und Wohnen als Grundkonditionen von Stadt neu zu befragen hätte.

Situativer Urbanismus. Zwischen Entfremdung und Aneignung

Die Widersprüchlichkeit heutiger Wandlungsprozesse von Stadt lässt die gestaltenden Disziplinen verstärkt über neue Modi städtebaulicher Planung reflektieren. Hier deutet sich eine Überschreitung hin zu einer multiplen Perspektive an, die sich dem Beziehungsgeflecht der Kräfte, der Vielfältigkeit alltäglicher Taktiken annimmt und diese in die Praxis selbst einbeziehen, also Taktik „strategisch" machen kann.

In der inzwischen berühmten *ARCH+* 183 spricht An Linh Ngo von einer aktuellen Wende zum „Situativen Urbanismus" in der Planungspraxis: „diese Wende ließe sich kurz als eine Bewegung weg von statischen Planungs- und Arbeitsweisen hin zu kleinteilig individuellen und offenen performativen Strategien umreißen."[237] In diesem Zusammenhang beobachtet Ngo eine Machtverschiebung im Gefüge der an der Raumproduktion Beteiligten, die sich darin äußert, dass „gegenwärtig der einzelne Akteur und sein Umgang mit dem Vorgefundenen eine neue Wertschätzung erfährt."[238] Jesko Fezer und Mathias Heyden konstatieren im selben Heft, dass sich Stadtentwicklungsprozesse kaum mehr auf ihre technische Dimension wie zum Beispiel die Paradigmen der Umsetzbarkeit und Produktivität reduzieren ließen. Eine allgemeinverbindliche normative und hierarchische Planung finde zunehmend Erweiterung durch nicht-dirigistische Formen der Beteiligung. Fezer und Heyden fordern, einen Situativen Urbanismus als Produktivkraft gegenwärtiger städtischer Wirklichkeit anzuerkennen, der auf der Vielfalt der Alltäglichkeiten städtischen Lebens gründet. Ein Situativer Urbanismus rückt die politischen, kulturellen, ethnischen, ökonomischen, ökologischen und sozialen Aspekte gesellschaftlich-räumlicher Gestaltungsprozesse und die daraus resultierenden pluralistischen Entscheidungsfindungen in den Blick.[239] Kyong Park stützt diese These, wenn er davon spricht, dass sich die Territorien von Raum und Wissen vermehrt überlagern und neue Muster sozialer Geografie erzeugen, die sich nicht länger mit den herkömmlichen Raumkonzeptionen fassen lassen: „The authority of Modernity as the dominant determinant of society has fragmented (...) as spaces are becoming less distinctive and knowledge more hybrid."[240]

Es geht also um neue Formen der Raumuntersuchungs- und Raumgestaltungsformen, die „PlanerInnen und ArchitektInnen mit der Gänze der dynamischen gesellschaftlichen Wirklichkeit und den daraus resultierenden pluralistischen Entscheidungsfindungen"[241] konfrontieren. Nach der Beobachtung von Fezer/Heyden zeitigt der Situative Urbanismus ein spezifisches, in die Raumplanung eingelagertes Steuerungsmodell, das sich vor allem im Rückgriff auf Foucaults Gouvernementalitätsbegriff erhellen lässt. Foucault meint, wie wir sahen, mit Gouvernementalität Regierungskunst. Kern des neuen Modells stadtregulatorischen Regierens ist es nun, Lenkung von der Regierung in die Subjekte selbst hinein zu verlagern. Im Rahmen dessen tritt eine Form nicht-dirigistischer Stadtentwicklung als hegemoniales Modell städtischer Regierungstechnik hervor, das, so Fezer/Heyden, „im Einklang mit den Deregulierungsbemühungen des Neoliberalismus"[242] steht. Ferner evoziert die städtische Bewegung des neuen Kapitalismus urbane Formen, „die von Ausgrenzung oder Armutsökonomien angetrieben sind." Gegenläufig zu solch hegemonialem Modell jedoch konstituiert sich ein „marginaler situativer Urbanismus", der „sich auf ausgeschlossene Themen, Akteure und Räume bezieht oder auf ignorierte, unterdrückte und illegalisierte Formen ungeplanter räumlicher Aneignung."[243] Wie lassen sich nun die Phänomene bestimmen bzw. unterscheiden? Während das erstere Modell auf eine starke Sichtbarkeit, stadträumliche Homogenisierung und Segregation hinarbeitet, bleibt das zweite weitestgehend unsichtbar und heterogen ausgestaltet. Es ist ein Paradox, das die stadtpolitische Dichotomie der Nachkriegszeit zwischen funktionalen Einheiten der Stadt (Entfremdung) und freien Entfaltungsräumen (Aneignung) aufhebt: In der Dialektik der „gespaltenen Stadt" wird das flexibilisierte Selbst (auch als „Raumpionier", der sich ein ökonomisch heruntergekommenes Viertel frei aneignet) geradezu zum Motor einer räumlichen Segregationsbewegung, die wiederum permanent marginale Räume hervorruft, was im hegemonialen Konzept von Normalität eigentlich weder vorgesehen noch erwünscht ist. In dieser komplexen Gemengelage wird es in Zukunft immer mehr darauf ankommen, unterschiedlichsten politischen Interessen Ausdruck zu verleihen und auch denen eine Stimme zu verschaffen, die nicht repräsentiert oder von Planung ausgeschlossen sind, „um Planung überhaupt bewerten zu können."[244] Für eine neue, relationale Planung wäre, so Fezer/Heyden, ein Projekt zu denken, das sich mit „den Interessen, Lebenspraktiken und Orten befasst, die in den vorherrschenden Planungsprozessen zu wenig oder keine Beachtung finden."[245] Um dies umzusetzen, wird es auch darum gehen, neue Verfahren des Gestaltens zu entwickeln, die sich aus der Forschung an alltäglichen Praktiken und ihren operativen Logiken speisen.

Die gespaltene Stadt

Die Individualisierung des Wohnens ist in Wechselwirkungen mit gesellschaftlichen und stadträumlichen Konfigurationen eingebettet. Es erwächst eine stadträumliche Wirklichkeit, die aufgrund ihrer Ausgrenzungs- und Fragmentierungstendenzen vielfach als die „gespaltene Stadt" bezeichnet wird. Spaltung der Stadt ist an sich kein neuer Tatbestand: Räumlich-soziale Spaltung gehört von Beginn an zum Erscheinungsbild urbaner Räume, nicht erst in der modernen Großstadt. „Stadt bedeutet räumliche Spaltung, kulturelle und ökonomische Differenz, Stadt bedeutet auf der Ebene alltäglichen Handelns und Lebens Ambivalenz und Unsicherheit."[246] Aktuelle Tendenzen zeichnen jedoch ein komplexeres Bild: Im Zusammen- oder Wechselspiel eines marginalisierten und hegemonialen Situativen Urbanismus beobachten wir auf der einen Seite eine zunehmende Fragmentierung und Zersplitterung städtischer Räume, während es andererseits zunehmend zu Bemühungen kommt, diese als bedrohlich erlebte „Deterritorialisierung zu reterritorialisieren"[247]. Der sozialen Fragmentierung, dem Aufkommen neuer Armut, Marginalität und der subjektiv empfundenen Bedrohung durch Kriminalität stehen Tendenzen zur Vereinheitlichung, (Neu-)Ordnung und Sicherung gegenüber, die sich als Antwort auf die beschriebene Fragmentierung verstehen, aber letztlich, so die These von Boris Michel, „zu deren treibenden Momenten gehören und diese verschärfen."[248] Als Beispiele können die von Neil Smith[249] am New Yorker Tomkin Square beschriebene repressive Rückeroberung der Städte und deren Techniken der Gentrifizierung und Privatisierung ebenso gelten wie die Aufgabe alter Zentren und die Flucht in neue, umzäunte Wohnareale außerhalb der Zentren.

Es zeigt sich, dass im neuen Kapitalismus einer fortschreitenden Flexibilisierung der Arbeit das zunehmende Bedürfnis nach Sicherheit und Reduktion von Ambivalenz im stadträumlichen Gefüge gegenübersteht. „Diese ambivalenzreduzierende Fragmentierung, die sich zwischen ordnungsschaffender Vereindeutigung und der Auflösung städtischer Integrationskräfte bewegt, ist das entscheidende Kennzeichen"[250] des Phänomens städtischer Spaltung. Stigmatisierte Stadtteile werden zu Projektionsflächen unterschiedlicher Ängste und Unbehagen, die sich wiederum an eine Diskrepanz in der öffentlichen Debatte zwischen nötigen und vorhandenen Informationen knüpfen. Daraus erwachsen sozialpolitische Strategien, die zunehmend räumliche Konfigurationen berücksichtigen und denen es um eine „aktivierende Nahraumorientierung statt aktiver Sozialstaatsorientierung"[251] zu tun ist. Dies schlägt sich in einer räumlichen Kontrolle durch Stadtteilorientierung und territoriale Festschreibungen nieder. Mit den Debatten um Townhouses, *gated communities* und Malls lassen sich die drei bedeutsamsten Tendenzen solcher Stadtentwicklung nennen. Sie sind

städtebaulich charakterisiert durch den „New Urbanism", der im neotraditionalistischen Modus in Absetzbewegung zur großstädtischen Heterogenität das wohlgeformte Kleinstadtidyll der Townhouses zum Kriterium des guten Lebens erhebt. Homogene Wohnparks, in wohlklingende Themen eingebunden, suggerieren Angebote der Sinn- und Identitätsstiftung. Wohnen unter seinesgleichen ist hier ethischer Maßstab, Wohnen eine Sache des Lifestyle und des Prestiges. Die gute Stadt ist hier die, die es den Bewohnern ermöglicht, den Kontakt zu Menschen in ähnlichen Lagen zu pflegen – und den zu allen anderen auf ein Minimum zu reduzieren. Letzten Endes zeigen solche Konzeptionen vor allem, dass die ökonomischen Bedingungen stadträumlicher Marginalisierungen bzw. Ein- und Ausschließungen politisch und gesellschaftlich weder angemessen problematisiert noch als gesellschaftsstrukturelle Phänomene begriffen werden.
In seinen Überlegungen zur Notwendigkeit einer neuen Empirie der Aneignung sucht der Erziehungswissenschaftler Christian Reutlinger diesen Tatbestand vor dem Hintergrund der sozialräumlichen Probleme von Jugendlichen beim Aufwachsen in den heutigen Städten zu erklären. Anhand einer geschichtlichen Betrachtung der Stadt differenziert er zwischen einem „Stadttypus der entfremdeten Stadt", den er in den 60 und 70er Jahren des 20. Jahrhunderts situiert, und der heutigen Situation einer „gespaltenen Stadt". Die „entfremdete Stadt" wurde charakterisiert durch eine Modernisierung dieses Lebensortes. „Die Leute in den Vorstädten sollten in funktionalisierte Hochhäuser ziehen."[252] Aus solcher sozialpolitischen und städtebaulichen Logik leitet Reutlinger das Hervortreten einer bestimmten Raumvorstellung und zwar als Prozess der „Verdinglichung des Sozialraumes"[253] ab. Soziale Probleme werden räumlich gelöst, Stadt zunehmend nach der Logik des Kapitals durchstrukturiert, woraus eine urbane Entwicklung resultiert, die sich mit der „Funktionalisierung und Spezialisierung der ‚räumlichen Ausschnitte'"[254] beschreiben lässt. Nebenwirkung ist das zunehmende „Verschwinden von dysfunktionalen Flächen, die gerade für Heranwachsende wichtig waren."[255] Im Bezug auf Heranwachsende, sagt Reutlinger, bedeutet dies, dass sie in Spannung mit der Arbeitsgesellschaft resp. mit der „entfremdeten Umwelt" treten mussten, um in einer solchen Welt überhaupt handlungsfähig sein zu können.[256] Dieser Deutungshorizont rekurriert auf einen Aneignungsansatz, der sich an die Entfremdungsthese koppelt: „Der Mensch entfremdet sich nach Marx von seinem Arbeitsprodukt, zugleich wird er aber auch vom Arbeits-

vorgang (Produktion) selbst entfremdet; die Arbeit dient ihm nicht mehr zur eigenen Entfaltung, sondern sie verbraucht bzw. verwertet ihn."[257] Bezogen auf die räumliche Welt bedeutet das: „ein Handeln [ist] im Sinne von Aneignung als Gegenstück zur Arbeit unmöglich."[258]

Im Kontrast zur entfremdeten Stadt beschreibt Reutlinger die heutige urbane Realität als „gespaltene Stadt". Die Charakteristika der „gespaltenen Stadt" sind in ihren Tendenzen bereits zu anderen urbanen Zeiten vorhanden, sie nehmen jedoch unter den aktuellen Bedingungen zu. „Der in Zusammenhang mit der globalen wirtschaftlichen Verflechtung fortschreitende Prozess der Durchkapitalisierung immer neuer Sphären des menschlichen Lebens hat letztlich eine Dichotomisierung oder Spaltung der Städte zur Folge. Um sich als Stadt auf dem internationalen Markt behaupten zu können, (…) müssen alle Energien und Ressourcen einer Stadt auf die so genannte ‚Unternehmerische Stadt' gerichtet werden."[259] So sind heute zunehmend stadtpolitische Maßnahmen zu konstatieren, die auf die Schaffung hochwertiger Zonen für Akteure vor allem des dritten Wirtschaftssektors zielen: eine „Architektur und Raumplanung der Verdrängung"[260] zur Ausgrenzung von sozialen Randgruppen aus den Zentren und attraktiven Punkten der Stadt. In dieser Verdrängungspolitik geht es darum, dass die Unerwünschten „in der so genannten ‚abgehängten' Stadt bleiben und somit ‚draußen' gehalten werden."[261] Aus diesen Prozessen resultiert die in der aktuellen stadtsoziologischen Diskussion vorherrschende Diagnose der sozialräumlichen Segregation und der damit verbundenen Städtespaltung. Deren Ausgangspunkt bildet „die Einteilung der Menschen und letztlich auch der Stadt in Gewinner und Verlierer, in Abgehängte und Integrierte."[262] Räumlich lokalisierbare Territorien werden bestimmten materiellen Ausprägungen zugeordnet und sozial von entsprechenden Merkmalen belegt.

Das Problem liegt hier in der Reduktion von Raum auf einen Behälter und in einer Logik, die das Abgehängtsein territorial festschreibt. Das heißt, dass „in Zeiten des sozialstaatlichen Abbaus und der Integrationsschwierigkeiten die damit zusammenhängenden sozialen Probleme nicht gelöst, sondern in den Sozialraum der Städte hineinverlagert werden."[263] Stadtteile werden, wie auch Richard Sennett betont, „zu Mülleimern des Sozialen"[264] im Strukturwandel der Arbeitsgesellschaft gemacht. Im Gegensatz zu einer „entfremdeten Stadt", die wesentlich homogener geprägt war, finden wir heute eine zunehmende Fragmentarisierung und Heterogenisierung vor.

War die Aneignungstätigkeit in den 1960er und 70er Jahren als dialektischer Widerpart zur Entfremdung integrativer Teil der urbanen Totalität, so wird Aneignungstätigkeit heute nicht zur Integration, sondern zu einer Verstärkung der räumlichen und sozialen Ausgrenzung.

Schließlich bleibt die Containerfunktion des Wohnraums für die Planung grundlegend. Was sich jedoch verschiebt, ist seine funktionale Kondition. Nicht mehr die Funktion bestimmt das Wohnen, sondern die Wohnformen selbst differenzieren sich, in Konvergenz mit den Arbeitsformen, zunehmend aus. Man könnte sagen, die Funktion dreht sich herum: Die performative Handlungsweise der Wohnenden konstituiert jetzt die Form des Wohnens, aus deren Ermöglichung für die Planenden neue Herausforderungen erwachsen. Im Zuge dieses Prozesses hybridisiert und temporalisiert sich Wohnen, lokale Wertigkeiten sehen sich zunehmend Verschiebungen ausgesetzt. Neue mediale Formen ermöglichen die Verortung des Heimischseins an fremden Orten und lösen es von originärer Lokalität. In einem immer grauer sich abzeichnenden Grenzbereich zwischen Arbeiten und Leben erweisen sich die Prozesse der Individualisierung und Subjektivierung als grundlegend für das neue multilokale Wohnen und dessen ökonomische Koordinaten der Inwertsetzung. Damit einher geht eine Renaissance der funktional dichten Innenstädte, die mit ihrem engen Dienstleistungsnetz die unterschiedlichsten Nutzergruppen anzieht. Zog es die wohlhabende Mittelschicht einst in die Eigenheimsiedlung vor die Tore der Stadt, sorgt heute der Zuzug von jungen Familien, Akademikerehepaaren, Unternehmensmanagern, gut situierten Senioren usw. für die ökonomische Aufwertung innerstädtischer Wohnmilieus und verdrängt, in Teilbereichen, die eingesessene, sozial schwächere Klientel. Auf eine Kurzformel gebracht, kann man sagen: Mit der zunehmenden Spaltung der Stadt avanciert die Auseinandersetzung in und um den Stadtraum zum entscheidenden Thema zukünftiger Vergesellschaftung. Mit ihr markiert die Debatte um ein „Recht auf Stadt" eine Rekonturierung dessen, was wir überhaupt unter dem Begriff Stadt verstehen.

OUTRO

BILANZ

„La plupart des modernes prennent une ville pour une cité et un bourgeois pour un citoyen. Ils ne savent pas, que les maisons font la ville et que les citoyens font la cité." Jean-Jacques Rousseau

Der neu aufflammende Disput um die Wohnungsfrage zeigt sich als politisches Experiment über das Spiel der Kräfte in einer Gesellschaft, die sich viel zu lange in der Sicherheit wiegte, der Markt werde auch die Wohnökonomie regeln. Zudem geht es nicht nur um Verteilungsgerechtigkeit. Sondern auch darum, inwieweit Wohnen die Form einer Ware annehmen soll – und, wichtiger noch, letztlich um die Frage, was sich als Wohnen überhaupt definieren lässt. Gemessen an der Vielfalt heutiger Wohnformen, der Überlagerung von Arbeiten, Leben und Wohnen, die sich bereits im Alltag etabliert hat, erweisen sich abschließende Definitionen des Wohnens als ein beinahe aussichtsloses Unterfangen. Überdies muss man nicht erst Ikeas Leitspruch „Lebst Du noch oder wohnst Du schon" in Zweifel ziehen, um auf den Unterschied zwischen Bauindustrie und Wohnversorgung durch die öffentliche Hand zu kommen. Mit der Wohnraumdialektik, innerhalb derer es den Investoren um wirtschaftliche Expansion, den Kommunen aber um das Gemeingut Stadtraum geht, steht auch zur Debatte, ob public-private-partnerships auf derlei Gebieten überhaupt tragfähig sind. Zugleich wird am Streit um den Länderfinanzausgleich aufs Beste deutlich, dass die Politik das im Grundgesetz festgeschriebene Ziel, Lebensverhältnisse in Deutschland aneinander anzugleichen, verfehlt. Stattdessen wird die Kluft immer größer, ganzen Landstriche droht die Entvölkerung, in strukturschwachen städtischen Regionen verfallen Immobilienwerte, Stadtteile gehen unter, während anderswo die Mieten ins Exorbitante schießen.

Der Blick auf die Geschichte der Wohnungsfrage wirft Licht darauf, dass die Strukturen städtischer Regierungsweisen immer dann kenntlich werden, wenn sie auf Katastrophen, Unglücke, aber auch politische Unruhen und ökonomische Krisen reagieren. Dies vorausgesetzt, offenbart sich die Historie des Städtebaus im Besonderen als ein Prozess regierungstechnischer Auseinandersetzungen mit Gefahren aller Art, die stadträumlich, stadtpolitisch und stadtregulatorisch ihren Niederschlag finden. Daraus ergibt sich die bisher wenig beachtete Pointe der Bedeutung eines panoptischen Blicks für die Regierung der Stadt, innerhalb dessen Städtebau als Disziplinierungstechnik einer regulatorischen Anordnung von Ein- und Ausschließungsmilieus fungiert. In geschichtlicher Perspektive verfügt demnach zunächst der Staat mit seinem Gesetzeswerk über so etwas wie ein Bewusstsein von Relevanz und Ordnung urbaner Regelungsstrategien. Die Klasse jedoch, die als der primär operative Treiber von Urbanisierung wirkt, – die Bourgeoisie – wird derlei Bewusstsein erst verzögert entwickeln. Vor diesem Hintergrund liest sich Raumordnung des 19. Jahrhunderts als politische Anatomie des Stadtraums, ihrer Panoptikumsgestalt und jener Sichtbarkeitsstrategien, aus denen zuletzt der Städtebau der Moderne hervorgeht. Ebenjener Moderne wird es vorbehalten bleiben, unter dem Postulat der Rationalität und des Bedürfnisses gewissermaßen sowohl eine Ästhetisierung der Regierungstechniken im Stadtraum voranzutreiben als auch, mit Zeilenbau, Pavillon und Punkthaus, den urbanen Block zu sprengen. Man wagt nicht zuviel, wenn man die *gated community* des „new urbanism", die dispersen Bewegungen der fragmentierten, gespaltenen Stadt als postmodernes, aber auch folgerichtiges Fanal einer gouvernementalen Entwicklung hin zur Perfektionierung territorialer Ein- und Ausschlussmechanismen vorstellt.

Damit sind es weniger die Orte der Macht, die den öffentlichen Raum bestimmen. Weil – das Phänomen Gentrifizierung (stadträumliche Verdrängung) belegt es – Zentren wandern, kann Macht im Städtebau keinem privilegierten Ort zugeordnet werden. Wirkungen der Macht sind nicht Gegenstand von Aneignung, sondern von „Dispositionen, Manövern, Techniken und Funktionsweisen. [Macht] ist nicht so sehr etwas, was jemand besitzt, sondern vielmehr etwas, was sich entfaltet, nicht so sehr das erworbene oder bewahrte Privileg der herrschenden Klasse, sondern vielmehr die Gesamtwirkung ihrer strategischen Positionen."[1] Genau weil Macht kein Wesen hat, weil sie operativ wirkt, kommt sie erst durch die Performanz der urbanen Akteure in die Welt. Seit Judith Butler wissen wir: Erst durch unser *Enactment* werden Normen Wirklichkeit. Jede emanzipatorische Bewegung des Stadtraums hat demnach in den Blick zu nehmen, dass es die Akteure selbst sind, die regulatorische Normen performen und den gesellschaftlichen Raum geradezu mitproduzieren. Stadt ist kein Behälter, sondern konstituiert sich aus Performanz. Protestphänomene, die sich um ein Recht auf Stadt gruppieren, wie Stuttgart 21 seit 2011, die Hawker-Bewegung in Kolkata seit 1996[2] oder die Auseinandersetzungen um den Taksimplatz in Istanbul im Jahr 2013 (um nur einige Beispiele zu nennen), lassen sich nur so erklären. In der Performanz des Stadtraums konvergieren politische Besetzung von und aktive Handlung mit Körpern als anatomische Mikrophysik der Stadt-Macht.

Aus solcher Bewegung lässt sich eine neue Form der Kritik ablesen, eine Kritik gegenwärtiger Stadtpolitik, eine Kritik, die nicht von undiskutierbaren Tatsachen eines als uns vorgängig postulierten Raums ausgeht, sondern fragt: Was ist Stadt? Was macht Stadt? Und warum machen wir überhaupt dieses oder jenes als Stadtproduzenten? Es ist eine Kritik, die nicht behauptet zu wissen, wo man den Hebel ansetzen muss, um Stadt zu „verbessern", sondern die nach Formen der Transformation fragt und deren Ethik darin besteht, auf experimentelle Weise zu erforschen, was das Gute an und für Stadt überhaupt sein könnte. Derlei Experimente des Alltags sind, so unsere Vermutung, gerade an jenen blinden Flecken zu finden, wo sich die Symptome der Stadtbewohner tummeln. Symptom meint hier nicht das pathologisch Andere, sondern dasjenige, das irgendwie in einer Totalität funktioniert, obwohl wir eigentlich immer sagen würden: Das kann doch gar nicht klappen. Wäre es möglich, dass somit das Heterogene, die Phantasmen, die Fetische, die unbewussten Stellen der Stadt genau jene Orte konstituieren, die das Wirkliche erträglich, gar erst sinnvoll machen? Welche mitunter widersprüchlichen Formen des Machens von Stadt können daraus hervorgehen?

Welche Stadtpolitik? Stadt als politischer Leib wohnender Gesellschaft

Moderne Demokratien durchzieht ein Grunddilemma. In ihnen enthält die Legitimation des politischen Konflikts das Prinzip der Legitimität sozialer Konflikte in all ihren Formen. Das meint: Das mit der Demokratie erscheinende Recht auf Recht knüpft sich daran, dass die Legitimität der Debatte über Legitimität oder Illegitimität eine bestimmte Voraussetzung

beinhaltet, und zwar die, die besagt, dass es keinen obersten Richter gibt, der die Legitimität solcher Debatte infrage stellt. Das Recht (wie beispielsweise Recht auf Wohnen oder Recht auf Stadt) wird von den Menschen gesprochen. Es ist somit keine artifizielle Angelegenheit, sondern bindet sich an den Modus der Existenz, der Weise, wie Menschen ihre politische Animalität, wie Aristoteles sagt, zusammen in einer Stadt leben. Als Kernmoment dessen erscheint paradoxerweise mit der Moderne eine Form der Gesellschaft, die die Repräsentation einer organischen Realität zersplittern lässt – sie ist eine Gesellschaft ohne Körper. Demokratie hat sich damit auseinanderzusetzen, dass mit ihrem Aufstieg jene naturalistisch fundierte Bestimmtheit verschwindet, wie sie noch in der Ordnung des Prinzip-Körpers eines aristokratischen Souveräns manifestiert hatte. Den politischen Körper ersetzt nun eine Gesellschaft, die *nur noch sozial* ist, gleichsam durch ein metadiskursives Gehäuse, das sich Staat nennt. Dieser Bezeichnung fehlt, als Form der Macht, indes eines: substanzielle Wirklichkeit. Das wirkt auf das vergesellschaftete Subjekt zurück. Mit der Affirmation der Souveränität des Volkes zerspringt eben jenes in eine Diversität von Individuen oder eher in eine Pluralität von Zähleinheiten. Ab dem Moment, ab dem Repräsentation von Ideologie und politischem Diskurs abhängt, sieht sich der *citoyen* aus seiner Persönlichkeit gerissen und in die „universelle Zahl" der Bevölkerung integriert. Das Abenteuer Demokratie konfrontiert den Bürger mit einem neuen Maßstab – dem Nationalstaat –, in welchem die Freiheit, zu handeln und zu entscheiden, sich an den Verlust der eigenen Identität koppelt. Diese geht nun auf in der anonymen Kraft des Normativen.
Moderne demokratische Gesellschaften haben den Körper des absolutistischen Souveräns, in dem einst die Macht als Prinzip eingelagert war, durch ein Vakuum ersetzt.[3] Der Ort der Macht ist jetzt leer, Konflikte sind institutionalisiert. Der Ort der Macht kennt keine Figuration, sichtbar sind allein die Mechanismen der Ausübungen von Macht, die die Autorität der Politik besitzen. Damit treten die Sphären der Macht, des Recht und des Wissens in eine Exteriorität über, sie erfahren eine Desintegration. Desintegration meint hier den oben beschriebenen Tatbestand, dass es unmöglich wird, die Essenz von Macht, Recht und Wissen zu bestimmen. Aus solchem Vorgang resultiert jenes Problematischwerden der Beziehung der Menschen zur Wirklichkeit, das Marx unter dem Begriff „Entfremdung" gefasst hat. Mit derlei Wirklichkeitsbeziehung gehen nicht nur neue Modi

ökonomischer Ausbeutung und der Ein- und Ausschließung einher, sie evoziert auch eine neue symbolische Konstitution des Sozialen als Politik. Der Mitte des 19. Jahrhundert entspringt daher der in Abständen immer wieder aufflackernde Widerstand des Bürgertums gegen die Tendenz, Substanz durch Nummern zu ersetzen. Nicht ohne Grund hat Topos „Wohnungsfrage" hier seinen Ursprung. In der Wohnungsfrage spiegelt sich das Paradoxon des Wohlfahrtsstaats: Das Ortloswerden der Macht in der substanzlosen Form der Gesellschaft hat zwangsläufig zunehmende Unsicherheit, gerade aufgrund gesellschaftlicher Rationalisierungsprozesse, zur Folge. Das Aufgehen der Städte im Staat seit dem Absolutismus inauguriert eine Geschichte, in der die Menschen als Beweis dafür herhalten, dass Macht, Wissen und Recht nunmehr auf einer unhintergehbaren Unsicherheit gründen, einer Unsicherheit, die fortan die Basis für zwischenmenschliche Beziehungen bildet.

An der unter anderem in der Wohnungsfrage sich artikulierenden Krise der Stadt lässt sich das Phänomen der Verunsicherung seit dem 19. Jahrhundert ablesen. Die Krise ist nicht nur Resultat des Industrialisierungsprozesses, sondern auch der neuen Form des Staates und der politischen Nationalökonomie. In der nachnapoleonischen Zeit wandeln sich in Deutschland die Städte, die sich seit dem Mittelalter aus genossenschaftlichen Korporationen heraus gebildet hatten, zu öffentlich-rechtlichen Körperschaften. Dieser Statuswechsel verschafft den Städten jenes Recht auf Selbstverwaltung, in die sich gleichwohl der permanente Konflikt zwischen gesellschaftlichen Interessengruppen einlagert. Während sie theoretisch auf der liberalen Gemeindetheorie des *pouvoir municipal* und der Dichotomie von Gesellschaft gegen Staat aufruht, bereitet gerade der Modus Selbstverwaltung den Zugriff des Staates auf die städtischen Regularien erst vor. Rechtlich und politisch befindet sich die Stadt hier im Widerstreit zwischen Naturrechtsauffassung (Gemeinde ist vorstaatlich bzw. gesellschaftlich) und positivistischer Rechtslehre (Gemeinde ist Produkt des Staates). Aus dem Konflikt geht letztere als Sieger hervor, auch wenn klar ist, dass Gemeinden aufgrund ihres umfassenden operativen Zuständigkeitsbereichs Aufgaben unter eigener Verantwortung erfüllen, wie beispielsweise Bauleitplanung oder Daseinsfürsorge.

Mit der im 19. Jahrhundert vollzogenen Bewegung des Wohnens zum Produkt wandelt sich der Stadtbürger zum Einwohner. Wohnen als Form städtischer Existenz trägt nicht nur zur Ausbreitung urbaner Lebensformen bei, in ihm artikuliert sich darüber hinaus der Übergang vom Bürgerrecht zum Einwohnerrecht. Die althergebrachte Identität von Stadtgemeinde und Bürgerrecht erodiert. Damit bleiben Effekte auf die Bedeutung von Stadt nicht aus. Im Mittelalter band sich der Begriff Stadt an das Kriterium eines bestimmten Stadtrechts, in welchem das Bürgerrecht ein Privileg bildete, das nur Bürgern offenstand, die über Grund und Boden verfügten oder ein Gewerbe betrieben. Mit den ökonomischen Wandlungen von 1800 bis 1870 wird solches Kriterium brüchig, die Kontinuitätslinie zur frühneuzeitlichen Stadtgeschichtsepoche durchschnitten, der Begriff Stadt selbst durch den der Gemeinde ersetzt. Von der daraus hervorgehenden Schwierigkeit, zu bestimmen, was Stadt ist, rührt die Hinwendung zur statistischen Definition, wie sie beispielsweise in Preußen mit der Zählung von 1867 eingeübt wird. Während demnach die Transformationsbewegungen der politischen Ökonomie der ersten Hälfte des 19. Jahrhunderts das deutsche Städtewesen von der vorhergehenden Stadtgeschichte entkoppeln, bilden sie gleichzeitig das Fundament für die nachfolgende Zeit des Kaiserreichs und des Gründerfurors.

Daraus erwächst eine eigentümliche Situation: Die nominale Krise der Stadt führt bis zum Ersten Weltkrieg zu jener Blütezeit des deutschen Städtewesens, innerhalb derer der Gesetzgeber mit dem neuen Instrument der Bauleitplanungen bzw. Fluchtlinienpläne das immense territoriale wie numerische Wachstum der Städte in den Griff zu bekommen sucht, während Stadt selbst, als Rechtsbegriff, nurmehr über statistischen Wert oder den der historischen Reminiszenz verfügt. In der widersprüchlichen Konstellation positioniert sich die in den Städten führende, meist wirtschaftsliberal ausgerichtete Schicht des Bürgertums in zwei Richtungen. Vom Staat erwartet sie, spätestens ab Mitte des 19. Jahrhunderts, ein Gewähren der freien Marktkräfte. Gegenüber der Stadt aber, hier selbst in der Rolle des Regierenden, treibt sie in der kommunalen Selbstverwaltung jene Sozialreformen voran, die man zur Zeit der Jahrhundertwende als „Munizipialsozialismus" (gerechte Verteilung des bei Güterproduktion, zum Beispiel mittels Kommunalisierung lokaler Versorgungsbetriebe, durch die Stadt erzielten Überschusses) bezeichnen wird. Der Erste Weltkrieg wirkt hier als scharfkantige Zäsur. Der von der Weimarer Republik vollzogene Übergang zur parlamentarischen Demokratie stellt mit dem neuen Wahlrecht auch Staats- und Kommunalverwaltung auf dieselbe Stufe. Damit ist der Gegensatz von Staat und Gesellschaft, der vordem als Motor des

Städtewesens gewirkt hatte, faktisch aufgehoben. Spätestens ab der Reichsfinanzreform und dem Verlust der Steuerautonomie und damit der relativen Finanzhoheit geraten die Städte in die Abhängigkeit von staatlichen Zuwendungen.

Die Städte sehen sich nun zunehmend mit politischer Bedeutungslosigkeit konfrontiert und befinden sich in der Defensive gegenüber den staatlichen Ansprüchen des Staates, dessen Aufgabenexpansion mit Gründung der Bundesrepublik noch zunimmt. Städte, einst genossenschaftliches Modell oder Agenten eines antistaatlichen Liberalismus, sinken herab zur Verwaltungseinheit, die der Entlastung des Bundes zu dienen hat. Widersprüchlicherweise garantieren sowohl die Weimarer Verfassung als auch später das Grundgesetz die kommunale Selbstverwaltung (eine Garantie, die das Kaiserreich nie aussprechen wollte), während der aufsteigende Wohlfahrtsstaat die kommunale Selbstverwaltung mehr und mehr in übergeordneten Verwaltungsebenen einbettet und somit aushöhlt. Auf diese Weise schwindet die einstige Autonomie der Städte. Minimalkonsens besteht in der modernen Demokratie nur noch über ihre prinzipielle Existenzberechtigung und ihre Funktion als sozialer Behälter.

Obige Überlegungen lassen fragen, woher die aktuelle Renaissance der Städte stammt. Wir können noch keine Antwort geben. Sicher aber lässt sich konstatieren, dass Demokratie auf lokaler Ebene Unsicherheit und eine Krise der Stadt geschaffen hat. Das bedeutet für die Zukunft, dass keine Modifikation sozialer Praktiken, wie beispielsweise des Wohnens, in der Lage ist, die sowohl vom Wohlfahrtsstaat wie von dessen Nachhut, dem deregulierenden, neoliberal ausgerichteten Staat, unterminierte Selbst-Sicherheit der Stadt wiederherzustellen. Auch der Ruf nach der Rehistorisierung der Stadt ist nur ein verzweifelter. Das lässt vermuten, dass stadt- und baupolitisch zukünftig eher neue, kooperative Handlungsweisen gefragt sein werden, die es ermöglichen, konstruktiv mit Unbestimmtheit in Gemeinschaft umzugehen. Vielleicht zeigen die Phänomene neuer, sich in den Städten artikulierender und ausdrücklich auf Stadt und die Wohnungsfrage sich beziehender Widerstände, Proteste, Gemeinschaftsbildungen, dass mit ihnen der Körper der Politik heute in anderer, aktualisierter Weise zurückkehrt. Welcher Körper könnte das sein?

Für Fritz Schumacher galt einst, dass Wohnbauten den Leib der Städte konstituieren. Führen wir die Argumentationslinie fort. Dann könnte sich aktuell ein Denken andeuten, das Schumachers Satz auf den nächsten Maßstab transponierte und Stadt zum Leib der Gesellschaft avancieren ließe. Das ermöglichte, anhand der konkreten Form des „Urbanen", der nicht-substanziellen Form „Gesellschaft" jenen Ort der Wirklichkeit zurückzugeben, den sie braucht, um mithin die Unbestimmtheit ihrer Geschichte wiederzuentdecken – und der ihr gestattet, über das zu verhandeln, was in Zukunft als gesellschaftliche Wirklichkeit erscheinen soll. Wenn die Rede von der Stadt als politischem Leib demokratischer Gesellschaften zutrifft, rückte gebaute Umwelt in ihrem Verhältnis zu ihren Nutzern als sozio-materiale Konstellation des Politischen erneut in den Blick. Und mit ihr die geschichtliche Heterogenität ihrer aktuellen Formen: In einem so verstandenen Stadtkörper artikulieren sich überdauernde Typologien des absolutistischen Staates ebenso wie die bürgerlich-wirtschaftsliberaler Gründerzeit, die des Neuen Bauens der Weimarer Republik, der Nachkriegsbauten und -planungen, historisierender Postmoderne ebenso wie Investorenbauten. Derlei Heterogenität als real-konkrete Kondition anzuerkennen und diese in ihre strukturellen und funktionalen Elemente und Einheiten dergestalt zu zerlegen, dass sie als Fundament zukünftigen Neu-Versammelns interpretierbar würden, wäre, so unsere Vermutung, der Auftrag eines im Städtischen verankerten Politischen.

An der Geschichte der Wohnungsfrage erhellen sich die widersprüchlichen Anforderungen, die Demokratisierung an Gesellschaft als politische Form wie auch deren politische Ordnung, den Staat, stellt. Das gilt in Deutschland sowohl für die Epoche der Monarchie, des Aufstiegs des Wohlfahrtsstaats wie auch dessen vordergründige Rückzugsvariante, des deregulierenden, sich aus der Wohnungsfrage verabschiedenden Staats. Der Verlauf aktueller, vor allem wirtschaftlich bedingter Krisen macht allerdings deutlich, dass sich der Staat keineswegs zurückgezogen hat, er agiert nur in neuer Weise. Deshalb können und sollen wir die repressiven Wirkungen des Staates und dessen, was Adorno „verwaltete Welt" nannte, nicht unterschätzen. Die Geschichte weist uns auch darauf hin, dass Recht in der Demokratie immer an die Herausforderung des öffentlichen Verhandelns geknüpft ist. Das Recht auf Streik, das Recht auf Versammlung der Arbeiter im 19. Jahrhundert rührt ebenso von einer Transformation der Machtbeziehungen her wie das aus der Wohnungsfrage hervorgehende „Recht auf Wohnen" der Weimarer Republik. Richtig ist: Jedes formulierte Recht transportiert nicht nur die Interessen derer, die die Initiative ergreifen. Es lässt sie auch mit dem Risiko der Enttäuschung zurück, nicht gehört zu werden. Die Furcht der Demokratie vor dem Recht gründet somit auf der Bejahung einer – individuellen oder kollektiven – Rede, die nicht darauf hoffen darf, Anerkennung eines Monarchen zu finden, sondern aushalten muss, auf die Veränderung öffentlichen Bewusstseins zu warten.

In der Geschichte der Wohnungsfrage vollzieht der Stadtbürger den Wandel zum statistisch erfassten Einwohner. Die demokratischen Nationalstaaten der Moderne absorbieren Gesellschaft und Stadt „von oben". Während die Trennlinie zwischen Staat und Zivilgesellschaft sich auflöst[4], beklagen Bürger den zunehmenden Verlust ihrer politischen Handlungswirksamkeit. Vielleicht aber schlägt in neuerer Zeit die Stadt „von unten" zurück. Im aktuell zu konstatierenden Verstädterungsprozess verschmelzen Gesellschaft und Stadt zu dem „Urbanen", einem sich stetig transformierenden Prinzip von Lebensformen, unter dem die Menschen neue Beziehungen untereinander und zur Welt als Stadt unterhalten. Nach dem geschichtlichen Wandel vom Stadtbürger zum Einwohner könnte jetzt ein neuer Modus politischer Existenz, eine neue Form der Subjektivierung entstehen: die des „wohnenden *citoyens*". Wohnende *citoyens* wären, bevor an ein Voranschreiten, und sei es auch noch so langsam, überhaupt erst gedacht werden kann, Menschen, die an Veränderung interessiert sind, die, mit anderen, Situationen des Machens kreieren, um Räume zu produzieren, mit denen städtische Wandlung und die in sie eingelassenen Fragen und Wünsche sich artikulieren können. Wohnende *citoyens* bekämpfen ungerechte ökonomische Wohnverhältnisse nicht durch moralische Empörung, Bezichtigung und Beschämung, sondern mit dem Recht auf Wohnen, dem Recht auf Stadt und dem Einfordern seiner rechtlich legitimierten Gewalt. In dem Prozess geht es nicht nur um neue Visionen des Wohnens, sondern auch und vor allem um eine erneute Verhandlung über das Verhältnis des Einzelnen zur sozialen Ware Wohnen, die für alle gilt, und über das hierin implizite Verhältnis zwischen Gebrauch und Besitz. Die Rückkehr der Wohnungsfrage steht somit auch für eine Rückkehr der politischen Ökonomie, einer historisch informierten „Wirtschaftslehre für schlechte Zeiten"[5], die erstens den Konflikt um Reichtumsverteilung wieder auf die Tagesordnung einer debattierenden Öffentlichkeit setzt, zweitens sich darauf ausrichtet, das aus Akteuren und Interessen bestehende ökonomische Vektorfeld politisch zu verstehen, und drittens normativ nachfragt, ob urbane Gesellschaften solche Handlungsräume tolerieren dürfen, „die sich der öffentlichen Rechenschaftsgabe gänzlich entziehen."[6]

Fine

Die hier vorgenommene Archäologie der Wohnungsfrage kann, wir sagten es bereits, keinen Anspruch auf Vollständigkeit erheben und will es auch nicht. Indes zeigt sie doch auf, wie die seit Mitte des 19. Jahrhunderts sich artikulierende Debatte um Wohnen nicht nur fundamentale Fragen städtischen Seins berührt. In und mit ihr manifestiert sich die kontinuierliche Auseinandersetzung um zivile Autonomie im laizistischen Staat. In Zeiten des Postulats vom Niedergang politischen Engagements, des Rückzugs ins Private, der Postdemokratie bleibt es notwendig, auf die Verkürzungen hinzuweisen, die solche Postulate unternehmen. Wer sich dem Lamento über die als alternativlos sich gerierende Übermacht des Marktes oder des sie stützenden Staates ergibt, vergisst deren grundlegende Bedingung: die Fundierung politischer Macht in der Legitimation durch öffentliche Meinung, sei sie auch noch so manipuliert oder von Herrschaftsstrategien politischer Ökonomie durchdrungen. Es gehört zur Originalität von Demokratie, dass Wissen und Gesetz nicht mehr in Personen, sondern in Funktionen verortet sind, mithin im Konflikt der Meinungen und der Debatte um Rechte. Wir sahen es in der geschichtlichen Betrachtung der Wohnungsfrage: Die Moderne gewinnt ihre politische Legitimationsstruktur allein, indem sie sich in Meinungen einschreibt. In dem Zusammenhang erweist sich gebaute Umwelt nicht nur als materialer Teil einer politischen Konstitution, die sie mit dem System demokratischer Macht verbindet – erstere drückt letztere auch aus. Das Städtische erweist sich als Relationsgefüge, das nur aus der *agency*, der Handlungswirksamkeit sozialer Akteure entsteht, die die Autonomie der Sphäre ihres Könnens verteidigen. Partizipation und Bürgerbeteiligung werden in Zukunft nicht mehr mit der Frage „Was wollt ihr?" funktionieren, sondern können nur noch anhand der Frage „Was könnt ihr?" bzw. „Was tut ihr?" und der Gestaltung von Situationen, in denen sich solches Können öffentlich äußern kann, einem Gelingen zustreben. In diesem Zusammenhang ist die Frage nach den Rechten nicht obsolet, im Gegenteil. Vielmehr befeuert der Modus einer Reformulierung ihrer politischen Implikation im Konnex Stadt ihre Bedeutsamkeit auf neue Weise. Das belegen nicht allein die aktuell hervortretenden Verhandlungen um ein „Recht auf Stadt" und die Ethik einer „guten Stadt".
Ferner wird deutlich, dass das herrschende politische System nicht nur verhindernd wirkt, sondern, gerade im Treffen vermeintlich „falscher" Ent-

scheidungen, selbst zu der Erweiterung des Politischen beiträgt. Stuttgart 21 ist nur ein Beispiel dafür. Es offenbart sich, dass politische Ordnung weiterhin abhängig bleibt von der Zustimmung einer großen Fraktion öffentlicher Meinung (und sei sie noch so unsichtbar) oder dessen, was sie in das einschreibt, was wir den öffentlichen Raum nennen. Die Archäologie der Wohnungsfrage lässt indes vermuten, dass wir nicht mehr naiv von „dem" öffentlichen Raum, der dem Bürger gewissermaßen wie eine Natur gegenübertritt, sprechen können. Vielmehr wäre die Frage der Konstitution und Beschaffenheit solchen Raums mit der Frage nach dem Städtischen aktuell neu zu stellen.

Schließlich gilt: Im Urbanen erlischt die Differenz des Singulären nicht im Allgemeinen, weil es immer wir selbst sind, die das Wohnen wohnen müssen. Jedes Wohnen, sowohl als Waren- wie auch Lebensform, kann nicht anders, als etwas über sich selbst zu sagen. Und indem das Wohnen sich sagt, reicht es über sich selbst hinaus, wirkt es differenzierend in die urbane Totalität, die es umfasst.

AUSBLICK

Anders wohnen. Anderes Habitat. Anders planen

Die vorangegangenen Überlegungen deuten auf die Frage nach alternativen Formen des Habitat, der sozialen Ökonomie unter differenten Modalitäten, der Heterogenität des Zusammenlebens, des Um-Baus, des Bauens im Bestand, des *low-budget-* und des *low-tech-housing*. Nicht mehr die Utopie einer die städtische Unordnung überschreibenden Planung steht im Mittelpunkt des Interesses, sondern die Untersuchung und Verhandlung des Bestehenden. Neue Wohnformen werden angesichts der andauernden ökonomischen Krise vor allem kollektiv organisiert sein. Die Herausforderung wird also sein, neue Weisen zu finden, in denen kollektiv über existierende Strukturen verhandelt werden kann: über das Statut der gegebenen Rechtslage, über zu vergebende Flächen, über den Anteil von Gemeinschaftsflächen und -funktionen, über innovative ökologische Dispositive innerhalb der vorgegebenen Normen und Regelungen. Neue Formen des Wohnens verlangen nach neuen Formen der Politik und der Ökonomie ebenso wie nach neuen architektonischen Lösungen. In dieser Perspektive kommt Gesellschaft selbst als Form in den Blick und mit ihr eine Renaissance der Zivilcourage – das heißt nichts anderes als Verhandlung über die Form der Politik. Durch kollektives Wohnen auf der Grundlage zeitgenössischer Urbanität Gesellschaft produzieren – daraus könnte die neue Vision fürs Habitat entstehen.

Was das Bauen anbetrifft, fällt Architektur und Städtebau zunehmend die Rolle des Transmissionsriemens zwischen Stadtwissen und Stadtmachen und, innerhalb dessen, des Verknüpfens neuer Relationen zu. Die Selbstermächtigung urbaner Akteure kommt ohne das Wissen von Architektur und Städtebau nicht aus. Letztere Disziplinen verfügen über die Techniken, das Wissen aus dem alltäglichen Wohnen herauszulesen, sichtbar und anschlussfähig zu machen. Wenn es um die Zukunft des Wohnens als Produktion von Stadt geht, wird es, unter Einbezug der Optionen des Baugesetzbuches, notwendig die Verfahrensweise der Planung im Umgang mit dem Vorschriftsmäßigen neu zu denken – und zwar im Kontext der Lebensräume. Das bedeutet, den Bedarf an Freiräumen, an individuellen Wohnformen heute vor allem in solchen Gemeinschaftsformen zu realisieren, welche die Möglichkeit von Eigenleistungen mit einschließen und damit sowohl zum Produkt als auch zum Wissensgenerator gegenwärtiger Gesellschaft geraten können. In diesem Zusammenhang wird es zukünftig architektonisch darum gehen, durch strukturelle Anlage ebenso individuelle Wohnungsgrundrisse wie ein Maximum an Gemeinschaftsnutzungen zu ermöglichen. Derlei Nutzungen ist indes eigen, dass sie nicht vorhersagbar sind. Das heißt, es gilt Wohnen als Variable offen zu lassen. Daraus folgt jedoch nicht, nicht zu planen sondern nur, anders zu planen, und zwar so, dass Unbestimmtheit Teil der Planung wird. Es geht darum, so zu planen, dass möglichst viele Funktionen offen bleiben um diese später von ausführenden Nutzern aktualisiert werden zu können. Damit verlagert sich Planung auf eine andere Ebene. Zeit würde wieder in die Raumfrage eingeführt, Nutzungen als Übergangslösungen und Flächen als unterschiedlich bespielbar begriffen. Somit würde beispielsweise eine der entscheidenden Zukunftsaufgaben angegangen – die Mischung der Generationen – und dergestalt ein Funktionalismus, der das Singleapartment ebenso vorplant wie das Altenheim, überwunden. Nicht standardisiertes Wohnangebot, sondern umgekehrt Minimalstruktur eines Angebots zur Entwicklung eigener, jeweils spezifischer Wohnweisen ist angestrebt. Das bedeutet nicht, sich vom Standard abzuwenden und in individualästhetischen Formensprachen zu verlieren, sondern Standard neu einzusetzen.

Um dies zu ermöglichen, hätte Gestaltung diagrammatisch[7] vorzugehen: in Form von in Bewegung befindlichen Überlagerungen performativer Programme. Performative Programme meint hier unterschiedliche Aktivitäts- und Nutzungsmodalitäten, die aus unterschiedlichen Strukturierungen hervorgehen. Strukturen wären in offenen Partituren zu organisieren, die ihre endgültige Deutung erst im aktiven Bespielen erlangen. Angestrebt ist die produktive Dichotomie von Kontinuum und Brechung, von *minimal structures* (als infrastrukturelle Einheiten) und offener Nutzung. Bauen wird leere Form, die von den sich überschneidenden Nutzungsfeldern ausgeht und sich daher in Höhe, Volumen und Ausbau maximal ausdifferenziert. Wird damit Ordnung aufgegeben? Konstituiert sich das Bauen der Zukunft informell? Nein, keineswegs. Das Informel ist apolitisch. Politisch gefragt ist hingegen Form, die dazu befähigt, Ordnung anders und zwar improvisationstechnologisch zu denken: als konstruktiven Umgang mit Unordnung in Gemeinschaft. Die Ordnungsmuster, die derlei

Form zur Verfügung stellt, müssen dynamisch, das heißt strukturell-diagrammatisch angelegt sein.

Die architektonischen Kategorien Form, Struktur und Funktion aufgreifend, könnte man eine Ermöglichungsformel für das Bauen vorschlagen, die als Teil verhandlungsorientierter Planung wirkt. Sie lautet: „formal leer, strukturell voll, funktional unbestimmt". Konzeptionelle Verknüpfung von strukturellem Moment und Metaform erwiesen sich nun als Kernaufgabe der Architekten – nicht die Form als Gestalt bzw. Figur. Ziel wäre dann, Sorge zu tragen für die Ermöglichung der funktional unbestimmten Aneignung von Raum. Dies unter Berücksichtigung der Tatsache, dass es unterschiedliche Zeiten, unterschiedliche Entwicklungen, unterschiedliche Konjunkturen geben kann, Räume ungenutzt bleiben oder sogar unordentlich werden. Anzustreben wäre somit eine Art generative Diagrammatik für die Wohnbebauung, die zwar offen, aber nicht formlos agiert. Statt dem Anordnen vorgefertigter Wohngrundrisse hat die Verhandlung über und das Ausformulieren von Regeln im Spannungsfeld von individueller und nachbarschaftlicher Wohnkultur im Vordergrund zu stehen . Das berührt auch die Frage danach, wie Rahmungen und Dialogformen zukünftig Ko-Habitation im Offenen zum Funktionieren bringen und unterschiedliche Lebensstile ermöglichen und fassen können. Was meint generative Diagrammatik? Wir sagen: Wohnen ist eine Seinsform. Wohnen heißt, sich zu situieren. Wir können über Wohnen nicht verfügen. Wohnen ist nicht plan-, aber strukturierbar, und zwar, indem man es in seine Funktionen auseinandernimmt, um diese dann in maximaler Varianz wieder zusammenzusetzen, zu rekombinieren, zu rearrangieren. Generativ bedeutet dann: Wohnen ist unabhängig vom Bautyp. Heißt das, auf Typen zu verzichten? Nein, im Gegenteil. Nur erklärt der Typ nicht, wie es einst der Funktionalismus vorstellte, die Funktion, sondern umgekehrt erklärt der Gebrauch den Typ. An diesem konzeptuellen Scharnier dreht sich Funktion zur Performanz. Die Kategorie Typ moduliert von der ästhetischen Gestalt zum Readymade, das man umfunktionieren, umdeuten, re-designen kann und das auf Eigenschaften, Merkmalen beruht, die nicht auf Identität (im formalen Sinn), sondern auf Nutzung (im funktionalen Sinn) rekurrieren. Wer Typen verwendet, darf sie nicht als Antwort auf oder als Problemlösung von Wohnen verstehen. Typen sind nicht von sich aus flexibel, sondern nur dann, wenn man etwas mit ihnen macht, wenn man sie re-design. In dem Zusammenhang steht nicht die

„Nutzungsneutralität" (die das Thema auf Funktions- oder Möblierungsvarianten zu reduzieren sucht) im Mittelpunkt des Interesses, sondern die Nutzungsmaximierung. Ziel ist, das Wohnen mit Möglichkeiten aufzupumpen, Möglichkeiten, die jedoch nicht im Vorhinein realisiert werden, sondern die, durch Deutungs- und Verhandlungspraxis, zu aktualisieren wären. Das hieße: Der Entwurf bereitet auf typologische Weise, indexikalisch und strukturell die Möglichkeiten vor – „Individualität" dürfen und müssen die wohnenden Akteure selber produzieren.

Selbstverwaltung kehrte demnach auf der Ebene des Wohnens als jener Modus zurück, in welchem Wohnprojekte und generationsübergreifende Wohngruppen neue Ansätze erproben könnten, die herkömmliche Modelle des Wohnens ergänzen. Solches würde auf zwei Ebenen wirken. Erstens definieren experimentelle Wohnansätze vor dem Hintergrund finanzieller Krisen die urbane Form des Wohnens, Arbeitens und Lebens neu. Zweitens wirken sie auf kulturelle Weise politisch: Neue Wohnformen fordern Auseinandersetzungen über ästhetische wie alltägliche Fragen des Zusammenlebens heraus, von der Nahversorgung bis zur gemeinsamen Nutzung von Infrastruktur oder Flächen, von der Müllentsorgung bis zur Energiegewinnung. Immer geht es um Fragen an das Verhalten der Einzelnen und um die darin eingelassene Wertedebatte. Dabei tritt das entscheidende Moment gegenwärtiger Stadt hervor: Performanz als das, was geschieht. In der Gestaltfindung steht nicht mehr die äußere Form im Vordergrund, sondern was passiert, was gemacht, wie es genutzt wird.

Dieser Ansatz ist formal orientiert, richtet sich aber strukturell aus. Im Gegensatz zum Strukturalismus jedoch, der Strukturen für alle Situationen vordenken wollte, wäre nun strukturiert vorzugehen. Der Ansatz der minimalen Struktur, der leeren (Meta)-Form und der unterbestimmten, aber maximal ermöglichenden Funktion (= Performanz) zielt auf ein Wohnen als Lebensform, ein Habitat, das unterschiedliche Lebensstile, Haushalte, Familien, Herkünfte, Wohn- und Arbeitsformen verarbeiten kann. In diesem Zusammenhang wurde zu Recht vermehrt darauf aufmerksam gemacht, dass sich solche Form des genossenschaftlichen Neujustierens von Bau- und Wohnformen zur Zeit vor allem privat vollzieht, ihr Engagement in den Stadtraum ist freiwillig.[8] Stadtpolitik aber kann sich auf ein neoliberales Outsourcen nicht beschränken, sie muss von solchen Initiativen lernen und sie auf den nächsten Maßstab projizieren. Dass die IBA Berlin 2020, die ein Übungsraum für ebensolches Lernen gewesen wäre, im Juni 2013 abgesagt wurde, ist ebenso vertane Chance wie die Nicht-Realisierung der Werkbundsiedlung Wiesenfeld in München.

Weiche Ordnung

Für den städtebaulichen Wettbewerb zur Werkbundsiedlung Wiesenfeld hatte Kazunari Sakamoto im Jahr 2007 jene Vorgehensweise vorgeschlagen, an der sich bis heute beispielhaft eine Rekonturierung städtebaulichen Entwerfens vorstellen lässt. Sakamoto formuliert es so: „In meinem Entwurf für die Werkbundsiedlung verweben sich städtischer Raum und Wohnraum. Die eine Lebenswelt ist von der anderen nicht zu trennen, sie öffnen sich füreinander und vermitteln auch den Menschen das Gefühl, offen und frei sein zu können. Vor einem riesigen Baukörper ist der Raum nicht so offen. Vor einer Mauer würde man sich nicht so frei fühlen."[9] Man kann hier von einem Ansatz des relationalen Verschaltens von Minimalstruktur als Ermöglichungskatalysator und Metaform[10] als Partitur sprechen, das den japanischen Ansatz der weichen Ordnung in europäische Stadtformen integriert. Sakamoto weist der weichen Ordnung die Attribute „weicher, plastischer, weniger festgelegt" zu. Die Ordnung bewirkt „unterschiedliche Höhen, wechselnde Fluchtlinien, und die Raumkategorien ‚privat', ‚gemeinschaftlich', ‚öffentlich' gehen ineinander über (…)."[11] Sakamoto sagt zu Recht: „Wir können gar nicht alle Nutzungen voraussehen." Damit meint er: Es gilt Wohn- und Handlungsformen zu finden, die uns ermöglichen, Individualität und Gemeinschaft zu mischen, und zwar je nach Situation. Dabei können Wohnräume mit dem zugehörigen privaten Freiraum ein individuelles Volumen bilden, das sich mit den flexiblen Gemeinschaftsflächen der Leerräume überlagern lässt. Das Zusammenspiel der Strukturen bildete dann ein bewegliches Diagramm, das mit den Nutzungen spielt und diese erst zum Funktionieren bringt. Gerade durch ihre Heterogenität könnten die Flächen spezifische und ausdifferenzierte Aktivitäten zwischen privat und öffentlich zulassen und ermöglichen. Abgrenzung wäre ebenso Teil des Zusammenspiels wie Öffnung. Wenn auf diesem Wege anerkannt wird, dass das Wohnen nicht externalisiert werden kann, dass dergestalt zu planen ist, dass Wohnen angeeignet, internalisiert werden kann, dann entspringen daraus hohe Anforderungen an Urteilskraft und Improvisationsfähigkeit der Akteure, weiß Bernd Meyerspeer vom Deutschen Werkbund e.V.: „Dieser Gedanke provoziert und verlangt von den Stadt- und Hausbewohnern eine Gemeinschaftsdisziplin, die sie nur über sich selbst gegebene Verbindlichkeiten und Regeln einlösen können. Damit sind andere Verhaltensweisen und darüber hinaus soziale Experimente gefordert: neben einem hohen Gemeinschafts- und Bürgersinn die Pflege von Verantwortlichkeit und Ausgleich zur Entwicklung der sozialen Stabilität zwischen den zukünftigen unterschiedlichen Bewohnerschichten des neuen Stadtquartiers."[12] Der Kant'sche Imperativ, der besagt, dass jeder in der Lage sein sollte, sich selbst ein Gesetz zu geben, wird hier nicht auf moralische, sondern ethische Weise in das zeitgenössische Wohnen als Praxis eingeführt. Der damit einhergehende Lernanspruch ist Teil des Spiels.

Anders wird es in Zukunft nicht gehen. Aber gerade die Offenheit weist der Planungsweise eines gemeinschaftlichen Aushandlungsprozesses von Gestaltung hohe Ansprüche zu: „Wie soll ich das nennen, vielleicht ‚sozialer Individualismus'?" fragt Sakamoto: „Einerseits hat jeder seine eigenen Vorstellungen, möchte sie ausdrücken und andererseits muss er sie mit anderen besprechen. Und das schafft Beziehungen, zwischenmenschlich zuerst, aber dann auch räumlich."[13] Dass die Werkbundsiedlung scheiterte, belegt einmal mehr, dass nicht nur ästhetische, sondern auch politische und ökonomische Aspekte in den Städtebau spielen. So hätte beispielsweise der zunächst vorgesehene jeweils 50-prozentige Anteil von frei finanzierten und öffentlich geförderten Wohnungen mit dem vorgelegten Masterplan nicht durchgehalten werden können, womit bereits die Finanzierungsgrundlage des Projekts infrage stand.

Ungeachtet ihrer Nicht-Realisierung bleibt die „Weiche Ordnung" als Ordnungsweise relevant. Ich habe derlei Ordnungsweise an anderer Stelle als Improvisationstechnologie beschrieben.[14] Mit Hans Becker, dem Gründer des Max-Plank-Instituts für Bildungsforschung, lässt sich Improvisation als die neue Lernherausforderung des 21. Jahrhunderts begreifen: „Die Veränderungen, die auf uns zukommen, werden nicht durch geeignete Verwaltungsvorschriften vorbereitet werden können; sie werden vielmehr außerordentliche Anforderungen an die Improvisationsfähigkeit des einzelnen stellen."[15] Improvisation als Technologie wäre dann eine Planungsmethode, die vor allem durch ein Minimum an Struktur, eine leere Form, durch Metaform als Rahmung und eine funktionale Unschärfe maximale Nutzungsoptionen hervorruft. Dafür habe ich den Begriff der Ermöglichungsarchitektur vorgeschlagen. Ermöglichungsarchitektur ruht auf einem Architekturverständnis, das Gestaltung als etwas begreift, das primär aus einer situativen Bewegung hervorgerufen wird: Erst das Leben, die Aneignung, die ermöglichte Improvisation konstituiert den Raum als Qualität. Ermöglichungsarchitektur ist Raumproduktion zweiter Ordnung: Sie produziert räumliche Strukturen, die wiederum die Produktion von Raum ermöglichen. Räumlicher Mehrwert bemisst sich nicht allein in Extraquadratmetern, sondern in dem hinzugefügten Potenzial an Nutzungsoptionen, „Lebensbewegung, -erfahrung und letztendlich -qualität."[16] Externalisierende Raumstrategien, die Raum als etwas Gegebenes, Vorgängiges verstehen, das man sich als Planer „objektiv" zurechtlegen kann, haben wichtige Instrumente des Raum- bzw. Stadtlesens hervorgebracht. Nun gilt es, diese mit einem neuen Raumzugang zu verschalten: dem ständigen Lernprozess in und über Situationen des Urbanen, um von dort neue Deutungs- und Handlungsmöglichkeiten zu erarbeiten. „Ziel ist nicht allein herauszufinden, was eine urbane Situation meint, sondern was sie ermöglicht, also was in einer Situation performativ ‚drin' ist."[17]

Die Experten sind wir selbst! Selbermachen ist ökologische Bürgerpflicht

So oft ist von Nachhaltigkeit die Rede, dass man das Wort fast nicht mehr ernst nehmen kann. Dennoch bleibt die in ihm enthaltene Fragestellung nach der Form eines „guten Zusammenlebens" bedeutsam. Wichtig wird demnach ein Nachhaltigkeitsbegriff sein, der sich nicht auf technische Maßnahmen reduziert, sondern einen Bewusstseins- und Praxiswandel mit sich bringt, der auf politischer Teilhabe beruht. Stadt existiert durch ihre Bewohner, Stadt entsteht aus Gebrauch. Eine „erneuerbare" Stadt kann nur den Kooperationen urbaner Akteure in Partnerschaft mit der Verwaltung entspringen. Das impliziert aber auch, Nachhaltigkeit und Partizipation, mithin den politischen Umgang mit der „ökologischen" Frage neu zu denken.

Zunehmend können wir beobachten, wie die urbane Wirklichkeit Unsicherheiten und Unbestimmtheiten hervorruft. Und es bilden sich, auch und gerade im Bezug auf das Wohnen und die in ihm enthaltenen Fragen, experimentelle Lebensformen heraus, die sich vor allem, aber nicht nur, im Milieu der ökologischen Bewegungen ansiedeln. Bruno Latour hat darauf hingewiesen, dass die Politik mit solchen Experimenten nichts anzufangen weiß.[18] So herrscht in der Politik derzeit immer noch jener Primat rational geleiteten Handelns vor, der seine Gründung in der Annahme externalisierbarer, gegebener Ordnungen finden will. Wer die Prozesse von Stadt heute in Augenschein nimmt, sucht nach solchen Ordnungen vergeblich. Dass die externalisiert und externalisierend vor sich her getragenen Ordnungsbehauptungen über urbane Wirklichkeit von eben dieser permanent widerlegt werden, scheint die Politik jedoch nicht zu stören. Immer heißt es „weiter so", und im Nebensatz fällt vielleicht noch ein „aber mit Augenmaß und auf Augenhöhe". Die alternativlos sich gerierende „Politik der Vernunft" bestimmt im Schulterschluss mit einem rational-wissenschaftlich sich gebenden Expertentum die politischen Vorgaben und setzt ihre Prämissen weder einem Urteil durch die Politischen – die Militanten, Aktivisten, Verwaltungsbeamten und interessierten Bürger – noch durch die „front du recherche et d'experimentation multiforme de l'immense mouvement global d'ecologie politique"[19] aus.

Aus der Hypostasierung der Experten und ihrer Gesetze der Wissenschaft durch die Politik resultiert eine Vorherrschaft der wissenschaftlichen Repräsentation der Welt und ihrer vermeintlichen „Exaktheit" im politischen Raum. Solche Konvergenz von Wissenschaft, Staat und Politik mag einst funktioniert haben, in einer Epoche, in der es noch keine großen, anhaltenden öffentlichen Debatten und Kontroversen gab, als der Wohlfahrtsstaat für alles sorgte und die Bürger nicht mitreden konnten bzw. wollten. Die Situation gibt es nicht mehr: „Der Experte entpuppt sich als jemand, der die Wissenschaft aller Unsicherheit bezüglich des Forschens und die Politik aller experimenteller Forschung über das gemeinsame Gut beraubt, also geradezu verhindert, dass die Politik das macht, worin ihre eigentliche Aufgabe besteht. Drei Jahrhunderte Rationalismus haben wir gebraucht, um zu solch einem Ergebnis zu kommen! Wie lässt sich der Misserfolg der Klimakonferenz von Kopenhagen anders erklären als durch den unbrauchbaren Charakter einer Anordnung, die weder die Unbestimmtheit der Forschung noch die der Politik anerkennt?"[20] Latour zieht eine radikale Konsequenz: „Exit les experts." Die damit eingeläutete neue Vorsicht gegenüber den wissenschaftlichen Experten hat indes ihren Preis. Sie verlangt uns ab, zwischen zwei Unsicherheiten zu leben: jener der experimentellen Forschung (nicht zu verwechseln mit der Wissenschaft) und jener der zögernden Aktion (nicht zu verwechseln mit der Anwendung unhinterfragter Gesetze).

Das meint jedoch nicht, aufs Neue Wissenschaft und Politik zu trennen, sondern vielmehr, sie, in einer auf Forschung und Experimentation gestützten Art und Weise, neu zu verbinden.[21] Schluss mit jener Verdummung, die die „Menschen" dort „abholt, wo sie sind", was letztendlich nur impliziert, dass die, die solches intendieren, meinen, sie wüssten bereits, „wo" die Menschen seien. Das als Kommunikation ausgegebene, in realiter aber eher paternalistische Nicht-Ernst-Nehmen der urbanen Akteure scheint vorbei. Es ist an der Zeit, die volle Komplexität des Urbanen zum Thema zu machen – die Bewohner der Stadt sind erwachsene Menschen, und sie können auch die fragilen und provisorischen Sicherheiten, auf die sich die Experimentation am Wohnen stützt, durchaus verstehen! Lassen wir die Repräsentationsbehauptung absoluter Wahrheiten (die beständig widerlegt werden) beiseite und gehen denjenigen ökologischen Weg, der sich aus der Forschung an einer zuverlässigen Konkretion des gemeinen Guts ergibt, der Stadt! Mit der Ausrichtung auf die Performanz urbaner Akteure würde die Kernfrage modernen Städtebaus, die Frage nach der Funktion neu gestellt und damit anerkannt, dass die Geschichte der Moderne eine Gegenmoderne wohnender Nutzer und deren performativer Umfunktionierungspraktiken[22] in und als Stadt durchzieht. Solches fordert nicht allein eine ökonomische Verteilungsgerechtigkeit, die verhindert, dass Wohnen zum Treiber von Armut wird. Vielmehr zeichnet sich zugleich eine gestalterische Position ab, die auf die funktionalistische Voraussetzung einer universalen Letztbegründbarkeit von Wahrheit verzichtet und sich dennoch oder gerade deshalb von der Idee einer funktional orientierten, kritischen Verantwortlichkeit und Ethik (was machen wir warum, was bewirkt das und aus welchem praktisch-körperlichen Verhältnis zu uns und zu anderen geht solches Wirken hervor?) der Produktion des Urbanen und, infolgedessen, von der Praxis der das Wohnen Wohnenden her versteht.

Anmerkungen

INTRO

1 Von Saldern, Adelheid: „Im Hause, zu Hause. Wohnen im Spannungsfeld von Gegebenheiten und Aneignungen". In: Reulecke, Jürgen (Hg.): *Geschichte des Wohnens*, Band 3, 1800–1918, *Das bürgerliche Zeitalter*. Hamburg 1997, S. 145–332, S. 229
2 Latour, Bruno: *Politiques de la nature*. Paris 2008, S.184, „Nomos et logos n'appartiennent de plein droit à la polis qu'à condition de ne pas servir de raccourci pour mettre à mal l'état de droit."
3 Hannemann: „Heimischsein"
4 Latour, Bruno: *Selbstporträt als Philosoph*. Rede anlässlich der Entgegennahme des Siegfried Unseld Preises. Frankfurt a. M., 28. September
5 Bollnow, O.: *Mensch und Raum*. Stuttgart 1999 (1963), S. 276
6 Heidegger, Martin: Bauen Wohnen Denken. In: Ders., *Vorträge und Aufsätze*. Pfullingen 1954, S. 157
7 ebd.
8 vgl. Dell, Christopher: *ReplayCity*. Berlin 2011
9 a.a.O., S. 157f.
10 Ich gehe näher auf diese Frage ein in: Dell, Christopher: *Das Urbane. Wohnen. Leben. Produzieren*. Berlin 2013
11 Kapitel 1, "Das industrielle Proletariat", S. 26f.
12 Löwith, Karl: *Von Hegel zu Nietzsche. Der revolutionäre Bruch im Denken des neunzehnten Jahrhunderts*. Stuttgart 1964
13 Foucault, Michel: *Die Ordnung der Dinge. Eine Archäologie der Humanwissenschaften*. Frankfurt a. M. 1991, S. 187
14 ebd., S. 241

RÜCKKEHR DER WOHNUNGSFRAGE?

1 *Süddeutsche Zeitung*, 10.09.2012
2 vgl. Walther, Franz u.a. (Hg.): *Die neue Macht der Bürger*, Reinbek 2013
3 Bartetzko, Dieter: „Vor dem Gewinn sind alle gleich". In: *Frankfurter Allgemeine Zeitung*, 17.11.2012
4 https://www.destatis.de/DE/ZahlenFakten/Wirtschaftsbereiche/Bauen/Bautaetigkeit/Tabellen/FoerderungenWohnungsbau.html;jsessionid=9F390D8CDFB155D3B7E41D514AF6F2B7.cae3, abgerufen am 06.11.2012. Die Förderstatistik des Statistischen Bundesamtes wurde eingestellt, sodass die Datenreihe 2006 endet. Für die Jahre ab 2007 können die entsprechenden Daten bei den jeweiligen Bewilligungsstellen auf Länderebene erfragt werden. Es darf aber vermutet werden, dass seither die Zahl der Bewilligungen im Sozialen Wohnungsbau weiter gesunken ist.
5 Dem Bündnis gehören der Industriegewerkschaft Bauen-Agrar-Umwelt (IG BAU), der Bund Deutscher Baumeister, Architekten und Ingenieure (BDB), die Deutsche Gesellschaft für Mauerwerks- und Wohnungsbau (DGfM) und der Bundesverband Deutscher Baustoff-Fachhandel (BDB) an.
6 Ochs, Jutta: „Engpass bei Sozialwohnungen". In: *Frankfurter Rundschau*, http://www.fr-online.de/frankfurt/wohnen-in-frankfurt-engpass-bei-sozialwohnungen, 1472798,20734250.html, abgerufen am 29.10.2012
7 Tröste, Christian: „Alptraumhaus im Grünen. Leerstand bei Einfamilienhäusern". In: *spiegelonline*, http://www.spiegel.de/wirtschaft/cuxhaven-demografischer-wandel-bedroht-einfamilienhausviertel-a-863006.html, abgerufen am 06.12.2012
8 ebd.
9 „Mieten und Kaufpreise klettern im Gleichschritt". In: *Stern*, http://www.stern.de/wirtschaft/immobilien/immobilien-kompass-2012-mieten-und-kaufpreise-klettern-im-gleichschritt-1831343.html, abgerufen am 22.07.2013
10 „Lebst du noch oder wohnst du schon?". In: *Stern*, http://www.stern.de/wirtschaft/immobilien/steigende-mieten-lebst-du-noch-oder-wohnst-du-schon-1842564.html, abgerufen am 14.12.2012
11 http://kottiundco.net/wer-wir-sind/, abgerufen am 04.01.2013
12 Das Prinzip der Kostenmiete im sozialen Wohnungsbau basiert auf der Wirtschaftlichkeitsrechnung, die ein Bauherr, der mit öffentlichen Geldern unterstützt wird, eingibt. Sie enthält die detaillierten Kosten des Baus einer Immobilie, inklusive Bau-, Grundstücks- und Nutzungskosten, also sämtliche Kapitalkosten (Eigen- und Fremdkapital) und Bewirtschaftungskosten (Abschreibung, Verwaltung, Instandhaltung). Die daraufhin berechnete Kostenmiete bildet die Obergrenze dessen, was der Bauherr an Miete fordern darf. Die Subvention des Staates für einkommensschwache Mieter betrifft die Differenz zwischen dem Niveau der Kostenmiete und dem der Sozialwohnungsmiete.
13 Zawatka-Gerlach, Ulrich: „In der Spargesellschaft". In: *Tagespiegel*, 05.01.2013
14 Linde, Christian: „Nichts läuft hier richtig. Berlin: Erste won Basisinitiativen organisierte wohnungspolitische Konferenz suchte nach Antworten auf Mietenexplosion und Verdrängung". In: *Junge Welt*, 15.11.2012
15 Heiser, Sebastian: „Günstiges Wohnen ist Geschichte". In: *taz*, 14.11.2012
16 vgl. Anm. 13
17 Der BBU vereint 358 Wohnungsbaugesellschaften und -genossenschaften in Berlin und Brandenburg. Sie verwalten rund 40 Prozent aller Mietwohnungen (700.000 von insgesamt 1,6 Millionen) in Berlin und fast 50 Prozent der Mietwohnungen in Brandenburg. Zu den BBU-Mitgliedern gehören auch die sechs landeseigenen Wohnungsbaugesellschaften.
18 Hunziker, Christian: „Es gibt unglaublich viele

Grundstücke". In: *Tagespiegel*, 05.01.2013
19 Schönball, Ralf: „Steigende Mieten. Hanseatisches Vorbild". In: *Tagesspiegel*, 04.09.2012
20 „Finanznot. Kommunen sparen sich milliardenschwere Investitionen". In: *spiegelonline*, http://www.spiegel.de/wirtschaft/soziales/kommunen-verzichten-auf-investitionen-von-100-milliarden-a-825706.html, abgerufen am 04.04.2012
21 vgl. „Finanznot der Kommunen verschärft sich". In: *Handelsblatt*, 22.03.2011
22 Deutscher Städtetag (Hg.): *Beiträge des Deutschen Städtetages zur Stadtpolitik – Band 97*. Berlin/Köln 2012, www.staedtetag.de
23 § 105 Hessische Gemeindeordnung (HGO)
24 vgl. § 18 Abs. 2 Nr. 2 Landeshaushaltsordnung Hamburg, dort gelten diese Kredite als „Kassenverstärkungskredite"
25 „Steuerkurs der Regierung bringt Kommunen in Finanznot". In: *Hamburger Abendblatt*, 05.01.10
26 ebd.
27 Wiese, Sönke: „Mieterhöhungen werden leichter". In: *Stern*, http://www.stern.de/wirtschaft/immobilien/bgh-urteil-hilft-vermietern-mieterhoehungen-werden-leichter-1574420.html, abgerufen am 12.12.2012
28 Hammer, Martin: „Wirkungsloser Mietspiegel". In: *Süddeutsche Zeitung*, 17.05.2010
29 ebd.
30 vgl. „Der Zehn-Milliarden-Euro-Boom". in: *Handelsblatt*, 05.10.2012,
31 Brönstrup, Carsten: „Privat statt Staat". In: *Tagespiegel*, 20.11.2012
32 „Dass es mit den Beteuerungen der Chartas im Wohnungswesen nicht weit her ist, zeigt der Fall des Verkaufs von Wohnungen der Landesbanken Bayern und Baden-Württemberg an ein Konsortium unter der Führung der Patrizia AG. Als ein Mieter in Stuttgart gegen die auf den Verkauf folgende höhere Miterhöhung klagt, entscheidet die Justiz, dass die Formulierungen der Charta zu schwammig seien und gibt den Mieterhöhungen nicht statt." vgl. Hägler, Max: „Leere Versprechen". In: *Süddeutsche Zeitung*, 25.07.2013
33 Deutscher Mieter Bund: „Bund verkauft 11.000 TLG-Wohnungen an Immobilien AG. Mieterbund kritisiert Wohnungsverkäufe als falsch". Pressemeldung vom 19.11.2012
34 Interview mit Rolf Elgeti: „Wohnen ist in Deutschland zu billig". In: *Wirtschaftswoche*, 19.09.2012
35 Slavik/Uhlmann: „Ratio mit einem Schuss Pink". In: *Süddeutsche Zeitung*, 03.01.2013
36 ebd.

**SOZIAL WOHNEN.
KLEINE GESCHICHTE DES WOHN- UND STÄDTEBAUS**

1 Marx, Karl: „Bedürfnis, Produktion und Arbeitsteilung". In: Ders.: *Ökonomisch-philosophische Manuskripte aus dem Jahre 1844*. In: MEW Bd. 40, S. 552
2 vgl. Hahn, Hans-Werner: *Die industrielle Revolution in Deutschland*. München 1998; Wehler, Hans-Ulrich, *Deutsche Gesellschaftsgeschichte*, Band 3. *Von der „Deutschen Doppelrevolution" bis zum Beginn des Ersten Weltkriegs: 1849–1914*. München 1995
3 Wischermann, Clemens 1997: „Mythen, Macht und Mängel: Der deutsche Wohnungsmarkt im Urbanisierungsprozeß". In: Reulecke, Jürgen (Hg.): *Geschichte des Wohnens*, Band 3, *1800–1918, Das bürgerliche Zeitalter*. Hamburg, S.335–636, S. 343
4 ebd.
5 Reichensperger, August: *Die Christlich-germanische Baukunst und ihr Verhältniß zur Gegenwart*. Trier 1845, S. 18; vgl. a. Hiller, Hans Georg von Geartringen: *Schnörkellos. Die Umgestaltung von Bauten des Historismus in Berlin des 20. Jahrhunderts*. Berlin 2012, S. 137
6 Der Wirtschaftshistoriker Alexander Nützenadels hat aufgezeigt, wie die Immobilienkrise als Träger der ‚Gründerkrise' mit erheblichen Auswirkungen auf die Finanzmärkte gewirkt hat. Nützenadel, Alexander: „Städtischer Immobilienmarkt und Finanzkrisen im späten 19. Jahrhundert". In: *Jahrbuch für Wirtschaftsgeschichte* 2011: Vol. 52, No. 1, S. 97-114, vgl., Kindleberger/Alibier: *Manias, Panics, and Crashes: A History of Financial Crises*. Hoboken 2005
7 Teuteberg, Hans Jürgen: „Betrachtungen zu einer Geschichte des Wohnens". In: Ders. (Hg.): *Homo Habitans, zur Sozialgeschichte des ländlichen und Städtischen Wohnens in der Neuzeit*. Münster 1985, S. 1–23, S. 2
8 vgl. De Lauwe, Chombart: *Familles et habitation*. Paris 1959, ders.: *Des hommes et des villes*. Paris 1965
9 Burnett, John: *A social history of housing. 1815–1985*. London 1986
10 Panerai, Philippe: *Urban Forms*. Oxford 2004, S. X
11 Krau, Ingrid: „Vom Architekten zum Stadtplaner". In: *Der Architekt*. München 2012, S. 721. „Das Werkzeug des Städtebaus bildet die zweistufige Bauleitplanung. Der Begriff in den 1920er-Jahren eingeführte Begriff ‚Stadtplanung' betont im Gegensatz zum Städtebau die zugehörigen Vorstellungen und Vorgaben zu Ökonomie, Infrastruktur und zum gesellschaftlichen und kulturellen Zusammenleben. Im Sprachgebrauch werden beide Begriffe teils synonym, teils in Betonung der eingenommenen Sicht verwendet. Architekten und Stadtplaner haben ein unterschiedliches Verständnis, welcher der Oberbegriff ist. Das begriffliche Dreigespann ‚Raumplanung – Raumordnung – Raumforschung' stammt aus der Zeit des Nationalsozialismus, als für die Gebietseroberungen des Reiches neue Ordnungsvorstellungen entwickelt wurden. Es fand amtlichen Eingang in die Begriffsbildung und Planung der Bundesrepublik auf der Ebene des Staatsgebiets. ‚Raumplanung' dient im heutigen Sprachgebrauch der Planer als Oberbegriff für alle raumrelevanten, fachübergreifenden Ordnungs-, Entwicklungs- und Planungsprozesse der öffentlichen Hand und umfasst die ‚Ortsplanung' der Gemeinden

(nicht nur der Städte), die ‚Regionalplanung' und die großräumliche ‚Landesplanung'. Der Begriff ‚Landesplanung' entstand bereits Ende der 1920er-Jahre, verstanden als Planung über die Stadtgrenzen hinaus. In der Bundesrepublik erfuhr er einen Bedeutungswandel: Landesplanung bezeichnet nun in der Hierarchie von Bundes-, Landes- und Gemeindeplanung die Planung für das Hoheitsgebiet der Bundesländer, auf dem seit der Föderalismusreform von 2009 die Raumplanung im Wesentlichen stattfindet." s.a.: *Handwörterbuch der Raumforschung und Raumordnung*, hg. v. Akademie für Raumforschung und Landesplanung. Hannover 2005; Göderitz, Johannes: *Ausbildung und Eignung von Stadt- und Landesplanern*. Köln 1956 (= Schriften des Deutschen Verbandes für Wohnungswesen, Städtebau und Raumplanung; 12)

12 Frick, Dieter: *Theorie des Städtebaus*. Tübingen 2008, S. 21
13 Benevolo, Leonardo: *Die Stadt in der europäischen Geschichte*. München 1999, S. 107
14 Krau: „Vom Architekten zum Stadtplaner", S. 714
15 zit. n. ebd.
16 ebd.
17 ebd.
18 ebd.
19 Poschinger, Heinrich von: „Das Hereinbrechen der Credit-mobiliers nach Deutschland. Stellung der Preussischen Regierung zu dieser Kategorie von Instituten". In: Ders.: *Bankwesen und Bankpolitik in Preußen*, I. Band. Berlin 1878, S. 205
20 Beer, Adolf: *Allgemeine Geschichte des Welthandels*. Wien 1860, S. 224
21 ebd.
22 vgl. Wandel, Eckhard: *Banken Und Versicherungen Im 19. Und 20. Jahrhundert*. München 1998, S. 118
23 *Pierer's Universal-Lexikon*. Band 4. Altenburg 1858, S. 513–515
24 Betge, Peter: *Bankbetriebslehre*. Wiesbaden 1996, S. 104
25 vgl. „Der Staatsstreich ist ohne den Credit Mobilier unverständlich." Beer: *Geschichte des Welthandels im neunzehnten Jahrhundert*, S. 225
26 ebd., S. 230
27 Verlängerung eines Wertpapiertermingeschäfts durch einen Haussier, der einem Geschäftspartner, i. d. Reportgeschäft einer Bank, am ursprünglich vereinbarten Erfüllungstag weiter verlängert, indem er zum Tageskurs verkauft und zum nächsten Ultimotermin Rückkauf zum meist gleichen Kurs vereinbart. Er bezahlt dafür eine Gebühr (Report), die Zinskosten und Provisionen beinhaltet. Reportgeschäft sind wirtschaftlich Lombardgeschäfte, da Kreditgewährung gegen Wertpapierverpfändung vorgenommen wird, rechtlich ein Kauf- und Verkaufsgeschäft von Effekten (Reporteffekten). http://www.economia48.com/deu/d/reportgeschaeft/reportgeschaeft.htm
28 Beer: *Geschichte des Welthandels im neunzehnten Jahrhundert*, S. 228
29 Bei Marx heißt es: „Surplusprofit, wenn normal und nicht durch zufällige Begebenheiten im Zirkulationsprozeß erzeugt, wird immer produziert als Differenz zwischen dem Produkt von zwei gleichen Mengen Kapital und Arbeit, und dieser Surplusprofit verwandelt sich in Bodenrente, wenn zwei gleiche Mengen Kapital und Arbeit auf gleichen Bodenflächen mit ungleichen Resultaten beschäftigt werden. Es ist übrigens keineswegs unbedingt erforderlich, daß dieser Surplusprofit aus den ungleichen Resultaten gleicher Mengen von beschäftigtem Kapital entspringt. Es können auch in den verschiednen Anlagen ungleich große Kapitale beschäftigt sein; dies ist sogar meist die Voraussetzung." In: Marx, Karl: „Erste Form der Differentialrente". In: Ders.: *Das Kapital*. III Band. In: MEW Bd. 25, S. 662
30 vgl. Borscheid/Teuteberg: *Stadtwachstum, Industrialisierung, sozialer Wandel: Beiträge zur Erforschung der Urbanisierung im 19. und 20. Jahrhundert*. Berlin 1986, S. 46ff.
31 Pfeilschifter, Rene (2005): „Spielarten der Macht. Augustus und die Begründung einer neuen Herrschaftsform". In: Brodocz/Mayer/Pfeilschifter/Weber (Hg.): *Institutionelle Macht. Genese – Verstetigung – Verlust*. Köln/Weimar/Wien, S. 57–73
32 Kindleberger, Charles: *Manias, Panics and Crashes*. New York 2000, S. 34
33 Stern, Fritz: *Gold and Iron: Bismarck, Bleichröder and the Building of the German Empire*. London 1977, S. 161
34 Kindleberger: *Manias, Panics and Crashes*, S. 50, s. a. S. 14
35 Harvey: „The Right to the City", S. 26
36 Benevolo: *Die Stadt in der europäischen Geschichte*, S. 214
37 vgl. ebd., S. 198
38 zit. n. ebd., S. 199
39 ebd. S. 202
40 Tafuri, Manfred: „Lo spazio e le cose". In: Ders.: *Lo Spazio visivo della citta*. Mailand 1969
41 Köhler, Bettina Maria: *Die Stadt Paris und das Wohnhaus*. Weimar 1994, S. 42
42 Jordan, David: *Die Neuerschaffung von Paris. Baron Haussmann und seine Stadt*. Frankfurt a. M. 1996, S. 310
43 Marx/Engels: *Werke. Herausgegeben vom Institut für Marxismus-Leninismus beim ZK der SED*, Bd. 1-43, Berlin 1956, Bd. 18, S. 215
44 ebd.
45 ebd., S. 261
46 ebd.
47 Panerai: *Urban Forms*. S. 16
48 ebd.
49 ebd., S. 25
50 zit. n. ebd.
51 Daly, César: *De l'architecture domestique monumentale* (1840), zit. n.: Lucan, Jacques: *Composition, non-composition*. Paris 2010, S. 18
52 ebd.
53 Guadet, Julien: *Eléments et théorie de l'architecture*, Paris 1901–1904, Band II, Buch VI: „Les élements de la composition dans l'habitation", S. 37
54 Panerai: *Urban Forms*, S. 26
55 ebd., S. 28
56 In Paris existierten die Gesetzgebung zum Verlauf der Baufluchten seit ca. 1600 und ist ab 1607 offiziell zu befolgen. Die *lotissement*-Pläne legen

für die Stadterweiterungen des 18. Jahrhunderts den Verlauf der Baufluchten ebenso genau fest, wie die Strassen, Prazellen und Plätze. Um Feuersicherheit zu garantieren, sollen innerhalb eines Strassenzugs Gebäude- und Stockwerkshöhen ebenso wie die Dachfront einheitlich gestaltet sein.

57 Foucault, Michel: *Überwachen und Strafen. Die Geburt des Gefängnisses.* Frankfurt a. M. Suhrkamp 1977, S. 251
58 ebd. S. 253
59 Foucault, Michel: *Der Wille zum Wissen. Sexualität und Wahrheit 1.* Frankfurt a. M. 1977, S. 165,
60 Foucault, Michel: „Die Maschen der Macht". (1981/85). In: Daniel Defert, Francois Ewald (Hg.): *Analytik der Macht.* Frankfurt a. M. 2005, S. 230 ff.
61 Foucault, Michel: „Die Gouvernementalität." In: Bröckling/Krasmann/Lemke (Hg.), *Gouvernementalität der Gegenwart. Studien zur Ökonomisierung des Sozialen.* Frankfurt a. M. 2000, S. 41–67 (Orig. 1978), S. 51
62 vgl. Link, Jürgen: *Versuch über den Normalismus. Wie Normalität produziert wird.* Opladen/Wiesbaden 1999
63 Foucault: *Überwachen und Strafen,* S. 255
64 Lorey, Isabell: *Der Traum von der regierbaren Stadt. Zu Pest, Policey und Staatsraison.* http://eipcp.net/transversal/1007/lorey/de, Zugriff am 2.4.2013
65 Lemke, Thomas: *Eine Kritik der politischen Vernunft. Foucaults Analyse der modernen Gouvernementalität.* Hamburg 1997, S. 163
66 Foucault: *Überwachen und Strafen,* S. 275
67 Holenstein, André: „Gute Policey" und lokale Gesellschaft." In: Münch, Paul (Hg.): *Erfahrung als Kategorie der Frühneuzeitgeschichte.* München 2001, S. 433–450, S. 433; vgl., Holenstein, André: *"Gute Policey" und lokale Gesellschaft im Staat des Ancien Régime. Das Fallbeispiel der Markgrafschaft Baden(-Durlach).* Tübingen 2003
68 Foucault, Michel: „Die Gouvernementalität", S. 48
69 ebd.
70 Foucault, Michel: *„Omnes et singulatim. Zu einer Kritik der politischen Vernunft".* In: Joseph Vogl (Hg.): *Gemeinschaften. Positionen zu einer Philosophie des Politischen.* Frankfurt a. M. 1994, S. 65–93, S. 90
71 Knemeyer, Franz Ludwig: „Polizei". In: Brunner/Conze/Koselleck (Hg.): *Geschichtliche Grundbegriffe. Historisches Lexikon zur philosophisch-sozialen Sprache in Deutschland.* Bd. 4. Stuttgart 1978, S. 875-898, S. 886.
72 Poschinger: *Bankwesen und Bankpolitik in Preußen,* S. 35
73 ebd.
74 Job. Gottl von Jiisti: G*esammelte Politische und Finanzschriften über wichtige Gegenstände der Staatskunst, der Kriegswissenschaften und Finanzwesens.* Kopenhagen u. Leipzig 1716, S. 105–121; vgl. auch: Ders.: *Grundsätze der Policey- Wissenschaft.* Göttingen 1756, § 215; Ders.: *Staatswirthschaft.* Göttingen 1758, § 166; Ders.: *Abhandlung von den Manufacturen und Fabriken.* Kopenhagen 1758, Abschn. IV., S. 198.
75 ebd.
76 Feldmann, Ekke: *Bauordnungen und Baupolizei. Zur Entwicklungsgeschichte zwischen 1850 und 1950.* Frankfurt a. M. 2011, S. 17
77 ebd. S. 18
78 ebd. S. 21
79 Stern: *Gold and Iron: Bismarck, Bleichröder and the Building of the German Empire.* S. 189
80 Jaeckel, Ralph: „Bauen wie auf Friedrichstadt". In: Staatsarchiv Preußischer Kulturbesitz (Hg.): *Mathematisches Clacul und Sinn für Ästhetik. Die preußische Bauverwaltung 1770–1848.* Berlin 2000, S. 12
81 Krau: „Vom Architekten zum Stadtplaner", S. 711
82 vgl. Jaeckel: „Bauen wie auf Friedrichstadt", S. 23
83 Albers, Gerd: *Stadtplanung.* Darmstadt 1992, S. 27f.
84 vgl. Strecke, Reinhart: „Prediger, Mathematiker und Architekten". In: Staatsarchiv Preußischer Kulturbesitz (Hg.): *Mathematisches Clacul und Sinn für Ästhetik. Die preußische Bauverwaltung 1770–1848,* S. 25
85 zit. n. ebd., S. 27
86 vgl. ebd., S. 25
87 ebd., S. 32
88 zit. n. Staatsarchiv Preußischer Kulturbesitz (Hg.): *Mathematisches Clacul und Sinn für Ästhetik. Die preußische Bauverwaltung 1770-1848.* S. 111
89 Krau: „Vom Architekten zum Stadtplaner", S. 711
90 ebd., S. 712
91 Blauert, Elke: „Die Architekturentwicklung Berlins und seiner Bürgerhäuser zwischen 1790 und 1810". In: Kunstbibliothek Staatliche Museen zu Berlin (Hg.): *Neue Baukunst. Berlin um 1800.* Berlin 2007, S. 13
92 Wischermann, Clemens: „Mythen, Macht und Mängel: Der deutsche Wohnungsmarkt im Urbanisierungsprozeß". In: Reulecke, Jürgen (Hg.): *Geschichte des Wohnens, Band 3, 1800–1918, Das bürgerliche Zeitalter.* Hamburg 1997, S.335–636, S. 482
93 Schmoller, Gustav von: „Ein Mahnruf in der Wohnungsfrage". In: Frank/Schubert (Hg.): *Lesebuch zur Wohnungsfrage.* Köln 1983, S. 159–174, S. 162
94 Bollerey/Fehl/Hartmann (Hg.): *Im Grünen wohnen, im Blauen planen. Ein Lesebuch zur Gartenstadt mit Beiträgen und Zeitdokumenten.* Hamburg 1990
95 Zinn, Hermann: „Entstehung und Wandel bürgerlicher Wohngewohnheiten und Wohnstrukturen". In: Niethammer, Lutz (Hg.): *Wohnen im Wandel. Beiträge zur Geschichte des Alltags in der bürgerlichen Gesellschaft.* Wuppertal 1979. S. 13–27, S. 16
96 vgl. Korff, Gottfried: „Puppenstuben als Spiegel bürgerlicher Wohnkultur". In: Niethammer, Lutz (Hg.): *Wohnen im Wandel. Beiträge zur Geschichte des Alltags in der bürgerlichen Gesellschaft.* Wuppertal 1979, S. 28–43, S. 38
97 Zinn: „Entstehung und Wandel bürgerlicher Wohngewohnheiten und Wohnstrukturen", S. 21
98 zit.n. Kanther/Petzina: *Victor Aimé Huber (1800–1869). Sozialreformer und Wegbereiter der sozialen Wohnungswirtschaft.* Berlin 2000, S. 75
99 Duvigneau, Hans Jörg: „100 Jahre Berliner

100 Wohnungsbau – von der Mietskaserne zur Reformwohnung; vom Förderprogramm zum Ausverkauf". Vortrag in der Französischen Friedrichstadtkirche am 28. März 2006
100 s.u.a., Prevot, Güther-René: *Die Wohlfartseinrichtungen der Arbeitgeber in Deutschland und Frankreich.* Leipzig 1905
101 a. u.a. Schutz, Günther: „Der Wohnungsbau industrieller Arbeitgeber in Deutschland bis 1945". In: Hans J. Teuteberg (Hg.): *Homo habitans. Zur Sozialgeschichte des ländlichen und städtischen Wohnens in der Neuzeit (=Studien zur Geschichte des Alltags Bd. 4).* Münster 1985, S. 339–356
102 Riehl, Wilhelm: *Die Naturgeschichte des Volkes als Grundlage einer deutschen Socialpolitik*, 4 Bde., Bd. 1. Stuttgart/Tübingen, S. 75f.
103 ebd., S. 110
104 Baumeister, Reinhard: *Stadt-Erweiterungen in technischer, baupolizeilicher und wirthschaftlicher Beziehung.* Berlin, S. V
105 ebd. S. 1
106 ebd. S. 12ff.
107 nach ebd.
108 ebd., S. 13
109 ebd.
110 ebd.
111 Baumeister, Reinhard: *Wirtschaftliche Aufgaben des Ingenieurs.* Karlsruhe 1895, S. 14
112 Baumeister: *Stadt-Erweiterungen in technischer, baupolizeilicher und wirthschaftlicher Beziehung,* S. 124
113 Baumeister: *Wirtschaftliche Aufgaben des Ingenieurs,* S. 14
114 Reiterer, Gabriele: *AugenSinn. Zu Raum und Wahrnehmung in Camillo Sittes Städtebau.* Salzburg/München 2003
115 Wolfrum, Sophie: „München – Eine entworfene Stadt". In: Wolfrum/Nlock/Lanz/Schiermeier (Hg.): *Theodor Fischer Atlas.* München 2012, S. 26–29, S. 26
116 vgl.: Albers: *Stadtplanung,* S. 32
117 Sitte, Camillo: *Der Städtebau nach seinen künstlerischen Grundsätzen.* Wien 1889, S. 180
118 Hilpert, Theo: *Le Corbusiers Charta von Athen.* Braunschweig 1984, S. 24
119 Hegemann, Werner: *Das steinerne Berlin.* Berlin/Frankfurt a. M. 1963
120 ebd.
121 ebd.
122 Sieverts, Thomas: „Zwischen Unsicherheit und Verlässlichkeit", Vortrag auf dem Denksalon Revitalisierender Städtebau. Görlitz am 22.06.2012, unveröffentlicht
123 Der „Geschlossene Hinterhof" ist „der am dichtesten bebaute und versiegelte Wohnbereich. Er weist eine durchschnittlich fünf bis sechsgeschossige Blockbebauung auf und wurde in der späten Gründerzeit zur maximalen Ausnutzung des Bodens vorrangig innerhalb des S-Bahnringes errichtet. Zum Teil gibt es mehrere Hinterhöfe. Sie sind in der Regel allseitig von Gebäuden umgeben, untereinander nur durch Durchfahrten verbunden und zum Teil auf Lichtschachtgröße reduziert." In: *Flächentypen.* Eine Beschreibung der im Informationssystem Stadt und Umwelt (ISU) der Senatsverwaltung für Stadtentwicklung erfassten und verwalteten Struktur- und Flächennutzungskategorien von Berlin
124 ebd.
125 Häußermann/Läpple/Siebel: *Stadtpolitik.* Frankfurt a. M. 2008, S. 44
126 Fehl/Rodriguez-Lores: *Stadterweiterungen 1800–1895. Von den Anfängen des modernen Städtebaus in Deutschland.* Hamburg 1983
127 zit. n. Rada, Uwe: „Das war der Plan!". In: taz, 29.07.2012
128 von Saldern, Adelheid: *Häuserleben: Zur Geschichte städtischen Arbeiterwohnens vom Kaiserreich bis heute.* Bonn 1995, S. 67
129 Der britische Sozialhistoriker Thompson hat am Beispiel England eindrucksvoll dargelegt, wie der Urbanisierungsprozess des 18. und 19. Jahrhundert von sozialen Unruhen und Aufständen begleitet wird. Thompson, Edward P.: *Die Entstehung der englischen Arbeiterklasse.* Frankfurt a. M. 1980
130 zit. n. Teuteberg, Hans J.: „Die Debatte der deutschen Nationalökonomie im Verein für Socialpolitik über die Ursachen der ‚Wohnungsfrage' und die Steuerungsmittel einer Wohnungsreform im späten 19. Jahrhundert". In: ders. (Hg.): *Stadtwachstum, Industrialisierung, sozialer Wandel.* Berlin 1986, S. 13–59, S. 18
131 ebd.
132 Sachße/Tennstedt: „Krankenversicherung und Wohnungsfrage", S. 271
133 ebd.
134 ebd.
135 ebd.
136 Mit dem Recht, das die Möglichkeit einräumt, auf fremdem Grundstück gegen Zahlung eines regelmäßigen Entgeltes (des sogenannten Erbbauzinses) ein eigenes Gebäude zu errichten, soll Menschen mit niedrigen Einkommen der Bau eines Eigenheims erleichtert werden. Da die Regelungen von 1900 für die praktische Anwendung, insbesondere die Beleihung, nicht ausreichen, verordnet der Gesetzgeber 1919 mit einer Novelle das Erbbaurechtsgesetz.
137 vgl. Heineberg, Heinz: *Stadtgeographie.* Paderborn/München/Wien/Zürich 1989, S. 80
138 *Zentralblatt der Bauverwaltung.* Nr.15. Herausgegeben im Ministerium der öffentlichen Arbeiten.Berlin, 17. Februar 1917, 83. Jahrgang
139 vgl. Dernburg/Leyser: *Heime für kinderreiche Familien.* Berlin 1916, S. 21
140 Leyser, Erich: *Die Typisierung im Bauwesen.* Dresden 1918, S. 19ff.
141 Leyser, Erich: „Groß-Berliner Wohnungspolitik im Kriege". In: Groß-Berliner Verein für Kleinwohnungswesen (Hg.): *Großstadt und Kleinhaus.* Berlin 1917, S. 33–56, S. 48
142 Rosenberg, Arthur: *Geschichte der Weimarer Republik.* Frankfurt a. M. 1961, S. 158
143 ebd., S. 166
144 zit. n.: Speidel, Manfred: *Bruno Taut, Die Stadtkrone.* Mit Beiträgen von Paul Scheerbart, Erich Baron und Adolf Behne. Berlin 2007, S. 16
145 zit. n. Ungers, Liselotte: *Die Suche nach einer neuen Wohnform.* Stuttgart 1983, S. 11
146 Kähler, Gert: *Wohnung und Stadt. Hamburg, Frankfurt, Wien – Modelle sozialen Wohnens in den zwanziger Jahren.* Braunschweig 1985

147 Bodo Höhn: *Die Entwicklung der sozialen Baubetriebe (Bauhütten) zu Unternehmungen der freien Gewerkschaften.* Düsseldorf 1928
148 Heinz Hirdina: *Neues Bauen, Neues Gestalten. Das Neue Frankfurt/die neue stadt. Eine Zeitschrift zwischen 1926 und 1933.* Berlin 1984
149 „Die Häuserfabrik der Stadt Frankfurt am Main". D 1928, R: Paul Wolff, K: Rolf von Botescu, 11'
150 Schiermeier, Franz: „Der Weg zur Großstadt". In: Wolfrum/Nlock/Lanz/Schiermier (Hg.): *Theodor Fischer Atlas.* München 2012, S. 10–17, S. 10
151 zit. n. ebd.
152 Akademie der Künste (Hg.): *Martin Wagner 1885–1957. Wohnungsbau und Weltstadtplanung. Die Rationalisierung des Glücks.* Berlin 1985
153 Behne, Alfred: *Neues Wohnen. Neues Bauen.* Leipzig 1930, S. 12
154 von Saldern, Adelheid: „Neues Wohnen. Wohnverhältnisse und Wohnverhalten in Grosswohnanlagen der 20er Jahre". In: Schildt/Sywottek (Hg.): *Massenwohnung und Eigenheim.* Frankfurt a. M./New York 1988, S. 127
155 ebd.
156 ebd.
157 Oswalt/Warhaftig: „Gebäudeklimatische Studien von Alexander Klein". In: Oswalt, Philipp (Hg.): *Wohltemperierte Architektur*, Heidelberg 1994, S. 21
158 ebd.
159 Klein, Alexander: „Beiträge zur Wohnungsfrage als praktische Wissenschaft". In: *Zeitschrift für Bauwesen*, Oktober 1930, S.239
160 Weimarer Verfassung 1919. In: Hildebrandt, Horst (Hg.): *Die deutschen Verfassungen des 19. und 20. Jahrhunderts*, S. 106f.
161 vgl. Häußermann/Läpple/Siebel: *Stadtpolitik*, S. 59ff.
162 Feldmann, Ekke: *Bauordnungen und Baupolizei. Zur Entwicklungsgeschichte zwischen 1850 und 1950.* Frankfurt a. M. 2011, S. 322ff.
163 ebd., S. 344ff.
164 Um den Grundstückshandel dem Markt zu entziehen und Inflation vorzubeugen, soll die Regelung ein Einfrieren der Preise von 1936 bewirken. Jeder neue Kaufvertrag muss nunmehr der sogenannten „Preis-Stopp"-Behörde bei den Gemeinden vorgelegt werden. Diese entscheidet dann in jedem Einzelfall über die Zulassung des Kaufvertrages.
165 vgl. Häußermann/Läpple/Siebel: *Stadtpolitik*, S. 72
166 Durth/Gutschow: *Träume in Trümmern. Planungen zum Wiederaufbau zerstörter Städte im Westen Deutschlands 1940–1950.* Braunschweig 1988
167 Die folgenden Ausführungen beschränken sich aufgrund in vorliegender Arbeit gesetzten Rahmens auf die Nachkriegsentwicklung in der BRD. Zu den städtebaulichen Strategien, Maßnahmen und Auseinandersetzungen s.u.a.: Durth/Düwel/Gutschow: *Architektur und Städtebau der DDR.* 2 Bde. Frankfurt a. M. 1998; Barth, Holger (Hg.): *Projekt Sozialistische Stadt. Beiträge zur Bau- und Planungsgeschichte der DDR.* Berlin 1998
168 Feldmann, *Bauordnungen und Baupolizei. Zur Entwicklungsgeschichte zwischen 1850 und 1950*, S. 366ff.
169 ebd. S. 430ff.
170 Göderitz/Rainer/Hoffmann: *Die gegliederte und aufgelockerte Stadt.* Tübingen 1957
171 Göderitz, Johannes: *Stadterneuerung, organisatorische, wirtschaftliche und rechtliche Voraussetzungen für die Sanierung ungesunder Wohngebiete.* Wiesbaden 1962
172 ebd.
173 vgl. Krau, Ingrid: *Städtebau als Prozess.* Berlin 2010, S. 37
174 Ipsen/Mackensen: „Stadt und Mensch". In: Otto, Karl (Hg.): *die stadt von morgen, gegenwartsprobleme für alle.* Berlin 1959, S. 39. Ingrid Krau merkt hierzu an: „Die konzeptionelle Übereinstimmung von Karl Otto, dem Luftschutzexperten, und Wilhelm Wortmann muss nicht verwundern; beide gehörten dem 1943–1945 tätigen Wiederaufbaustab Speers an, in dem diese Gedanken in nach dem Krieg zu realisierenden Wiederaufbauplänen zur Reife gebracht wurden. Auch die Interbau zeigt, dass sich alte und neue Kräfte verbanden und Leitvorstellungen aus der vorausgegangenen Zeit Eingang in neuem Gewande fanden. Die Form- und Ästhetikvorstellungen einer neuen Moderne werden nun zur scheinbar ideologiefreien Plattform der neuen Koalitionen." s. Krau: *Städtebau als Prozess*, S. 27
175 Fischer, Hermann: *Städtebau in der Sicht des Bürgers und seines gewählten Vertreters.* 1963, zit. n. Krau: *Städtebau als Prozess*, S. 15
176 Krau: *Städtebau als Prozess*, S. 8
177 Schreiben vom 22.12.1959. Hillebrecht, Stadtbaurat von Hannover, an den Präsidenten der Akademie Prof. Dr.-Ing. Hollatz. zit. n. Krau: *Städtebau als Prozess*, S. 17
178 Hillebrecht, Rudolf: „Koordinierte Planung". In: Deutscher Städtetag (Hg.): *Erneuerung unserer Städte. 11. Hauptversammlung des Deutschen Städtetags 1960 in Darmstadt.* Stuttgart/Köln 1960, S. 51–66, S. 66
179 BBauG 1960: §1(1) Um die städtebauliche Entwicklung in Stadt und Land zu ordnen, ist die bauliche und sonstige Nutzung der Grundstücke nach Maßgabe dieses Gesetzes durch Bauleitpläne vorzubereiten und zu leiten. (4) Die Bauleitpläne haben sich nach den sozialen und kulturellen Bedürfnissen der Bevölkerung, ihrer Sicherheit und Gesundheit zu richten. Dabei sind die öffentlichen und privaten Belange gegeneinander und untereinander gerecht abzuwägen. Die Bauleitpläne sollen den Wohnbedürfnissen der Bevölkerung dienen und die Eigentumsbildung im Wohnungswesen fördern. (5) Die Bauleitpläne haben … den Belangen des Natur- und Landschaftsschutzes und der Gestaltung des Orts- und Landschaftsbildes zu dienen. … §5(1) In dem Flächennutzungsplan ist für das ganze Gemeindegebiet die beabsichtigte Art der Bodennutzung nach den voraussehbaren Bedürfnissen der Gemeinde in den Grundzügen darzustellen. (2) Soweit es erforderlich ist, sind insbesondere darzustellen

1. die für die Bebauung vorgesehenen Flächen Ring nach der allgemeinen Art ihrer baulichen Nutzung (Bauflächen) sowie nach der besonderen Art und dem allgemeinen Maß ihrer baulichen Nutzung (Baugebiete).
180 Krau, Ingrid: „Einführendes Statement" am Abendforum STADTENTWICKLUNG seit 1960 – ZIELE, PROZESS, ERGEBNIS, 11.11.2008, Institut für Städtebau und Wohnungswesen in München, zit. n. Krau: *Städtebau als Prozess*, S. 120
181 Farenholtz, Christian: „Gedanken zur Baunutzungsverordnung und zum Bild der Stadt von morgen". In: *Mitteilungen der DASL*, Heft 4/ Dez. 1962 Tübingen, S. 17ff., S. 24
182 Bahrdt, Hans Paul: *Sozialwissenschaft und Stadtplanung*. Stuttgart 1963, S. 7
183 vgl. Stich, Rudolf: *Das neugefaßte BBauG als wichtiges Umweltschutzgesetz*. Köln 1977
184 *Raumordnungsgesetz Vom 8. April 1965*. Stuttgart 1965, S. 5f.
185 Brenner, Neil: „Die Restrukturierung staatlichen Raums: Stadt- und Regionalplanung in der BRD 1960–1990"Ring. In: *PROKLA. Zeitschrift für kritische Sozialwissenschaft*. Heft 109, 27. Jg. 1997, Nr. 4, S. 545–565, S. 550
186 zit. n. ebd.
187 ebd.
188 Offe, Claus: „Zur Frage der Identität der kommunalen Ebene". In: Rolf-Richard Grauhan (Hg.): *Lokale Politikforschung*, Band 2. Frankfurt a. M./New York 1975, S. 303–309
189 vgl. Kapitel 14
190 *Der Spiegel*, „Mieten in Deutschland: Not im Wohlstand", 30.10.1972
191 ebd.
192 vgl. Deutscher Städtetag (Hg.): *Besseres Planungs- und Bodenrecht: Vorschläge des Deutschen Städtetages zur Novellierung des Bundesbaugesetzes*. Köln 1973
193 vgl. amantine (Hg.): *Die Häuser denen, die drin wohnen!*. Münster 2012
194 *Der Spiegel*, ebd.
195 vgl. Heap, Desmond: *Land and Development*. London 1975, S. 17, 28f.: „After 1959 planning control continued on its way until complicated by the introduction of Office Development Permits in 1965, and then more particularly complicated in 1968 by the introduction of that curious anomaly called ‚Public Participation'Ring Ring and by the splitting of the Statutory Development Plan into two portions, first the Structure Plan—made *locally* by a local government authority and then approved *centrally* by the minister for town planning—and secondly, the Local Plan (or Plans) made *locally* under the overriding aegis of the Structure Plan by a local government authority and then approved locally by that same authority and so brought into operation without further check or control by the minister. These major alterations of 1968 were the outcome of the Report of 1965, ‚The Future of Development Plans', by the Minister's Planning Advisory Group—the PAG Report 1965. This high-powered Group was set up in May 1964 because in the early 60s planning control was getting gravely into arrear with its work and what had been whispers in the wind calling for change, and parti- cularly for speed, had developed into a swelling crescendo of demand for drastic action. Thus the 1968 Act, the most important Town Planning Act, in my view, since 1947, was enacted. … The zephyrs of discontent which began to blow in the late 1950s developed alarmingly into strong gusts in the early 1960s. Accordingly, the Government of the Day sought refuge (as usual) in setting up a Committee. The Committee was called the Minister's Planning Advisory Group (PAG) which was to advise the Government about what should be done in all the circumstances. This Group reported in 1965, producing a readably slim-styled volume with a dark green cover entitled ‚The Future of Development Plans.'Ring Ring Ring
196 ebd.
197 zit. n. Krau: *Städtebau als Prozess*, S. 47
198 ebd., S. 38
199 Battis, Ulrich: „Bürgerinitiativen als Gegenstand der Gesetzgebung". In: *Zeitschrift für Parlamentsfragen*, Baden-Baden Vol. 6.1975, 2, S. 139–149, 1975
200 zit. n. Krau: *Städtebau als Prozess*, S. 43
201 ebd., S. 49
202 Offe, Claus: *Das Verhältnis von Legitimität und Effizienz als Dilemma der staatlichen Verwaltung*. 1973, zit. n. Krau: *Städtebau als Prozess*, S. 51
203 Rittel, Horst: *Informationswissenschaften: Ihr Beitrag für die Planung*. München 1973, S. 22
204 Krau: *Städtebau als Prozess*, S. 54
205 Badura, Peter: „Eigentum im Verfassungsrecht der Gegenwart". In: Ständige Deputation des Deutschen Juristentages (Hg.): *Verhandlungen des 49. Deutschen Juristentages*. Bd. 2 Düsseldorf/München 1972, S. 26
206 ebd.
207 ebd.
208 ebd. vgl. Abschöpfung des „unverdienten" Wertzuwachses bei der Bemessung von Entschädigungen (§§ 23 Abs. 2, 57 Abs. 1 Nr. 9 StBauFG) oder sonst durch Ausgleichsbeträge (§§ 41, 54 Abs. 3 StBauFG)
209 zit. n. Krau: *Städtebau als Prozess*, S. 55
210 „Sie haben also eine Anlage entworfen mit bestem Wissen und Gewissen (…) und Sie schlagen eines Tages den *Stern* auf und eine Bildsequenz springt Ihnen entgegen, in der eine Reihe von Mülltonnen im Vordergrund sind und den Hintergrund bilden ihre Gebäude. Diesen Tag zu erleben und diesen Schock zu überstehen (…) das musste ich erst überwinden. (…) ich habe 15 Jahre dafür gebraucht und deshalb auch 15 Jahre nicht mehr gebaut. (…) Ich bin deshalb nach Amerika gegangen und bin erst wieder zum Bauen zurückgekehrt, als ich 50 Jahre alt war." Ungers, Oswald Maria: „Jeder Platz der gebaut wird, braucht Zeit, um ein Ort zu werden." Interview in: Jacob/Schäche (Hg.): *40 Jahre Märkisches Viertel*. Berlin 2004, S. 183–184
211 Krautzberger, Michael: *Vom Sanierungsrecht zum Recht der Stadterneuerung? Bericht über ein Planspiel des DIFU zum Städtebauförderungsrecht*. Stuttgart 1980
212 Jessen, Johann: „Stadtmodelle im europäischen Städtebau". In: Becker/Jessen/Sander (Hg.):

Ohne Leitbild? – Städtebau in Deutschland und Europa. Stuttgart/Zürich 1998, S. 489
213 vgl. Häußermann/Läpple/Siebel: *Stadtpolitik*, S. 182
214 vgl. ebd. S., 246
215 vgl. Klein, Hans-Joachim: *Wirtschaftlichkeit als Element des laufenden Geschäfts in der Stadtplanung.* München 2000; Trotz, Raymond: *Makrotrends und ihre Auswirkungen auf Immobilienmarkt und Stadtentwicklung.* Stuttgart 2001
216 Krau: *Städtebau als Prozess*, S. 77
217 „Wohnen außer Haus". In: *Archplus* Juli 2000
218 http://www.schader-stiftung.de/wohn_wandel/836.php, abgerufen am 09.09.2012
219 ebd.
220 Eichener/Heinze/Bucksteeg (Hg.): *Neue Anforderungen an die Wohnungswirtschaft vor dem Hintergrund gesellschaftlicher Entwicklungen.* InWIS-Bericht Nr. 3/94, InWIS Institut für Wohnungswesen, Immobilienwirtschaft, Stadt- und Regionalentwicklung, Bochum, S. 8
221 ebd.
222 Häußermann/Siebel: *Soziolgie des Wohnens,.* Weinheim 1996
223 http://www.planethome.de/media/pdf/trendstudien/PlanetHome_Trend-Studie_2005.pdf, Zugriff 22.05.2010
224 zit. n. Schader, a.a.O.
225 Beck, Ulrich: *Die Erfindung des Politischen.* Frankfurt a. M. 1993, S. 36
226 Beck, Ulrich: *Risikogesellschaft.* Frankfurt a. M. 1986, S. 206
227 Eichener/Heinze/Bucksteeg: *Neue Anforderungen an die Wohnungswirtschaft vor dem Hintergrund gesellschaftlicher Entwicklungen,* InWIS-Bericht Nr. 3/94, InWIS Institut für Wohnungswesen, Immobilienwirtschaft, Stadt- und Regionalentwicklung, Bochum, S. 8
228 „Mehr als jeder dritte Deutsche wohnt allein". In: www.gfkgeomarketing.de/fileadmin/newsletter/pressemitteilung/bvsd_2008.html, Zugriff 12.12.2012
229 Otten/Melsheimer: „Lebensentwürfe 50plus". In: APuZ, (2009) 41, S. 34, online: www.bpb.de/files/XGI2F3.pdf
230 Eichener/Heinze/Bucksteeg (Hg.): *Neue Anforderungen an die Wohnungswirtschaft vor dem Hintergrund gesellschaftlicher Entwicklungen.* ebd.
231 Hannemann, Christine: Heimischsein: „Übernachten und Residieren – wie das Wohnen die Stadt verändert". In: *Aus Politik und Zeitgeschichte*, Nr. 17. 2010
232 De+ architekten mit Werner Sewing: *Mehrgenerationenwohnen in den neuen Bundesländern – Abschlussbericht. Forschungsergebnis und Konzept*, H.1/2. Studie im Auftrag des Bundesministeriums für Verkehr, Bau- und Stadtplanung. Berlin 2009, unveröff., S. 22
233 Hannemann: „Heimischsein"
234 Weichhart, Peter: „Multilokalität – Konzepte, Theoriebezüge und Forschungsfragen". In: Bundesamt für Bauwesen und Raumordnung (Hg.): *Multilokales Wohnen. Informationen zur Raumentwicklung*, H. 1/2. Bonn 2009, S. 7
235 ebd.
236 Beck; Ulrich: „Ortspolygamie". In: Ders. (Hg.): *Was ist Globalisierung? Irrtümer des Globalismus – Antworten auf Globalisierung.* Frankfurt a. M. 1997, S. 127
237 Ngo, Anh Linh: „Vom unitären zum situativen Urbanismus". In: *archplus* 183, Mai 2007, S. 20
238 ebd.
239 Fezer/Heyden: „Versprechen des Situativen". In: *archplus* 183, Mai 2007, S. 92–95
240 Park, Kyong: „The urban ecology of globalization and balkanization". In: Potrc Marjeta: *Fragment Worlds*
241 Fezer/Heyden, a.a.O., S. 93
242 ebd.
243 ebd.
244 ebd., S. 94
245 ebd.
246 Michel, Boris: *Stadt und Gouvernementalität.* Münster 2005, S. 44
247 ebd., S. 74
248 ebd., S. 75
249 Smith, Neil: „The Revanchist City". In: Stadtrat (Hg.): *Umkämpfte Räume.* Hamburg 1998
250 ebd., S. 49
251 Ziegler, Holger: „Urbane Gouvernementalität und Urbanisierung", Vortrag 24.10. 2003, Oldenburg, zit. n. Michel: *Stadt und Gouvernementalität.* Münster 2005, S. 44, ebd., S. 49
252 Reutlinger, Christian: „Die Notwendigkeit einer neuen Empirie der Aneignung". In: Deinet/Reutlinger (Hg.): *Aneignung als Bildungskonzept der Sozialpädagogik.* Wiesbaden 2004, S. 122
253 ebd.
254 ebd.
255 ebd.
256 ebd., S. 123
257 ebd., S. 124
258 ebd.
259 ebd., S. 125, Hierzu siehe auch: Dangschat, Jens (Hg.): *Modernisierte Stadt – Gespaltene Gesellschaft.* Opladen 1999
260 Rodenstein, Marianne: „Städtebaukonzepte. Bilder für den baulich-sozialen Wandel der Stadt". In: Häußermann u.a. (Hg.): *Stadt und Raum. Soziologische Analysen.* Pfaffenweiler 1992, S. 31–67
261 Reutlinger: „Die Notwendigkeit einer neuen Empirie der Aneignung", S. 125
262 ebd., S. 126
263 ebd., S. 127
264 Interview mit Richard Sennett. In: *Die Zeit*, http://www.zeit.de/2000/15/200015.beck_sennett_.xml?page=all, Zugriff 17.1.2010

OUTRO

1 Foucault, Michel: *Überwachen und Strafen.* Frankfurt a. M., 1974, S. 38
2 vgl. Dell, Christopher: *Tacit Urbanism.* Rotterdam 2009
3 vgl. Lefort, Claude: *Essais sur le politique.* Paris 1986, S. 28 ff.; Bauman, Zygmund: *Die Krise der Politik.* Hamburg 2001
4 vgl. Lefort: *Essais sur le politique.*, S. 293
5 Maier, Charles S.: „Das Politische in der Ökonomie". In: *Mittelweg 36*, „Rückkehr der Politischen Ökonomie". April/Mai 2013, S. 8
6 Bauer, Martin: „Editorial". In: ebd., S. 3
7 vgl. Dell, Christopher: „Die improvisieren

8 Weissmüller, Laura: „Was das Haus der Stadt schuldet." In: *Süddeutsche Zeitung*, 25.05.2013
9 „Weiche Ordnung – Kazunari Sakamoto im Gespräch mit Lisa Diedrich und Michaela Busenkell", in: *Werkbundheft* 4, Juli 2006
10 Dell, Christopher: „ Gestaltung und Interesse. Vers les métaformes ". In: ders.: *Replaycity*. Berlin 2011, S. 129--138
11 Ebd.
12 Bernd Meyerspeer, Deutscher Werkbund e.V.: „Distanz und Nähe – Der Inselplan mit schlanken Wohnhäusern für die Werkbundsiedlung", zit. n. *Archplus* 183, Mai 2007, S. 73
13 „Vgl. Anm. 3
14 Dell, Christopher: *Replaycity*. Berlin 2011
15 Becker, Hellmut: „Gedanken zur Zukunft der Schule". Freie Rede gehalten am 8.10.1990 an der Gesamthochschule Kassel, in: ders.: *Widersprüche aushalten. Aufgaben der Bildung in unserer Zeit*. München 1992, S. 179
16 Dell, Christopher: „Performanz und Raum". In: ders.: *Replaycity*. Berlin 2011, S. 45–56
17 Ebd.
18 Latour, Bruno: „Quand le principe de précaution déstabilise le rationalisme à la française". In: *Le Monde*, 21.05.10, S. 19
19 Ebd. „L'expert est ainsi celui qui parvient à vider la science de toute incertitude sur la recherche et la politique de toute recherche expérimentale du bien commun, tout cela pour éviter aux politiques de faire leur métier ! Trois siècles de rationalisme pour en arriver là ! L'échec de Copenhague s'explique-t-il autrement que par le caractère insupportable d'une injonction qui ne respecterait ni l'incertitude de la recherche ni celle de la politique ?"
20 Ebd., „Puisqu'il faut bien relier science et politique, autant les relier "bien" - je veux dire convenablement. Est-il si absurde de s'appuyer non plus sur la science mais sur la recherche et sur l'expérimentation?"
21 Ebd.
22 vgl. Dell, Christopher: „Taktiken strategisch machen. Stadt vom Gebrauch her denken". In: Dell: *Replaycity. Berlin 2011*, S. 81–92

Bildnachweis

Umschlagfoto: Philipp Sperrle
S. 19 o.: Konstantin de Geer
S. 19 M.: Sven Lohmeyer
S. 19 u.: Robert Aghte
S. 39 o.: Halina Wawzyniak
S. 39 r.: Lindspetrol
S. 39 u.: Michael Panse
S. 71 o.: aus Benevolo, Leonardo: *Die Geschichte der Stadt*. Frankfurt 2007, S. 835
S. 71 u.: aus Benevolo: *Die Geschichte der Stadt*, S. 834
S. 73 o.: aus Panerai, Philippe: *Urban Forms*. Oxford 2004, S. 12
S. 73 u.: aus Benevolo: *Geschichte der Stadt*, S. 836
S. 81 o.: aus Panerai: *Urban Forms*, S. 23
S. 81 M./u.: aus Des Cars/ Pinon, *Paris – Haussmann*. Éditions du Pavillon de l'Arsenal, Paris 1991
S. 95 o./l.: aus Staatsarchiv Preußischer Kulturbesitz (Hg.): *Mathematisches Calcul und Sinn für Ästhetik. Die preußische Bauverwaltung 1770–1848*. Berlin 2000
S. 95 r.: aus Krau, Ingrid: „Vom Architekten zum Stadtplaner". In: *Der Architekt*. München 2012, S. 710
S. 97 o./M.: aus Staatsarchiv Preußischer Kulturbesitz, *Mathematisches Calcul*
S. 97 u.: aus Krau, Ingrid: „Vom Architekten zum Stadtplaner". In: *Der Architekt*. München 2012, S. 710
S. 103 o./104: aus Wohnungsgenossenschaft Aufbau Dresden eG (Hg.): *Zur Geschichte der Bau- und Wohnungsgenossenschaften*. http://www.wohntippdresden.de/fileadmin/media/downloads/Portrait.pdf
S. 103 u.: http://www.v-like-vintage.net/de/foto_details/2030_foto_Reformwohnanlage+Berlin+Sickingenstr+7-8+gebaut/
S. 115 o.: http://www.stadtentwicklung.berlin.de/planen/fnp/de/historie/
S. 115 http://www.stadtentwicklung.berlin.de/umwelt/umweltatlas/e_tab/ISU_Flaechentypen_2001.pd
S. 127 o.: aus Ungers, Liselotte: *Die Suche nach einer neuen Wohnform*. Stuttgart 1983
S. 127 u.: aus Lutzenberger, Karin: *Alte Heide. Band I Von der Schafweide zur Arbeitersiedlung*. http://www.typeo.de/pdf/AlteHeide.pdf
S. 135 o.: aus Wagner, Martin: „Städtebau als Wirtschaftsbau und Lebensbau". In: Die neue Stadt: internationale Monatsschrift für architektonische Planung und städtische Kultur 6.1932–1933, S. 177
S. 135 u.: aus *Zeitschrift für Bauwesen*, Oktober 1930, S. 240/241
S. 136 o.: aus *Zeitschrift für Bauwesen*, Oktober 1930, S. 250
S. 136 u.: aus *Wasmuths Monatshefte für Baukunst*, Jahrgang 1926, S. 354
S. 145 o.: Bundesarchiv, Bild 183-W0512-0316 / Raphael (verehel. Grubitzsch), Waltraud / CC-BY-SA
S. 145 u.: aus Göderitz/Rainer/Hoffmann: *Die gegliederte und aufgelockerte Stadt*. Tübingen 1957

Impressum

© 2013 by jovis Verlag GmbH
Das Copyright für den Text liegt beim Autor.
Das Copyright für die Abbildungen liegt bei den Fotografen/Inhabern der Bildrechte.

Alle Rechte vorbehalten.

Gestaltung: Susanne Rösler
Satz: Swana Sobottka, Franziska Fritzsche
Lithografie: Bild1Druck, Berlin
Druck und Bindung: Graspo CZ a.s., Zlín

Bibliografische Information der Deutschen Nationalbibliothek
Die Deutsche Nationalbibliothek verzeichnet diese Publikation in der Deutschen Nationalbibliografie; detaillierte bibliografische Daten sind im Internet über http://dnb.d-nb.de abrufbar.

jovis Verlag GmbH
Kurfürstenstraße 15/16
10785 Berlin

www.jovis.de

ISBN 978-3-86859-268-9